年金制度は
誰のものか

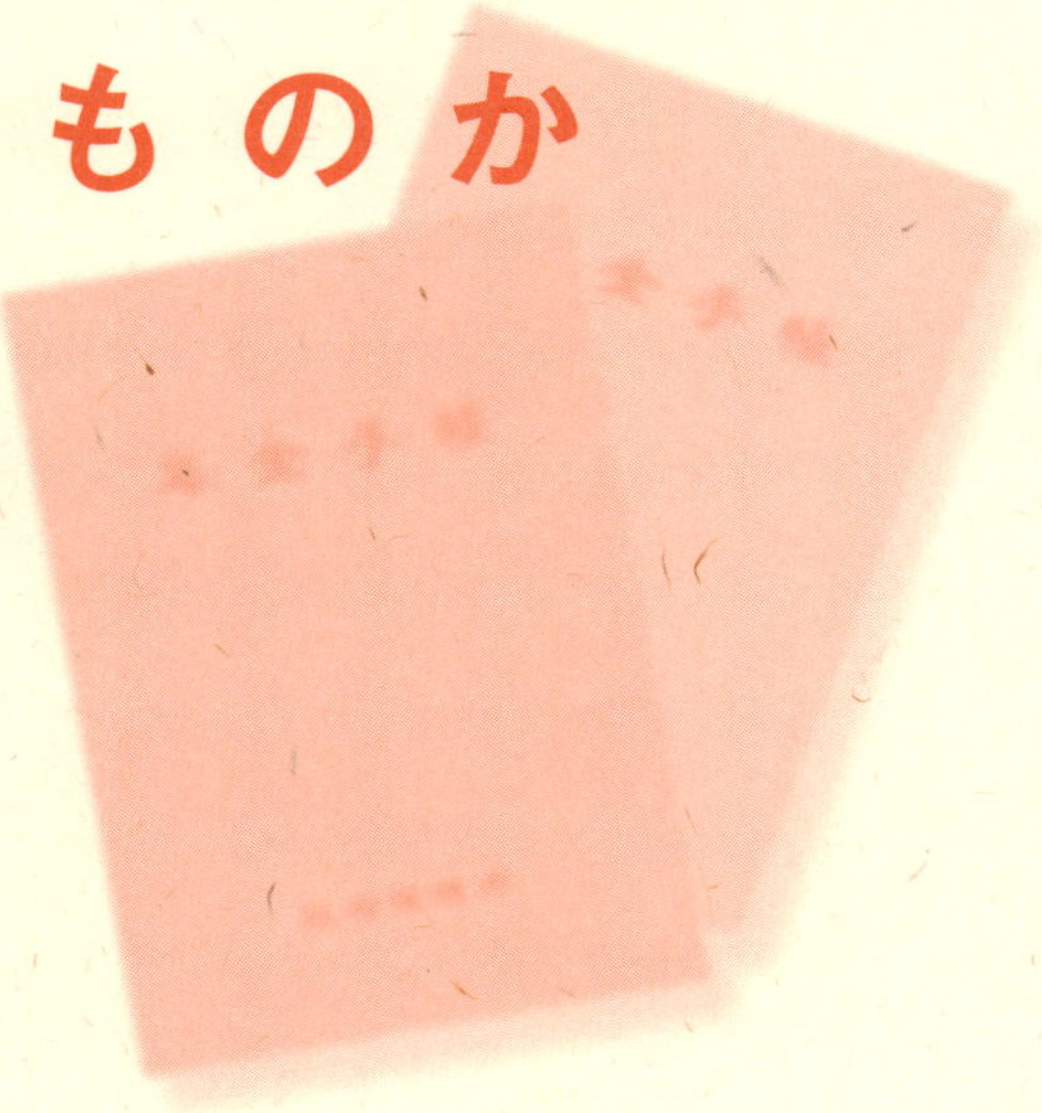

西沢和彦
Nishizawa Kazuhiko

日本経済新聞出版社

はじめに

2003年の衆議院選挙以来、マニフェスト（政権公約）選挙が定着しつつある。そこで提示される各党の政策は、投票行動の重要な判断材料であり、こうした政策本位の選挙へのシフトは好ましいことである。年金改革も重要な争点の一つだ。もっとも、年金制度は複雑で難しいにも関わらず、専門家ではない国民一人ひとりが年金改革を考えるための適当なガイドブックは意外と少ないのではないだろうか。国民が、自ら年金制度のあり方を考え、声に出し、選挙などの機会を通じて制度を選択していかなければ、いつまでたっても、制度を自分のものとして実感することができるようにはならない。それは極めて不幸なことだ。

そこで、そうしたガイドとしての役割を目指したのが本書である。このため、特に次の二点を心掛けた。まず、基礎的なデータと制度解説を盛り込み、予備知識がなくても読めるようにした。制度解説も、政府の説明の受け売りではなく、それらを批判的に見ることから説き起こした。批判的視点は、本書の特徴の一つでもある。次に、筆者の主張は抑え気味にした。年金制度のあり方に関する考え方は、実に多様である。人の性格と同じ数だけ改革案があると言ってもいいかもしれない。筆者は、本書でも取り上げる積立方式への完全移行案やスウェーデン型の年金制度への移行案に対し、懐疑的な立場であるが、それらについてもスペースを割き、充分に検討した。読者の判断に委ねる余地を極力残したいからだ。

本書の構成は次の通りである。

第1章では、基礎年金に焦点を絞り、現行制度を解説する。政府は、しばしば「基礎年金（国民年金）」と表記するが、このカッコの意味が正確に分かる人は果たしてどれだけいるであろうか。基礎年金か国民年金、どちらかはっきりしてくれと思われる人は多いのではないだろうか。あるいは、厚生年金に加入している人は、基礎年金も受け取れると言うが、基礎年金保険料を支払ったこともないのになぜだ？　と不思議に思っている人は少なくないのではないか。こうしたややこしい制度になったのは、85年の年金改正に原因がある。そこで、85年改正にさかのぼりながら、現行制度を解明する。現行制度の実態が明らかになると、問題の所在が明らかになってくる。特に、現行の基礎年金の財源調達方法には問題が多い。昨今の年金改革論議を見ても、こうした問題の所在が的確に把握されないまま、議論が空回りしているといったことが少なくない。

第2章では、年金財政を考えるうえで不可欠な基礎知識を解説する。少子高齢化が急速に進むなかで、年金財政の先行きが不安視されている。他方で、政府・与党は「100年安心」と言う。本当のところはどうなのか。政府・与党の主張に対し、自らの見解を築くには、年金財政に関する最低限の基礎知識が欠かせない。そこで、人口動態と年金財政の関係、年金給付水準を表す代表的指標である所得代替率、および、年金財政の将来推計の三つの基本的なトピックスを扱った後、政府の「2・3

倍もらえる年金」という試算を批判的に検証する。この試算は、新聞などでもしばしば引用されるが、いかにミスリーディングであり、いかに弊害が多いかを示す。2・3倍もらえる試算に限らず、政府から国民向けに大量の情報が流されているが、それらは、ある意図を背景に加工されたもので、決してファクトではないことがままある。この点も、本書全体を通じて指摘していく。

第3章では、第2章の基礎知識を受けて、2004年の年金改正の内容を検証する。国会議員の年金保険料未納騒動の陰に隠れてしまった感があるが、04年の年金改正では、極めて重要なことがいくつか決められている。言葉だけは聞いたことがあるかもしれない「マクロ経済スライド」「保険料水準固定方式」「基礎年金の国庫負担割合の二分の一への引き上げ」などがそれである。前述の「100年安心」は、04年改正に由来しているのだが、専門家の間でも正確に理解されているとは言い難い04年改正の内容を丁寧に検証し、問題点を洗い出し、改善のための試案を示す。

第4章では、雇用者の年金制度のあり方について考える。雇用者イコール正社員であったのは過去の話である。近年、パートタイム労働者の増加をはじめ就業形態は多様化している。こうした就業形態の多様化に、年金制度の対応ははっきり言って遅れてきた。07年に、ようやく対応策を盛り込んだ年金改正法案が国会に提出されはしたものの、その内容は抜本的な対応とはほど遠いうえに、07年中は審議入りされることもなく08年通常国会に持ち越されている。そこで、第4章では、法案の内容を検討しつつ、抜本対応の方向性を、米国の現状を参照しながら考える。抜本的に対応するには、一見無関係にも思える基礎年金の財源調達方法の見直しが必要であることを示す。実は、第1章と第4章は底流でつながっている。

第5章では、執行機関のあり方を考える。年金改革は、制度体系のあり方、年金財政の持続可能性確保に加え、社会保険庁のような執行機関のあり方の三つがまさに三位一体となって構成されるべきものである。なぜなら、いかに素晴らしい制度体系でも、それが的確に執行され、かつ、少子高齢化が確実に進むなかでも財政的に持続可能でなければ元も子もないからだ。07年に表面化した「宙に浮いた5000万件」の年金記録問題は、まさにその教訓であろう。そこで、執行機関の改革は本来どうあるべきかを整理した後、07年6月に成立した社会保険庁改革法があるべき姿とは大きく乖離していることを指摘し、諸外国の例を参照しながら、改革の方向性を示す。柱は税と社会保険料の一括徴収である。

第6章と第7章では、諸外国の制度体系を紹介する。まず、第6章は、スウェーデンの年金制度である。日本においても、スウェーデン型の年金制度導入を提唱する声は多い。そこで、本書でもスウェーデンの年金制度を紹介した後、日本への導入可能性を検討する。もっとも、本書における結論は、スウェーデンの年金制度は非常に魅力的ではあっても、日本への全面的導入となるとハードルが高いというものである。スウェーデンの年金制度は、高い出生率や大胆な移民政策による人口増、女性の高い就業率、勤労世代向けの手厚い所得保障政策、納税者番号をはじめとする徹底した税務行政などの前提条件に支えられているためである。日本では、これらの前提条件が整っていないのだ。

第7章では、英国とカナダを主にとり上げる。諸外国の年金制度を見渡すと、制度体系は様々である。G7で見ると、ドイツ、フランスは、職業ごとに分立した制度体系をとっており、それはむしろかつての日本の年金制度に近く、これからさらに改革をしようとする日本の参考にはなりにくい。他方、英国、カナダとも、全国民共通の基礎年金を持っており、これからの日本が参考にしやすいと考えられる。加えて、第7章では、生活保護と基礎年金との関係についても考察する。日本では、今日に至るまで、年金と生活保護は全く別個のものとして扱われてきている。したがって、一体的に改革せよという本書の主張は、根源的な問いから説き起こすものとなっている。この点においても、英国、カナダからは学ぶべき点が多いのである。

第8章では、第7章までの議論を受けて、制度体系に関する本書の改革案を提示する。もっとも、それは単に制度体系を示すだけではない。筆者は、制度の内容はもちろん、制度改革に至るまでのプロセスが極めて重要であると考えている。これまでの改革プロセスを見ると、この点がないがしろにされ、それが年金不信の大きな要因になっていると痛感されるためだ。そこで、今後年金改革はどのように進められるべきか、04年の年金改正のプロセスを振り返りつつ、あるべきプロセスに関し筆者の考えや提言を述べた後、制度体系に関する改革案を提示する。

本書が、所期の目的に近づき、一人でも多くの読者にとって年金制度を自ら考え、選択していくための一助となれば幸いである。最後になったが、編集の労をおとりいただいた日本経済新聞出版社の藤原潤氏に厚くお礼を申し上げたい。

２００８年2月

西沢 和彦

目次

第2章 年金財政を考える 35

第3章 04年改正の狙いと残された重い課題 85

第4章 雇用者の年金 123

第8章　年金改革の方向性　239

装丁／斉藤よしのぶ
DTP／リリーフ・システムズ

第1章

日本に本当の基礎年金はない

1 基礎年金の実態は年金制度間の財政調整

三つに分立する公的年金制度と基礎年金

日本の公的年金制度は複雑で難しい。いわば、建て増しを繰り返した温泉旅館のようだ。建て増しをする旅館には費用面の制約や休業できないといった事情がある。年金制度も年金財政の制約や政治的な思惑、連続性を求められるといった条件下でリセット（建て替え）できず、制度変更を繰り返すうちに複雑になっていった。それでも政府は、あたかも論理的帰結であるかのように装う。このため、国民から見ると一層分かりづらくなっている。

制度を複雑にした最大の原因は、１９８５年改正における基礎年金の導入であろう。日本の公的年金制度は、職業ごとに分立して成り立っている。今日、最も規模が大きいのは会社員など民間の雇用者が加入する**厚生年金制度**である。次に、自営業者や農林漁業者、パートタイム労働者、無業者、20歳以上の学生などが加入する**国民年金制度**がある。国民年金には、枕詞のように「自営業者と農林漁業者の」と付けられるが、現在はパートタイム労働者など（正規・非正規を合わせた）雇用者が最大のウェイトを占めている（第4章）。三番目が国家公務員や地方公務員、私立学校教職員が加入するそれぞれの**共済年金制度**だ。地方公務員については、地方職員共済組合、公立学校共済組合、警察共済組合など、さらに68の共済組合に分かれ、それぞれの共済組合が運営している。

このように、制度が分立しながら、全制度共通の給付として**基礎年金**が置かれている。基礎年金は「制度」というより、「会計上の概念」とでも呼んだ方が実態に即している。こうした基礎年金の脆弱さを知ることが、日本の公的年金の制度体系を理解するための鍵となる。

公的年金制度は職業別に分立して発足

公的年金制度の歴史は大きく二つの時期に分けられる。第一期は各制度の成立・拡充期で、第二期は現在の制度体系の原型となった85年改正による基礎年金の導入以降である。この85年改正以降は給付抑制の歴史とも言える（第3章）。

まず、第一期から見ていこう。最も初期の公的年金制度の一つが、戦前の1941年に発足した厚生年金制度だ（注1）。発足当初は労働者年金保険としてブルーカラー労働者のみを対象としたが、すぐにホワイトカラーも対象に含めるようになった。当時の記録によれば、政府の意図としては、労働者の老後所得保障を真に願って制度が設けられたというより、むしろ保険料徴収を通じた戦費調達や可処分所得を抑制することによるインフレ抑制の意味合いが強かったようである。

一方、公務員に対する老後所得の保障制度は、戦前の恩給制度から戦後は順次共済年金制度に切り替えられていった。恩給であれば、給付を行う要件として保険料の拠出を求められない。1948年

（注1）1940年に船員保険が発足している。1986年に厚生年金に統合された。

に旧国家公務員共済制度、その後、地方公務員向け共済制度、私立学校教職員共済制度などが順次作られていった。ちなみに、諸外国を見ると、今日でもドイツなどでは、公務員の老後所得保障は年金制度ではなく恩給制度になっている。

こうして日本でも官民雇用者の公的年金制度体系（被用者年金）が整えられていく一方で、自営業者や農林漁業者に対する公的年金制度は存在しなかった。そこで、「自営業者や農林漁業者にも公的年金を」との掛け声のもと、１９６１年4月に国民年金制度が発足した。公務員や会社員など官民雇用者だけではなく、自営業者と農林漁業者にも公的年金制度ができたことにより、一応「国民皆年金」が達成された。「一応」と断り書きをつけたのは、雇用者の専業主婦の妻に関しては、国民年金制度への加入を強制ではなく任意としていたためである。

このように、年金改革の論議でしばしば用いられる「一元化」という用語で言えば、日本の年金制度は、もともとは一元化されていなかった。ただ、一元化されていないことは、必ずしも悪いことではない。フランスなどでは現在も職業ごとに分立した制度体系をとっている。

１９７０年代には抜本改革に向けた機運

１９７０年代になると、年金制度を抜本改革しようという機運が出てくる。第二期に向けた序章である。背景にはいくつかの理由があるが、最も大きい理由は、年金制度が分立しているメリットより、デメリットの方が大きくなってきたためであろう。

（図表1-1）基礎年金導入までの経緯

（1941年～1986年）

暦年	出来事	主な内容
1941年 6月（昭和16年）	労働者年金保険法施行	
1944年10月（昭和19年）	旧厚生年金保険法施行	
1948年 4月（昭和23年）	旧国家公務員共済組合法施行	
1954年 1月	私立学校教職員共済組合法施行	
〃 5月（昭和29年）	新厚生年金保険法施行	
1955年 1月（昭和30年）	市町村職員共済組合法施行	
1958年 7月（昭和33年）	国家公務員共済組合法施行	
1961年 4月（昭和36年）	国民年金法施行	国民皆年金となる
1977年12月	社会保障制度審議会の建議「皆年金下の新年金体系」	「基本年金構想」を提案
〃 12月（昭和52年）	年金制度基本構想懇談会「中間意見」	
1979年 4月	年金制度基本構想懇談会「わが国年金制度改革の方向」	制度の分立を前提とし制度間で財政調整との結論
〃 10月（昭和54年）	社会保障制度審議会の建議「高齢者の就業と社会保険年金一続・皆年金下の新年金体系一」	
1982年 7月（昭和57年）	臨時行政調査会「行政改革に関する第三次答申」	「全国民を基礎とする統一的制度により、基礎的年金を公平に国民に保障すること」
1983年11月（昭和58年）	厚生省「年金制度改正案」	
1986年 4月（昭和61年）	基礎年金導入	

（資料）社会保障審議会年金数理部会『公的年金財政状況報告一平成16年度一』などより筆者作成
（注）主要な出来事のみ。

制度分立のメリットとデメリットは以下の通りだ。まず、メリットは職業や地域など同質の加入者だけで社会保険制度を形成すれば、その集団の特性に合わせた制度設計が容易となり、かつ、加入者間の連帯意識が制度を支える基盤となることである。

これに対しデメリットは二つある。一つは、制度ごとに制度設計が異なるため、制度間に不公平が出てくることだ。特に、公務員などの共済年金と、民間サラリーマンの厚生年金との間では、同じ雇用者でありながら、保険料の負担水準や給付額の計算方法などに大きな官民格差があった。官民格差は今も残っているが、1970年代当時はもっと大きかった（第4章）。

二つ目は就業構造の変化に弱いことだ。当時、日本の就業人口に占める割合を見ると、自営業者と農林漁業者が大きく減少し、代わって雇用者が急速に増加していた。その結果、自営業者や農林漁業者のための国民年金制度は保険料を支払う人数が減り、財政危機に陥っていた。こうした事態を解消するには、年金制度の職業の壁を取り払い、保険集団を大きくして就業構造の変化に耐えられるようにしなければならない。各制度をひとまとめにする、あるいは、共通部分を作るのが有効だ。諸外国を見ると、英国は全国民共通の国家基礎年金（State Basic Pension）という制度を持っており、民間雇用者、公務員、自営業者、農林漁業者など職業を問わず全国民が一つの国家基礎年金制度に加入している。

また、1961年の国民年金制度発足によって一応の国民皆年金が成立したといっても、雇用者の専業主婦の妻は公的年金制度への加入が強制されず任意であり、真の皆年金ではなかった。この点も改革の機運の背景にあろう。

１９７７年社会保障制度審議会が二階建て年金構想を提案

このような機運を背景に、１９７７年、総理府（当時）の**社会保障制度審議会**が二階建ての年金制度構想を提案した。まず一階部分に全国民共通の年金制度として「基本年金」を新設し（まだ「基礎年金」という言葉がない点に注目）、それに上乗せする形で二階には既存の国民年金、厚生年金、共済年金を分立したまま乗せるという案だった。基本年金の財源には、**付加価値税**（今日の日本の消費税もその一つ）の一形態である所得型付加価値税を**目的税**として新設することにした。二階部分の財源は、従来通り社会保険料とした。日本がそれまでとってきたドイツ型に近い制度を英国型に転換する、まさに大改革案であった。制度内容については後述する。

なお、社会保障制度審議会は２０００年、経済財政諮問会議が発足するのに合わせて廃止されている。今日、申し訳程度に開催される厚生労働省の社会保障審議会（名称に「制度」がつかない）とは異なり、権威ある審議会として評価する声は今なお多い。委員には学識者や関係団体代表に加え、国会議員や官僚らがいた。

こうした社会保障制度審議会による真の「二階建て」制度案は、厚生省にも評価されながら、結局は棄却された。当時、厚生省の年金局長であった吉原健二［１９８７］は、85年改正を解説した著書の中で次のように述べている。

「社会保障制度審議会が建議した基本年金の創設を中心とする二階建て年金構想は、来るべき高齢社会において安定した財源のもとに無年金者をなくし、完全な国民皆年金を実現しようとするもので、わが国年金制度の一つの理想像ともいうべき魅力的な構想であった。しかしそれは、これまでのわが国の年金制度の仕組みをまったくかえてしまうものであり、これまでの制度とどうつながるか不明確で、新しい制度への移行が困難と思われるばかりではなく、年金のための目的税として大規模な所得型付加価値税を創設することについても、税制面、税体系のうえからの問題点が少なくないうえに、国民的合意が得られるかどうかきわめて疑問であった」（吉原健二［１９８７］34ページ）。

当時の厚生省の年金局長が、社会保障制度審議会が提案した年金構想を「理想像」と評価している。今日、基礎年金の財源を消費税で賄う、いわゆる「税方式」については、あたかも理論的に難点があるかのような意見もあるが、当時の年金局長が理想像とまで評価していたことには注目したい。

なお、棄却された主な理由は、新制度への移行の困難さと、新税の創設が難しかったという二点である。このうち、新税については、日本で付加価値税（消費税）がようやく導入されたのが、欧州諸国に約20年遅れた１９８９年であったことを考えると、確かに、新税創設とセットになった省庁横断的な年金改革案の実現は、困難だったのかもしれない。ただ、今日では日本にも消費税があり、増税なら新税創設よりは難しくはないだろう。

1979年の年金制度基本構想懇談会の報告書

先述の二階建て案が棄却されたにもかかわらず、現在、日本には基礎年金がある。二階建てとも説明される。では、厚生省はどのようにして基礎年金を実現したのだろうか。

厚生省は、社会保障制度審議会の基本年金のように、基本年金独自の財源を設けるのではなく、既存の制度分立を前提として、年金制度間の財政調整によって、あたかも基礎年金があるかのように見せることにした。社会保障制度審議会の提案から2年後、厚生省の年金制度基本構想懇談会の報告書では、次のように述べられている。「現行の個別制度の分立を前提として、個々の制度ごとに横断的にバランスのとれた給付体系を整備し、さらに、一定の基準のもとに、制度間で財政調整を行うことにより、漸進的に基礎年金構想のめざす目的と同様のものを達成していくことが適切であると考える」（年金制度基本構想懇談会［1979］11ページ）。

つまり、国民年金、厚生年金、共済年金の各制度を引き続き分立したままにして、新たに「基礎年金勘定」という特別会計を設けて、そこに各制度が給付財源を持ち寄ることにより、あたかも基礎年金があるかのような体裁をとることにしたのである。基礎年金という給付は一元化するが、負担は分立したままという二面性を持つ。こうした体裁だけの手法であっても、当時の公的年金制度が抱えていた、制度の分立に起因する諸問題のいくつかには応えることができると判断したのであろう。

年金評論家の村上清［1993］は、このような経緯のもとに出来上がった日本の基礎年金を「一つのフィクション」であると表現し、続けて「基礎年金が本当の普遍的な給付となるためには、いつかのある時点で、フィクションとリアリティが一体となるような、再度の見直しが必要となるのではないだろうか」と述べている。また、社会保障制度審議会の委員であり共済組合連盟会長であった今井一男［1984］も次のように述べている。「制度審の案は、最後に大河内会長（注2）と私が大平総理と会い、もし社会保障にもノーベル賞があれば、それをもらえる案だと大平君に吹きまくったんですが、丁度総選挙が始まるところで相手にしてもらえませんでした。そこで、今度基礎年金が出てきたわけです。基礎年金は響きがいい、基本年金みたいな誤解を与えるような名前で…」

以後、今日まで20年以上にわたり、この制度体系は続いている。われわれがしばしば目にする図表1‐2は、一見して立派な二階建てになっており、厚生労働省は図表1‐2を用いて現行制度を「二階建て」と説明するが、こうした説明には無理がある。85年改正は二階建て年金を作ったのではなく、むしろ真の二階建て年金を棄却し、制度の分立を前提としたままで、村上清氏の言葉を借りれば、フィクションとして基礎年金を導入したに過ぎないからである。

今日の制度体系

以上のような経緯を踏まえ、計数面から公的年金制度の概要を掘り下げてみる（図表1‐3）。図表1‐3は、しばしば政府から提示される「わが国の公的年金制度」を要約したものだ。先に述べた経

（注2）大河内一男、社会保障制度審議会会長（当時）、東大名誉教授。

(図表1-2) 実態を表さない公的年金の体系図

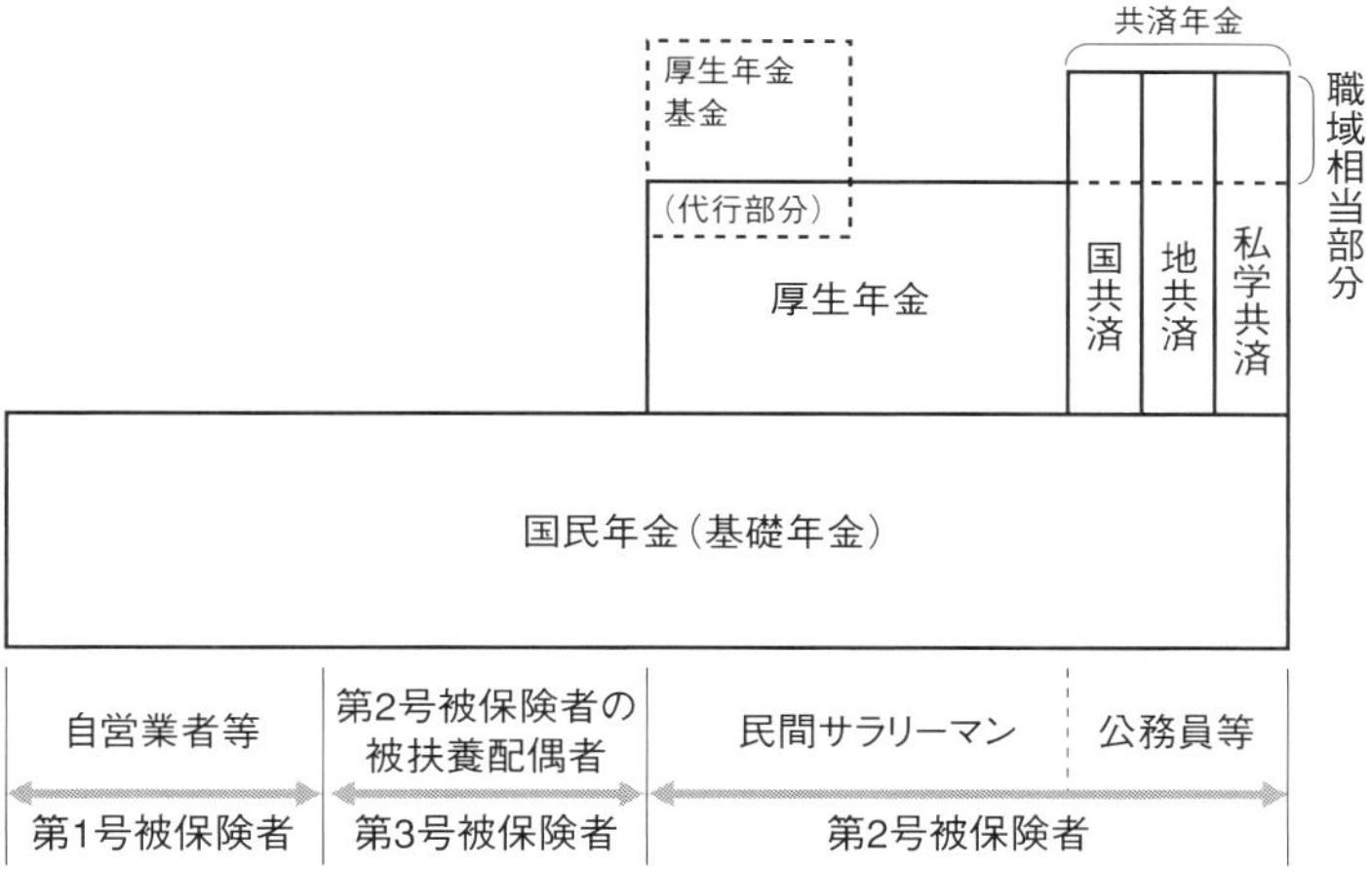

(資料) 社会保障審議会年金数理部会『公的年金財政状況報告―平成17年度―』

(図表1-3) 日本の公的年金制度一覧 (2005年度)

	支出規模(兆円)	加入者数(万人)	受給権者(万人)	平均年金月額(万円)	保険料率(対年収%、月額円)
厚生年金保険	31.3	3,302	1,152	16.9	14.642%
国家公務員共済組合(国共済)	1.9	108	63	22.3	14.767%
地方公務員共済組合(地共済)	5.0	307	158	23.1	14.092%
私立学校教職員共済(私学共済)	0.4	45	9	21.6	11.522%
国民年金	4.0	2,190	2,434	5.8	14,100円
合計	42.6	5,952	—	—	—

(資料) 社会保障審議会年金数理部会「年金数理部会セミナー2007」資料153ページより筆者作成
(注1) 国民年金の加入者数は、第1号被保険者のみ。
(注2) 平均年金月額は、「老齢相当・退年相当」(もっぱら各年金制度の加入者として過ごしてきた人)の年金額。
(注3) 国民年金の受給権者には、厚生年金制度加入者なども含む。
(注4) 注3のため、受給権者数は単純には合計できない。
(注5) 保険料率は2007年4月時点。

緯により、図表中に個別の制度として基礎年金を置くことはできない。

厚生年金制度には、民間雇用者3302万人が加入し、労使折半で月々14・642％の保険料率を負担している。保険料率は毎年度段階的に引き上げられ、2017年度には18・30％となる。制度全体の財政支出規模（注3）は31兆3000億円に及ぶ。平均年金受給額の月額実績は16万9000円である。なお、この年金受給額には基礎年金を含んでいる。

国家公務員共済には、国家公務員108万人が加入している。平均年金受給額の月額実績は22万3000円と厚生年金よりかなり高い。ここにはやはり基礎年金が含まれている。保険料率は労使折半で月々14・767％と、表面上、厚生年金より高いように見えるが、厚生年金にはない3階部分（図表1‐2の職域相当部分）の費用も含まれており、これを除けば13・6％と、厚生年金の保険料率よりも低くなる。地方公務員共済、私立学校教職員共済もおおむね同じ構造だ。これらをはじめとする官民格差については、第4章で詳述する。

ここで位置付けにくいのは国民年金だ。真の国民年金加入者は、所得にかかわらず月々定額1万4100円の国民年金保険料を支払っている**第一号被保険者**である。この国民年金保険料も2017年度に1万6900円（2004年度価格、名目賃金の上昇により実際の金額は高くなる）になるまで段階的に引き上げられる。国民年金加入者は基礎年金のみを受け取る。その平均月額は5万8000

（注3）給付と基礎年金拠出金で支出規模を測っている。

円である。受け取るのは「基礎年金」であって「国民年金」ではない。「国民年金」とは、あくまで加入するときの名称であり、受け取る時には「基礎年金」になるのである。このため、図表中の国民年金の行に受給権者の項目を設けるのは適切ではないが、ここでは便宜上、国民年金制度だけでなく、厚生年金・共済年金制度に加入し基礎年金を受け取る人数を合わせた２４３４万人を記した。

2 財源調達の仕組みと問題点

基礎年金拠出金の仕組み

基礎年金の財源は具体的にどのように賄われているのか。問題点はないのか。複雑で数字が多い話になるが、年金制度を真に理解するためには、この点は避けて通れない。幸い、本書では紙幅に多少の余裕があるため、詳しく説明したい（図表１－４）。

まず、厚生年金加入者の立場に立って考えてみよう。厚生年金加入者は労使で14・６４２％の保険料を、厚生年金制度の運営者である社会保険庁に支払う。14・６４２％の中には、厚生年金と基礎年金の両方の費用が含まれている。もっとも、各加入者の給与明細には、厚生年金分と基礎年金分とは分けて表示されていない。ただ一つ、厚生年金保険料が天引きされているだけである。それを振り分けているのは社会保険庁だ。社会保険庁は受け取った20兆１０００億円の厚生年金保険料に、積立金の運用収入と後述の国庫負担などを合わせた収入計36兆６０００億円を、国の二つの特別会計に振り分ける。一つが**厚生保険特別会計**（**年金勘定**）、もう一つが85年改正で新設された**国民年金特別会計**（**基礎年金勘定**）である（注4）。厚生保険特別会計からは、厚生年金の給付20兆円が行われ、国民年金特別会計（基礎年金勘定）に11兆3000億円が**基礎年金拠出金**として拠出される。国共済など三つの共済年金制度も、ほぼ同様の構造になっている。

次に、国民年金制度の加入者の立場に立って考えてみよう。国民年金制度加入者（第一号被保険者）は、月1万4100円の保険料を社会保険庁に支払う。社会保険庁は総額1兆9000億円の保険料に国庫負担と運用収入を合わせた収入計4兆2000億円を**国民年金特別会計**（**国民年金勘定**）に入れ、ここから支出を実施する。支出のほとんどは国民年金特別会計（基礎年金勘定）の収入になる。

このようにして、厚生年金保険制度、共済年金制度、および、国民年金制度から合計約16兆9000億円の基礎年金拠出金が国民年金特別会計（基礎年金勘定）に拠出される。ここから、満額であれば一人当たり月6万6000円の基礎年金が給付される。

各制度からの基礎年金拠出金の計算方法

基礎年金拠出金という耳慣れない言葉が登場した。基礎年金拠出金は、各制度が国民年金特別会計

（注4）特別会計の見直しに伴い、厚生保険特別会計と国民年金特別会計は、2007年度から年金特別会計に統合された。年金特別会計のもとに、厚生年金勘定、国民年金勘定、基礎年金勘定などがある。構造は、従来とほとんど一緒と言ってよい。

(図表1-4) 公的年金のキャッシュフロー(2005年度)

(兆円)

制度	収入	保険料	国庫負担(税)	運用収入	その他	支出	給付費	基礎年金拠出金	その他	収支残
厚生年金	36.6	20.1	4.5	1.8	10.2	35.7	20.0	11.3	4.3	1.0
国共済	2.0	1.0	0.2	0.2	0.6	2.0	1.5	0.4	0.0	0.1
地共済	5.9	3.0	0.4	1.4	1.2	5.2	3.9	1.1	0.2	0.7
私学共済	0.5	0.3	0.1	0.1	0.0	0.4	0.2	0.1	0.0	0.1
国民年金	4.2	1.9	1.7	0.1	0.5	4.3	0.1	3.9	0.4	-0.1
合計	49.3	26.3	6.8	3.7	12.4	47.5	25.8	16.9	4.9	1.8

勘定	収入	基礎年金拠出金	その他	支出	収支残
基礎年金	18.4	16.9	1.6	17.0	1.4

(資料) 社会保障審議会年金数理部会『公的年金財政状況報告ー平成17年度ー』より筆者作成

(注1) この図表は特別会計ベースの数値になっている。年金財政は「特別会計ベース」と「財政計算ベース」という二つの基準により数値が異なる。この違いは厚生年金基金による厚生年金の代行部分が原因となって生じている。厚生年金基金とは、企業ごとあるいは産業ごとに組織される代表的な企業年金であるが、厚生年金基金を持つ企業は14.642%の保険料全てを社会保険庁に納めるのではなく、その一部(免除保険料)を厚生年金基金にとどめおき、企業年金本体と一体的に運用して給付する。これが、代行部分である(図表1-2も参照)。「特別会計ベース」では代行部分は表れてこないが、この代行部分も厚生年金財政の一部であるから、財政の健全性をチェックする場合には、特別会計ベースに代行部分を連結して見るのが適切である。これが「財政再計算ベース」である。第2章では、同章の目的に合わせ「財政再計算ベース」で数値を把握している。

(注2) 基礎年金拠出金のキャッシュフローを分かりやすくとらえるために、収入から「基礎年金交付金」を、支出から同交付金の相当部分を差し引いた。各年金制度の給付には、基礎年金発足(86年4月)前の加入期間に対する給付があり、このうち基礎年金相当部分を「みなし基礎年金」と呼ぶ。みなし基礎年金の財源は基礎年金交付金で賄われているが、同交付金は各制度からの基礎年金拠出金を原資としている。このため、基礎年金交付金の相当部分を収入と支出の双方から差し引いた。

(注3) 厚生年金の収入のその他の内訳は、積立金からの受け入れ6.2兆円、解散した厚生年金基金からの受け入れ3.5兆円など。いずれも、正確には収入ではない。

(注4) 国民年金は、国民年金特別会計(国民年金勘定)。

(注5) 四捨五入により、合計は一致しない場合がある。

（基礎年金勘定）に持ち寄るお金である。これは、どのように算定されるのであろうか。

原則は各制度加入者の頭数（基礎年金拠出金算定対象者数）（注5）×各制度共通の単価である。ただ、重要な留意点が二つある。一つは雇用者の専業主婦の妻の帰属先である。雇用者の専業主婦の妻は、国民年金の**第三号被保険者**と位置付けられているが、基礎年金拠出金算定対象者数としては夫の加入する制度に帰属することになる。第三号被保険者は厚生年金制度に１０７４万人、国共済、地共済、私学共済にそれぞれ47万人、１０６万人、12万人、計１２３９万人いる。

二つ目の留意点は、国民年金制度の拠出金算定対象者は**第一号被保険者**とされる正真正銘の国民年金制度加入者だけであり、さらに、保険料免除者、未納者、学生納付特例を受けている人は除かれることだ。免除者は経済的理由などから社会保険庁に認められて免除を受けている人、未納者は正当な理由なく保険料を支払っていない人、学生納付特例者は納付猶予を社会保険庁に認められている学生である。その結果、第一号被保険者数自体は約２１９０万人いるにもかかわらず、拠出金算定対象者数はその約半分になる。ちなみに、第一号と第三号がいるならば、**第二号被保険者**は誰だということになるが、それは厚生年金加入者と共済年金加入者である。この第二号という分類は政府にとっては重要であっても、個々人にはさほど意味があるとは思えない。

こうして得られた各制度の基礎年金拠出金算定対象者に、共通の単価である**基礎年金拠出金単価**を

（注5）20歳から59歳の被保険者に限られる。

（図表1-5）基礎年金拠出金の算定方法

制度	拠出金算定対象者（万人）A	（内訳）第1号	第2号	第3号	基礎年金拠出金単価（円/月）B	うち各制度で負担（円/月）C	うち国庫負担（円/月）D	基礎年金拠出金（年）（兆円）A×B
厚生年金	4,177		3,103	1,074	22,986	14,910	8,076	11.5
国共済	152		105	47	22,986	14,910	8,076	0.4
地共済	410		304	106	22,986	14,910	8,076	1.1
私学共済	52		41	12	22,986	14,910	8,076	0.1
国民年金	1,170	1,170			22,986	14,910	8,076	3.2
合計	5,961	1,170	3,552	1,239	—	—	—	16.4

（資料）社会保障審議会年金数理部会『公的年金財政状況報告―平成17年度―』より筆者作成
（注1）C、Dは筆者計算。国庫負担を基礎年金拠出金単価の（1/3＋18/1,000）とした。
（注2）Cが国民年金の月額保険料にほぼ等しい。
（注3）図表1-4における基礎年金拠出金16.9兆円と本図表16.4兆円との差0.5兆円は特別国庫負担。特別国庫負担とは、保険料免除者に対する給付財源を国庫負担で賄っている分。
（注4）四捨五入により、合計が一致しない場合がある。

掛け合わせると各制度が拠出すべき基礎年金拠出金の費用が算出される。厚生年金制度を例にとれば、4177万人×2万2986円×12ヵ月＝11兆5000億円となる。この11兆5000億円のうち、約3分の1は国庫負担、別の表現で言えば、国の一般会計が負担する。なお、しばしばニュースなどで話題に上がるのは、この国庫負担割合を現行の約3分の1から2009年度に2分の1まで引き上げるということである（第3章）。

基礎年金拠出金単価のうち、国庫負担を除いた分、すなわち各制度で賄う分は2005年度で1万4910円である。これは、国民年金の保険料月1万4100円にほぼ見合った数値となる。つまり、国民年金保険料は基礎年金拠出金のうち、国庫負担で賄われる部分を除いた額にほぼ等しくなるように設定されている。

問題点①——拠出と給付の不透明な関係

このように基礎年金拠出金という舞台裏を知ることにより、問題点が見えてくる。最初に挙げられるのは、拠出と給付の対応関係が不透明であることだ。しばしば、政府や社会保障の専門家などは、現行の年金制度は社会保険方式であり、税方式より望ましいと言う。社会保険方式の定義は、時々、人それぞれに変わるため明確なものは見当たらないが、核心となるのは拠出と給付の対応関係が明確であることだ。拠出と給付の対応関係が明確であれば、給付があると想像できることによって拠出の負担感が和らぐ。逆に、拠出に負担感を感じれば、給付を抑制すべきという節約の感覚も芽生える。拠出と給付の対応関係（緊張感）には、もっぱらこうしたメリットがある。しかし、85年改正は拠出と給付の対応関係を大きく崩した。厚生年金制度加入者や共済年金制度加入者は基礎年金に関して、拠出と給付の対応関係を感じることはできない。給与明細を見ても「基礎年金保険料」を引き落とした痕跡はなく、厚生年金保険料あるいは共済組合の保険料が天引きされているだけだからだ。第三号被保険者に至っては、実際の拠出もなくなってしまった。さらに世代間で大規模な所得再分配が行われることにより（第2章）、特に若い世代の拠出と給付の対応関係はより一層薄れている（注6）。

（注6）基礎年金の財源を全額消費税に切り替えるいわゆる税方式にすると、今まで支払ってきた保険料をどうするのかと言われるが、85年改正以前、国民年金に任意で加入してきた人の記録が、85年改正で尊重されたのと同様にすればいい。詳しくは第8章で述べる。

問題点②——不透明の背後に水平的不公平

第二の問題点は、個人と個人を比較した時の**水平的公平**を欠くことだ。水平的公平とは、同じ担税力であれば同じ税を負担するという公平基準をいう。租税において重視される原則の一つであり、年金保険料をはじめとする社会保険料においても重視されるべき原則である。厚生労働省は、基礎年金拠出金単価が同一であるため、制度間で見れば、公平性が確保されていると説明する。仮に、厚生、国民、共済各年金制度が、企業ごとや産業ごとに作られる健康保険組合のように小規模・同質の集団で構成され、加入者の総意に基づいて自立的に運営され、かつ、制度内で連帯意識があるならば、この説明も一定の説得力を持つかもしれない。

しかし、実際の年金制度はそうではない。例えば、3302万人という巨大規模の厚生年金制度加入者は、連帯意識を持って厚生年金という保険集団を構成してはいない。しかも、自発的に制度を組織している訳ではなく、法律によって国から加入を強制され、有無を言わさず給与から保険料が天引きされている。また、国民年金制度加入者の中で、就業別の最大集団は雇用者であり、これに自営業者、農林漁業者、学生、失業者など全く異質な属性が加わっている（第4章）。こうした現状で、制度間で見れば公平だと論じたところで意味があるとは思えない。制度間の公平を論じればよしとしているのは、厚生労働省など政府・専門家の一部だけではないだろうか。本来、年金制度においても、個々人の水平的公平の確保が重要である。これがいかに損なわれているか。数値例で見てみよう。

まず、厚生年金制度に加入する高所得層は、同じ所得の国民年金制度加入者に比べて多額の基礎年金の費用を負担している。厚生年金保険料率14・642%のうち、基礎年金拠出金相当保険料率は約5・0%との試算が厚生労働省から公表されている（注7）。すると、標準報酬月額が厚生年金制度上最高の62万円、年間賞与300万円（年間給与収入1044万円）の人の場合、基礎年金拠出金相当部分の保険料支払い額は労使で年間52万2000円、月4万3500円となる。この人に第三号被保険者がいて、4万3500円で2人分を賄っているとしても、一人当たり2万1750円である。他方、同じ年収1044万円でも、自営業者や農林漁業者であれば、国民年金制度の保険料は月々定額負担であるため、厚生年金制度加入者の約3分の1、月1万4100円の負担で済んでしまう。いずれの人も受け取るのは国民共通の基礎年金であり同額である。負担能力が同じで、受け取る年金額も同一であるのに、負担額がかくも違うことには、合理的な説明は難しい。

次に、厚生年金制度加入の低所得層の場合には、国民年金保険料と同額の負担で、基礎年金のみならず、報酬比例部分の給付を受けることができる。給与が月9万8000円の厚生年金制度加入者の場合、支払い保険料は労使で月額1万4349円（9万8000円×14・642%）である（9万8000円は、標準報酬月額の最低額）。これは国民年金保険料1万4100円と同水準である。一方、給付については厚生年金制度加入者が基礎年金（6万6000円）と厚生年金報酬比例部分（約2万8000円）の合計であるのに対し、国民年金制度加入者は基礎年金（6万6000円）のみである。

（注7）社会保障審議会年金数理部会『平成16年財政再計算に基づく公的年金制度の財政検証』132ページ。正確には、2006年度で4・973%になっている。数値は毎年度異なる。

厚生年金制度加入者に専業主婦の妻がいれば、妻の基礎年金まで付いてくることになり、格差はより一層無視できないものになる。改めて確認すれば、国民年金制度加入者を就業別に見た場合、最も多数を占めるのは雇用者である。こうした例で明らかなように、政府の言う「すべての国民においての負担の公平」とは、ほど遠い状況になっている。

さらに、制度内で見ても、厚生年金と共済年金の場合、独身者と妻が専業主婦である妻帯者は、年収が同じであれば、保険料支払い額が同じであるにもかかわらず、妻帯者の場合には、老後、妻には基礎年金が給付される。これが、**第三号被保険者問題**である。拠出と給付の結びつきをセールスポイントとする「年金保険料」として費用を徴収されながら、実はこうした所得再分配が行われていることを知ったならば、不公平感を持つ人は少なくないであろう。この所得再分配（所得移転）は独身者や共働きの人から専業主婦のいる雇用者世帯になされている。

加えて、第三号被保険者に対しては、自営業者を夫に持つ専業主婦の中にも、釈然としない気持ちを持つ人が少なくないと思われる。第三号被保険者の制度は、家事、育児、介護など専業主婦の家庭内労働を年金制度において積極的に評価しており、この点では大きな意義がある。だが、家庭内労働でがんばっているのは、サラリーマンを夫に持つ専業主婦だけでなく、自営業者を夫に持つ専業主婦の妻であっても全く同じである。なぜ、同じ専業主婦でありながら、夫の就業形態により、こうした差が出てくるのか、これも合理的な説明は難しい。

問題点③――徴収にモラルハザード

第三の問題点は、国民年金制度の拠出金算定対象者数の算出において、免除者320万人、納付猶予者208万人に加え、322万人（2006年度末）もいる保険料未納者までもが除かれていることである。必要となる基礎年金拠出金総額すなわち基礎年金給付費は先に決まっている。国民年金制度の保険料未納者を拠出金算定対象者から除くことにより、残りの真面目に保険料を支払っている国民年金制度加入者だけでなく、厚生年金・共済年金加入者にも拠出金単価の上昇を通じて財政的しわ寄せが及ぶのだ。加えて、国民年金の未納者が増えようとも基礎年金拠出金で費用が賄われるため、徴収の手綱が緩みかねない。徴収機関側のモラルハザードを引き起こす懸念もある。

問題点④――独自財源を持たない基礎年金では、十分な制度改正はできない

第四の問題点は、基礎年金が独立した財源を持たないため、基礎年金の給付にふさわしい拠出方法の設計ができず、制度改正の大きなネックになっていることである。基礎年金は老後の基礎的な所得を保障するという性格上、できればより多くの国民が満額受給できるのが好ましい。だが、仮に、満額受給に必要となる加入期間を40年間ではなく35年間に縮めようとしても、基礎年金拠出金のような費用負担方法をとっている現状では難しい。ほかにも、急増するパートタイム労働者の厚生年金制度への適用拡大を図る際にも、基礎年金の財源を基礎年金拠出金で賄っていることが重大なネックになる（第4章）。

問題点⑤――理解されないから成り立つ制度

以上の四つの問題点に加え、そもそも、今の年金制度は政府の説明責任という点から見て国民に対し不誠実な制度であることも問題と言える。時折、社会保険料の方が租税よりも財源を調達しやすいと言われるが、それは国民が社会保険料の実態を知らず、拠出と給付がきちんと対応していると期待しているからではないか。日本の年金制度は理解されていないからこそ何とか成り立っているとも言えそうだ。例えて言えば、不倫をしても隠し通すことが家族を守る事だと信ずる「夫」と同じだ。これでは家族は幸福ではないし、永続的でもないだろう。この夫の役回りを演じている政府の姿は随所で見ることができる。最近では、宙に浮いた年金記録5000万件問題が顕著な例だ。当初、野党にその存在の可能性を指摘された安倍晋三首相（当時）は、「年金に対する不安を煽る」と言って、正面から取り合おうとはしなかった。ただ、それが年金制度の安定を慮ってか、政権への打撃回避や官僚の既得権の擁護のためだったかは、にわかに判断がつきかねる。

3　給付水準からの検討

基礎年金というより均一給付年金

これまで基礎年金を財源調達面から見てきた。今度は給付水準など給付面から見ていこう。そもそも、全国民共通の年金の給付水準を決定する際に、どのような考え方があるのだろうか。この問いについて、前出の年金制度基本構想懇談会が、1977年に行った中間報告の整理が参考になる。そこでは、二つの考え方が提示されている。

一つは、「**均一給付年金**」とでも呼ぶべき、相対的に軽い考え方である。制度が分立していることから生じる制度間格差、とりわけ官民格差の是正などの観点から、制度間の公平性向上を目指し、各制度をまたがる均一のレベルを設定すべきという、給付水準の均一化の考え方である。分かりやすく言えば、分立するどの制度にも共通に同一額を給付する部分があれば、その額は問わないという緩やかなものである。

もう一つは、少なくとも老後生活の基礎的需要を充足できる水準とすべきという、年金による**基礎的生活レベル保障**の考え方である。この考え方は、前者の均一給付年金よりも厳しく、額そのものに老後生活の基礎的需要の充足を求める。1942年、英国で戦後の社会保障制度の確立を展望して公表されたウィリアム・ベヴァリジによる『ベヴァリジ報告』もこの考え方をとっている。ベヴァリジは最低生活の維持に必要な額でなければいけない（それ以上であってもいけない）と強く主張した。いわば、こだわりのある金額と言える。

85年改正で、基礎年金の給付水準5万円が決定された際、生活保護の水準や高齢者の生計費などとの比較考量がなされている。もっとも、それは、『ベヴァリジ報告』におけるような強いこだわりのある数値であったとは言えない（5万円は、その後、賃金の上昇に合わせて改定され、現在の6万6000円になっている）。

しかも、04年改正で導入されたマクロ経済スライドという、今後20年以上は続くと思われる給付水準抑制の仕組み（第3章）は、基礎年金も例外としていないため、いずれ発動されれば、満額給付額は現在の価値に換算して5万円台半ばまで低下していく。85年改正以降、かろうじて意識されていた生活保護や高齢者の生計費との関係についても、04年改正によって完全に断ち切られたことになる。日本の基礎年金は、前節で述べたように独自の財源を持っていないことに加え、給付面から見ても、生活の「基礎」に足るものとはなっていない。04年改正によって、内容は基礎年金からまさに均一給付年金に変わっていく。

機能していない高齢遺族年金

日本の基礎年金が、実質的には「均一給付年金」に過ぎないとしても、夫婦2人であれば満額で13万2000円となる。しかし、夫に先立たれた場合、たちまち1人分の6万6000円だけになりかねない。高齢受給者の**遺族年金**が実質的にないためだ。

年金というと一般に**老齢年金**のみが想定されがちだが、いくつかの種類がある。老齢年金は高齢になって所得稼得能力あるいは機会が低下し、所得を喪失するリスクに対して給付される年金だ。ほかに一家の大黒柱を失い所得を失うリスク、つまり遺族になるリスクに備える遺族年金がある。障害を負い、所得稼得能力あるいは機会が低下するリスクに対し給付される**障害年金**もある。

厚生年金では、亡夫の年金受給額の4分の3を遺族である妻が受け取れる。しかも、いかに妻の所得や資産が多い場合でも、遺族年金には所得税の課税対象とならない税制上の特典まで付いている。これとは対照的に、基礎年金では高齢者の遺族年金が実質的にない。18歳までの子どもがいることが受給要件として付くためである。この基礎年金の問題は、生活保護を受けている高齢者世帯約47万世帯のうち9割が単身世帯である事実と無関係ではないだろう。

満額は6万6000円でも実績は5万円台

これまで、6万6000円という数値で議論してきたが、これは受給できる金額の最高額であり、学校のテストで言えば「最高点」であることに十分注意する必要がある。最高点もさることながら、平均点の向上に意が尽くされなければならないだろう。

日本の年金制度で満額受給は容易なことではない。学生であっても20歳以上であれば加入義務がある。国民年金保険料は世帯主に連帯納付義務があるので、親に支払ってもらうか、あるいは、学生納付特例の申請をして、納付の猶予を社会保険庁に認めてもらわなければならない。失業時や低所得で支払いが困難な際には、保険料免除の仕組みがあるが、保険料免除を受けると、その分、給付が減額されてしまう。保険料全額の免除を受けると、当該期間にかかる給付は3分の1になる。3分の1免除や、3分の2免除でも、それぞれに応じた減額になる。

07年7月の参議院選挙戦の当初、与党は民主党の提案する年金改革案を実施すれば、22兆円もの財源が必要になると批判した。民主党案とは、消費税を財源に、すべての高齢者に年金を給付するという案である（注8）。確かに、06年度の65歳以上人口に月6万6000円の基礎年金を給付すると21兆円を要する。与党の掲げた22兆円は、この21兆円に遺族基礎年金や障害基礎年金を加えたものと思われる。だが、06年度の老齢基礎年金給付費の実績は15兆8000億円に過ぎない。21兆円と15兆8000億円には5兆2000億円もの開きがある。

一方、民主党の財源論も、与党の批判通り、財源の裏づけが極めて甘い。だが、よく考えてみると、「基礎年金」という看板を掲げ、国民皆年金であり、満額の6万6000円が代表的指標として用いられていながら、実際には総額15兆8000億円、つまり65歳以上全人口の1人月平均で5万円程度の給付であることにも問題がある。もちろん、5万円程度になってしまう背景には、85年改正以前は専業主婦が任意加入であったことなどの事情もあろうが、失業や低所得のために保険料免除を受けて年金給付額が減額されたり、加入期間が40年に達しなかった人も多い。そこには「15兆8000億円で済んでいます」と手放しでは喜べない深刻な現状がある。

海外には、なるべく多くの人が満額給付になるように「満額給付のアベイラビリティー」の改善が重視されている国もある。顕著な例として、英国の2006年の年金改正案が挙げられる。英国政府は05年に国家基礎年金（State Basic Pension）の受給年齢に達した人のうち、満額受給者は男性約85％に対して、女性は約30％程度でしかなく、2010年でも50％程度にしかならないであろうというこ

（注8）ただし、選挙戦中盤、基礎年金の給付に所得制限が設けられた。

とに強い懸念を表明している。そこで、同改正案では、女性の新規年金受給者に占める満額受給者の割合を２０１０年には70％に、25年には90％以上に引き上げるべく、年金改正を行うことにした（Department for Work and Pensions［２００６］）。残念ながら、日本ではほとんど見られない視点である。

基礎年金として再生させるか、均一給付年金のままにするか

このように見てくると、年金改革の重要な課題の一つが浮かび上がる。すなわち、ここで歯を食いしばって、真に基礎年金と呼べるように現行の基礎年金を再生していくのか、あるいは、均一給付年金のままでよしとするのか、明確な方向を示すということである。この方向の決定に際しては、国民の年金に対する期待や年金以外の諸政策、例えば、極めて深刻な状況にある財政の再建、医療・介護などとの比較考察が必要であろう。

仮に、均一給付年金でよいとしても重い課題が三つある。第一点は、その旨を正直に国民に説明し、過大な期待を抱かぬように名称も「均一給付年金」程度の軽いものに変えることである。そのうえで、6万6０００円という金額や、マクロ経済スライドにより5万円台半ばに下がっていく満額の金額に、ほとんど意味付けはないということを国民にはっきりと告知する必要がある。自営業者の中には、均一給付年金だけでは足りないと思う人もいるだろう。その人には、自営業者向けの二階部分である国民年金基金や確定拠出年金（いわゆる４０１ｋ）個人型への加入を勧める。厚生年金加入者には、均

一給付年金と厚生年金がセットではじめて老後の生活の基礎部分が成り立つのであって、均一給付部分だけとり出してみてもあまり意味がないと説明する。これは、今まで「基礎年金」の呼称を用いてきた政府・与党にとっては、気の進まないことであろうが、勇気を出せばできないことではない。

第二点は、基礎年金の給付水準が下がることにより、給付水準の逆転現象が深刻化する生活保護との不整合（第7章）をどのように処理するかという問題だ。生活保護に比べてあまりに給付水準が低ければ、40年間、保険料を拠出し続けようという拠出へのインセンティブは当然低下する。拠出に応じて給付を受ける拠出原則が成り立ちにくくなるからだ。これに対しては、まず、保険料徴収の強制力を高めるなど具体的施策を必要とする。ただ、現行徴収体制では限界もある（第5章）。無年金者や低年金者の増加も予想されるため、他の所得保障手段を整えておかなければならない。この点については英国やカナダの例の参照しながら第7章で論じる。

第三点は、いずれにしても、負担が一元化されていないことによる水平的不公平の問題が残ることだ。これは放置できず、さらなる検討を重ねる必要がある。この点も、第4章および第6章以降で再び論じたい。

4　社会保障制度審議会の二階建て年金構想の考え方

85年改正に向けた年金改革の議論の中で、いったんは退けられた社会保障制度審議会の二階建て年金構想（1977年）とりわけ基本年金は、形を若干変えながら、その後も、1999年の小渕恵三内閣の経済戦略会議、経済同友会などの経済団体、連合、多くの経済学者（注9）など各方面から提案され続けている。最近では、2007年10月の経済財政諮問会議において、基礎年金の財源を全額消費税で賄う案が選択肢として提示された。自民党の中からも、年金制度を抜本的に考える会［2008］、麻生太郎前幹事長の月刊誌への寄稿［2008］と提言が続いている。

このことは、85年改正によって誕生した、いわばフィクションとしての基礎年金が必ずしも成功していない、あるいは、定着していないことを如実に物語っている。今後も、本当に基礎年金らしい基礎年金の実現を目指す議論は続くだろう。

ここで、社会保障制度審議会の二階建て年金構想を詳しく振り返っておきたい。この構想は制度体系の改革の一つのモデル、とりわけ、真の基礎年金のモデルとなり得るからだ。基本年金の構想は1977年12月、同審議会の「皆年金下の新年金体系」という建議の中で示された。骨格は、税を財源とする全国民共通の「基本年金」を創設し、既存の各制度は保険料の拠出に比例する「社会保険年金」に改変して基本年金に上積みするという二階建て年金制度である。A4用紙5枚程度の「皆年金下の新年金体系」の中からポイントを要約すると、次の通りである（図表1-6）。

第一に、「基本年金」は単純かつ明確でなければならないとされた。年齢要件のみを基準とし、全額

（注9）例えば、小塩［1998］、高山［2000］、橘木［2005］、八代［2006］など。租税の専門家としては森信［2007］などがある。

（図表1-6）社会保障制度審議会の二階建て年金構想

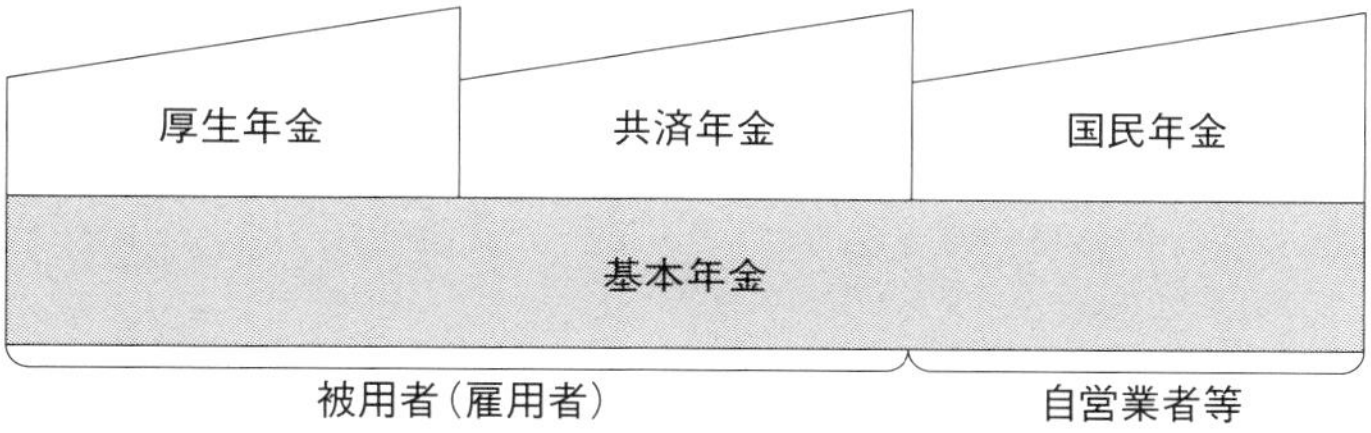

基本年金の給付水準
　一律定額
　　夫婦　月額　5万円
　　単身　〃　　3万円
　　　　　　（52年度価格）
基本年金の財源　所得型付加価値税

（資料）吉原健二編著［1987］33ページより抜粋

国庫負担による一定額を全国民に一律給付し、保証する。基礎的生活費に対応する給付となる。これにより、著しい人数の無年金者を一掃し、各制度間の不公正をある程度是正することになる。

第二に、現行の各公的年金は基本年金に上積みされ、「社会保険年金」となる。各人の従前所得を反映した給付となり、基本年金と合わせて各人の老後生活維持の中核となる。

第三に、老齢年金と生活保護はともに社会保障であるが、生活保護は生活困窮者の必要に応じ個別対応する事後的な対応であるのに対し、老齢年金は老後貧困に陥らないようにする事前的かつ一般的な対策と、制度の建前は全く異なる。ただし、基本年金制度の創設により、老齢者で生活保護を受ける人数は著しく減少することが期待される。

第四に、基本年金の財源は、年金税ともいうべき特別な目的税とする。望ましいのは、国民全部の所得にかかる付加価値税である。形式は税であっても、実質的には全国民が負担する保険料の性格を持っている。所得再分配機能を持っており、社会保障の理念に沿う。

第五に、国民年金は定額保険料を変更し、所得比例を考慮した段階保険料を導入する。

このように、「皆年金下の新年金体系」に示された制度体系は、当時の年金局長が一つの理想像とも評するだけあり、すっきりしている。現行制度のように、各制度が分立したまま、基礎年金拠出金を持ち寄って基礎年金の給付を賄うなどという、ややこしいことにはなっていない。特に、基本年金の財源には所得再分配機能のある税を用い、社会保険年金の財源はこれまで通り年金保険料として拠出と給付の対応関係を明確にしようとしている点は、二階建て年金を考える際の原点になろう。このほか給付水準や生活保護との関連については第7章で述べる。

ここで、所得型付加価値税について補足しておこう。様々な種類がある付加価値税の中で、この所得型付加価値税は欧州の消費型付加価値税であるVAT（Value Added Tax）や日本の消費税のような消費型とは異なる特殊なタイプで、大まかに言えば、法人の売上高から原材料費などを差し引いた付加価値全体に課税し、法人が納税する税金である。今日で言えば、地方税の一つである法人事業税の外形標準部分の付加価値割に相当するだろう。法人事業税の付加価値割とは、法人の支払給与、支払利子、支払家賃、利益などの付加価値の総計を課税ベースとする租税である。「皆年金下の新年金体系」が公表された当時、欧州諸国では消費型付加価値税がすでに一般的であったが、日本では当時検討されていたとはいえ、実際の導入は欧州にかなり遅れた１９８９年であり、所得型付加価値税という新税の導入を伴う年金制度改革案は、税制の面からは導入が難しかったと言われている（藤田［１９８４］）。だが今日、日本にはすでに付加価値税である消費税があり、財源の確保という点では当時より下地は整っている。

第2章

年金財政を考える

このまま少子高齢化が進んでいけば、公的年金財政は破綻するのか――。

「破綻している」あるいは「将来破綻する」と言われることもあるが、老後生活を支える柱となるような金額が確保されるか否かは別として、恐らく将来も公的年金の給付が全くなくなるような事態は起こらない。ただ、小遣い程度の年金給付になってしまって、「１００年安心」などと、大見えを切ることはもちろん、年金制度が正常に持続しているとも言えないだろう。

賦課方式の公的年金財政を危機的状況に陥れる真の原因は、少子高齢化そのものもさることながら、少子高齢化を直視せず、制度上対応できることにきちんと取り組まない現世代の態度にある。

1 人口動態と賦課方式の年金財政

賦課方式は右から左へお金が渡される仕組み

日本の公的年金の財政は、基本的に**賦課方式**《ふかほうしき》で運営されている。賦課方式は**積立方式**と対になる用語である。積立方式については、銀行の積立預金をイメージすれば分かりやすい。毎月、ある金額を自分名義の口座に積み立てておき、期日が到来したら積み立ててきた元本と利息を合わせて自らが受け取る。積立方式は自己完結した財政方式と言える。

これに対し賦課方式では、自らが支払った保険料は国の年金特別会計に納められるが、国はそれを金融資産として積み立てず、そのまま特別会計から現在の年金受給者に給付してしまう。国に残るのは、「保険料を受け取りました」という記録だけだ。

賦課方式の運営は第1章の図表1－4（公的年金のキャッシュフロー）で示した通りだ。すべての年金を合わせた保険料26兆3000億円と国庫負担6兆8000億円を柱とする収入49兆3000億円は、ほぼそっくりそのまま、各制度の給付費と基礎年金拠出金（＝基礎年金給付）に支出される。各年金制度の手元にはほとんどお金が残らない（実際は準備金程度の積立金を持っている）。

賦課方式の年金財政は、子どもがどんどん生まれて現役層が拡大する、つまり保険料を支払う側が増えている間はうまく機能する。しかし、現役層の人数に比べ、年金受給世代すなわち高齢者の人数が増えると機能しにくくなる。このため、将来の出生率や平均寿命などの人口動態が極めて重要な意味を持つ。

出生率の将来予測は常に楽観的

賦課方式の年金財政の持続可能性を決定付ける要素として、まず出生率が挙げられる。赤ちゃんが生まれ、将来、大人になり、年金給付の原資となる所得を生み出してくれることが、賦課方式の年金財政を維持していくうえで重要な前提となる。1960年から2006年までの出生率（注1）の推移を見ると（図表2－1）、1966年の丙午の一時的な落ち込みと翌1967年の反動を除けば、19

（注1）正確には合計特殊出生率。15～49歳女性の年齢別出生率の合計。

（図表2-1）合計特殊出生率の推移（1960年〜2006年）

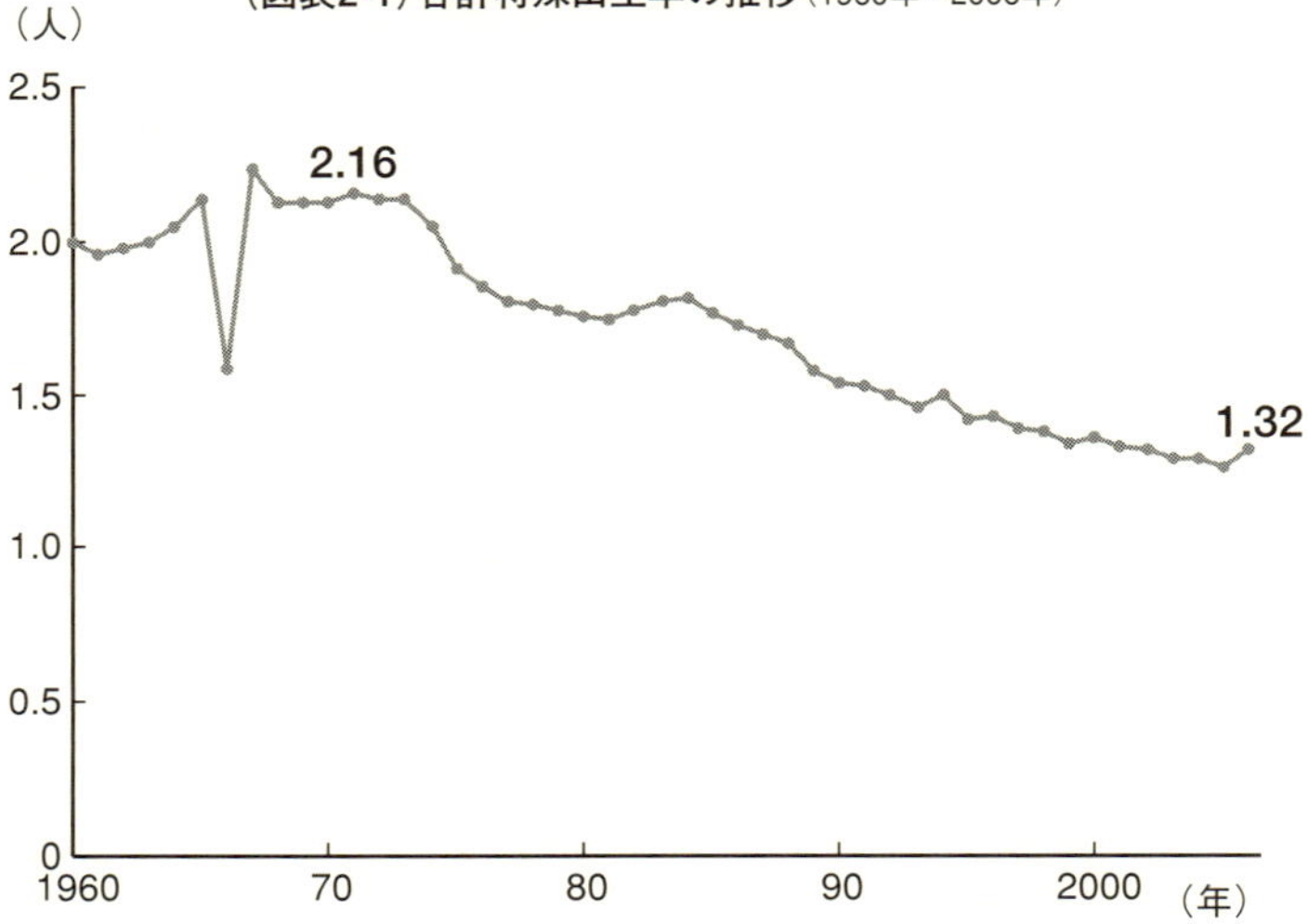

（資料）国立社会保障・人口問題研究所『人口統計資料集（2007年版）』より筆者作成

７１年に２・１６人とピークを迎えた後はほぼ一貫して低下傾向にある。06年は１・３２人と前年の１・２６人に比べ０・０６ポイント上昇したものの、これまでの長期低下傾向からの反転か否かは分からない。

将来の出生率は平均寿命とともに、ほぼ５年ごとに国立社会保障・人口問題研究所（社人研）が「将来推計人口」の中の仮定値として公表している。社人研は出生率に関して三つの仮定を置いている。標準的なシナリオは**中位**、楽観的なシナリオは**高位**、悲観的なシナリオは**低位**と呼ばれる。最新の予測である06年12月推計の中位シナリオでは、２００５年に１・２６人だった合計特殊出生率は、いったん１・２１人（２０１３年）まで低下した後に持ち直し、長期的には１・２６人になると見ている。高位シナリオでは長期的に１・５５人、低位推計では

(図表2-2) 合計特殊出生率の仮定

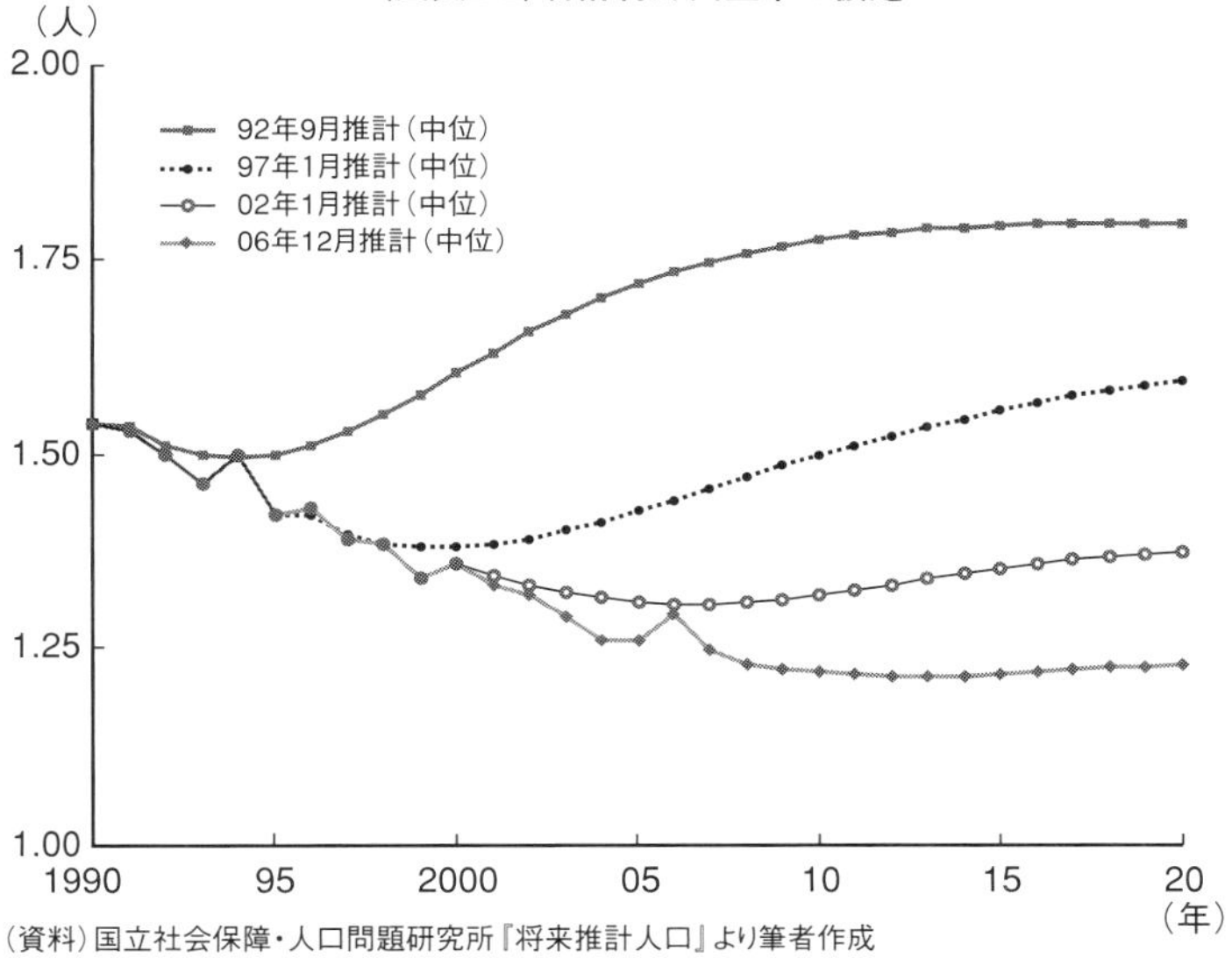

(資料) 国立社会保障・人口問題研究所『将来推計人口』より筆者作成

１・０６人になると見ている。

中位が標準的シナリオと位置付けられているが、これまで将来推計人口が出されるたびに下方修正が繰り返されており（図表２‐２）、社人研の仮定は常に楽観的過ぎるとの批判がある。06年12月推計を含む直近４回分の出生率の推計を見てみよう。92年９月推計（中位）では、06年度に１・７３人、最終的（25年度）に１・８０人。97年１月推計（中位）では、06年度に１・４３人、最終的（50年度）に１・６１人。02年１月推計（中位）では、06年度に１・３１人、最終的（50年度）に１・３９人。06年12月推計ではさらに下方修正され、最終的（55年度）に１・２６人にとどまると仮定している。年金財政の将来予測は、中位シナリオを標準シナリオとして採用しているが、むしろ、低位シナリオを標準シナリオと考えるべきであろう。

（図表2-3）平均寿命の仮定

	92年9月	97年1月	02年1月	06年12月 高位	06年12月 中位	06年12月 低位
男	78.27	79.43	80.95	82.41	83.67	84.93
女	85.06	86.47	89.22	89.17	90.34	91.51

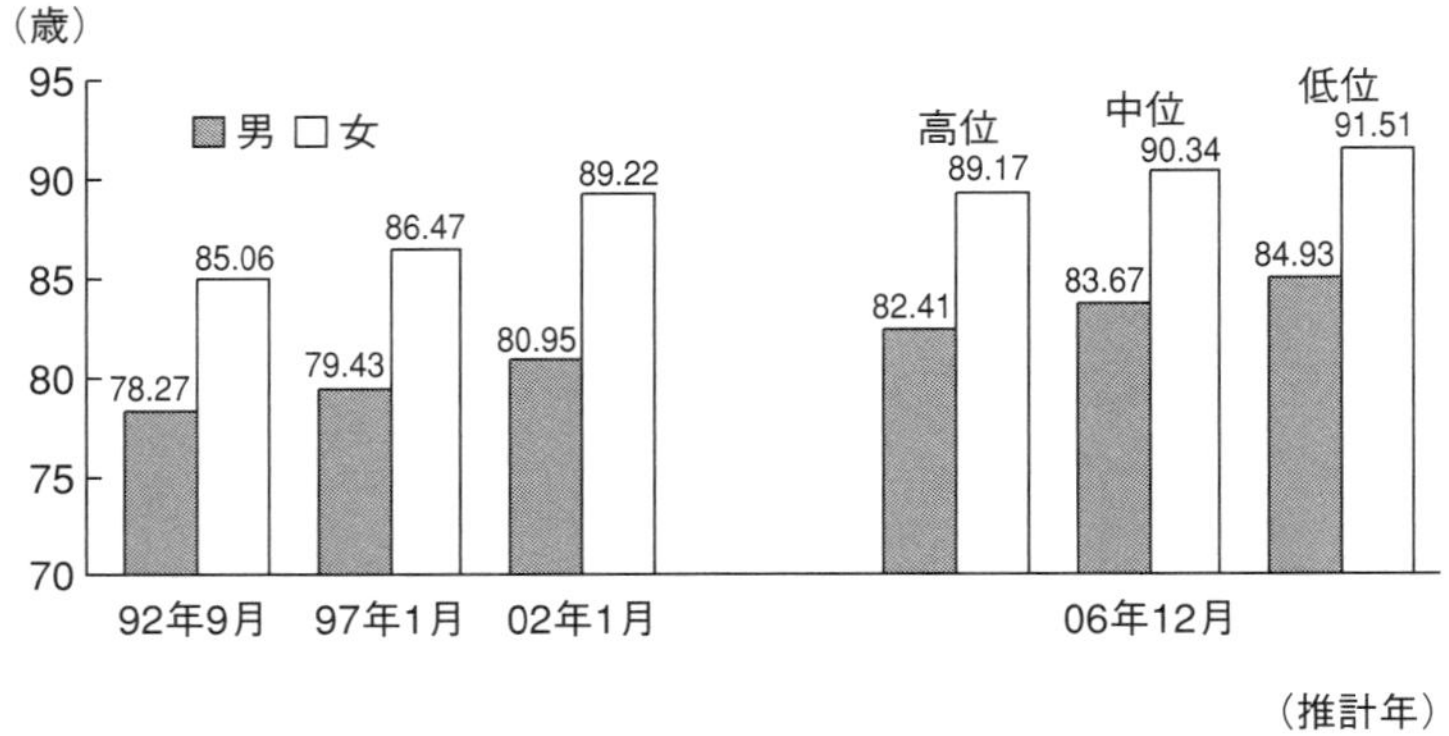

（資料）国立社会保障・人口問題研究所『将来推計人口』より筆者作成

平均寿命の仮定でも繰り返される上方改定

出生率とともに重要なのが平均寿命である。平均寿命は06年12月推計から、高位、中位、低位の3通りが仮定されるようになった。高位とは、死亡率が高い場合、低位とは低い場合である。中位が標準とされ、男83・67歳、女90・34歳である。02年1月の推計より、それぞれ2・72歳、1・12歳伸びており、こうした上方改定はこれまでも繰り返されてきた（図表2-3）。平均寿命の伸びは、予期せぬ年金受給期間の長期化を意味し、年金財政にとって深刻な圧迫要因となる。

少子高齢化に加えて純移民ゼロのダブルパンチ

また、年金財政を考える場合には移民の動向も無視できない。出生率が上がらずとも、国外への人口流出を上回る人口流入すなわち純移民が増えれば、賦課方式の年金財政にとってはプラスになるからだ。出生率の低下や平均寿命の伸長は、程度の差こそあれ、先進国ではほぼ共通した現

（図表2-4）人口増の要因（純移民と自然増）（前年比増加率）

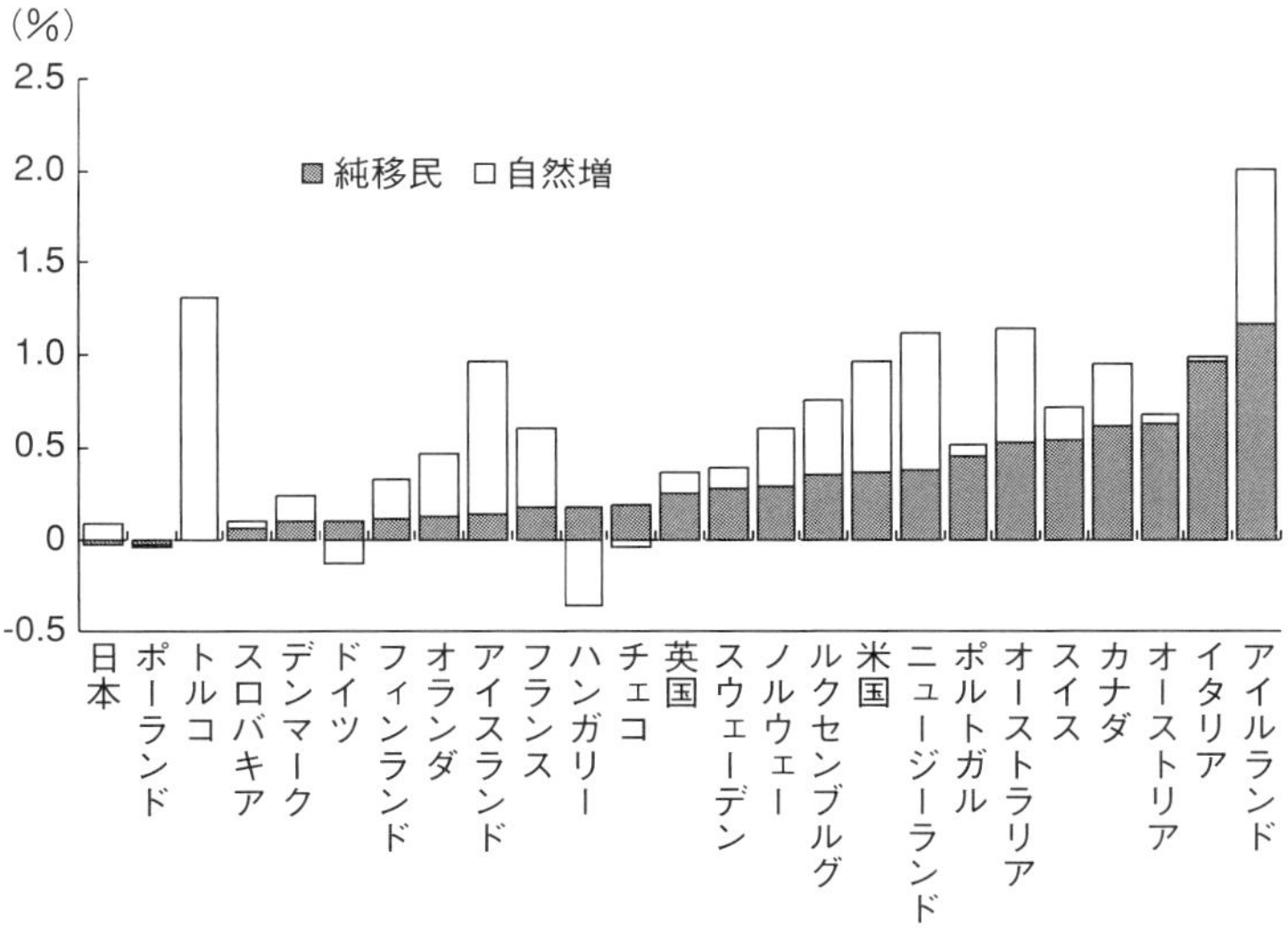

（資料）OECD『*Labour Force Statistics 1985-2005: 2006 Edition*』、総務省『人口統計年報』より筆者作成
（注）2004年の数値。英国のみ2002年。

象である。ところが純移民については、日本は特殊な状況にある（図表2-4）。

　OECD（経済開発協力機構）加盟国のうち、25ヵ国を対象に2004年の対前年比人口増加率とその要因を見ると、大部分の国で、純移民が極めて重要な役割を果たしている。特にイタリア、オーストリア、ポルトガル、スイスではそれが顕著であり、人口増の大部分は純移民である。カナダ、英国、スウェーデンなども人口増の3分の2程度が純移民による。

　これに対し、純移民が減少しているのは日本とポーランドの2ヵ国だけである。少子高齢化に加え、純移民から見ても、日本の年金財政は極めて厳しい状況に置かれていることが分かる。第6章で詳しく述べるが、年金改革の議論の中でスウェーデンの年金制度が理想像の一つとして提唱されることが多い。しかし、スウェーデンは人口増の約3分の2を純移民で賄い、かつ、将来の出生率も1・85人と高めに想定している。スウェーデンの年金制度を参照する際には、こうした日本との初期条件の違いを意識しておく必要がある。

将来は一人で一人を支える時代に

出生率や平均寿命など将来推計の結果、おおむね被保険者に相当する「20歳から65歳未満人口」に対する、年金受給者に相当する「65歳以上人口」の比率は、2005年度の33%から2020年度近くに50%台になる。以降ほぼ10年で10%ずつ上昇し、2055年度には85%に達すると予測されている（図表2-5）。被保険者1人の保険料で年金受給者0・85人の給付を賄うことになる。現在の3人で1人を支える時代から、すぐに2人で1人を支える時代に、さらには、ほぼ1人で1人を支える時代になっていく。

年金財政にとって悲観シナリオである出生低位・死亡低位すなわち少子化と長寿化が進む場合には、65歳以上人口の比率は2055年度に95・7%になる。楽観シナリオである出生高位・死亡高位の場合でも2055年度に74・6%になる。いずれにしても、大まかにみれば、被保険者1人で年金受給者1人分の財源を賄う、極めて厳しい状況に変わりはない。

これまでの内容を整理すると、出生率を高め、移民をどんどん受け入れ、雇用者の給与水準を高め

（図表2-5）65歳以上人口の20〜64歳人口に対する比率（2005年〜2055年）

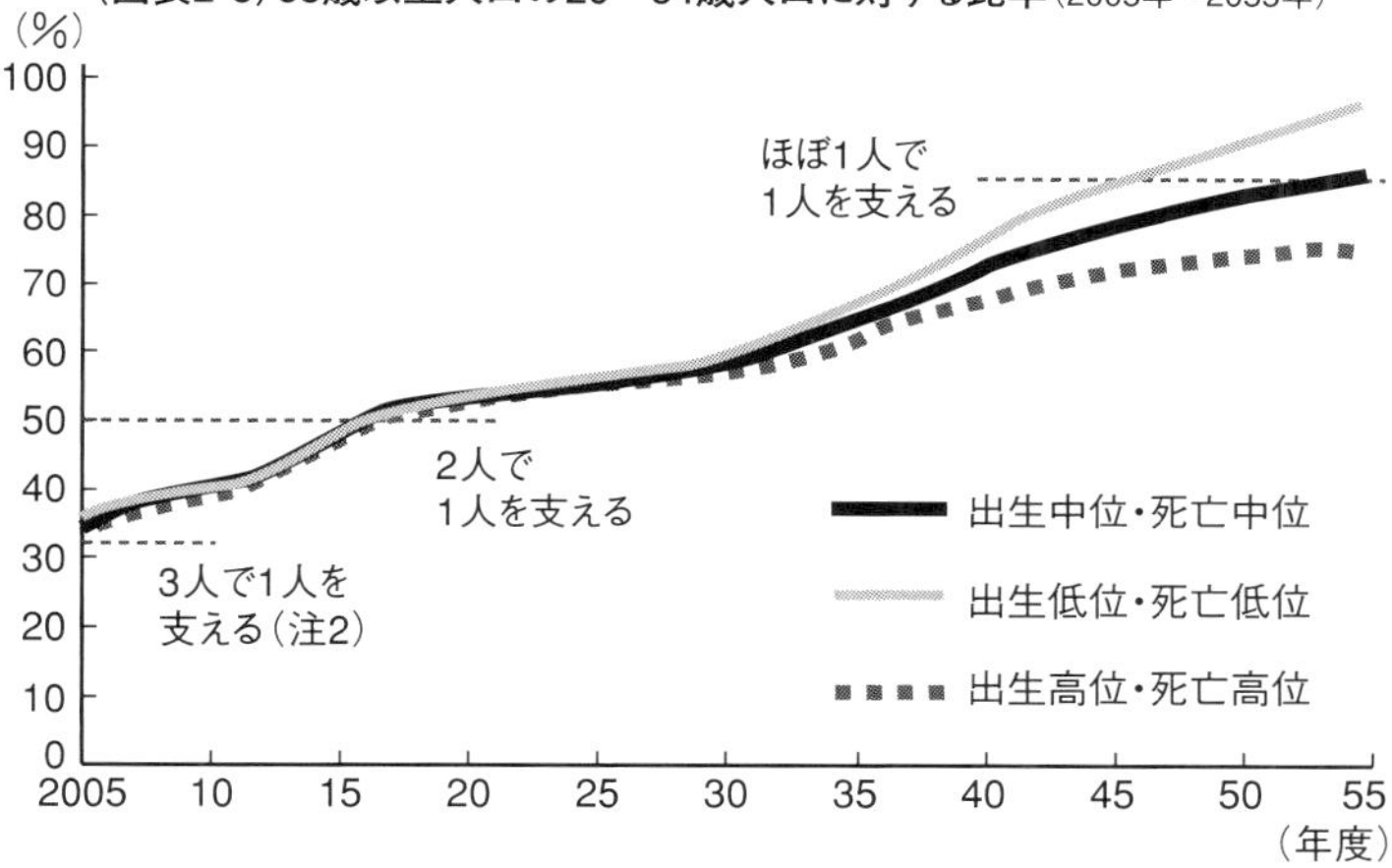

（資料）国立社会保障・人口問題研究所『日本の将来推計人口（06年12月推計）』より筆者作成
（注1）死亡低位とは、長寿化がさらに進行するケース。
（注2）現役世代から高齢世代への所得移転とするならばという仮定のもと。

れば、負担増や給付抑制など国民も政治家も嫌がる年金制度の改正はしなくても年金財政は維持できそうな気がする。もちろん、少子化対策や経済成長を目指すこと自体は悪いことではない。しかし、出生率の回復や経済成長に過度に期待し、あたかもそれが高い確率で実現するかのような前提に立ち、年金制度の改正をしないで放っておくという態度（現在の政府の態度はこのように見える）に、筆者は強く反対したい。楽観的予測は年金財政にとって極めて危険な賭けであり、もしそれらが実現しなかった場合には、後世代にツケを回すことになるからだ。

意識の変化も賦課方式を脅かす

人口動態のほかに、国民の意識の変化も賦課方式の存立基盤を脅かしている。賦課方式は英語では'pay-as-you-go'（利用時払い、賦課方式）と訳される。一方、職域の保険制度を年金制度として発展させてきたフランスでは、英語と同様の意味である 'répartition' を使うか、あるいは、'solidarity'（団結、一致、連帯）という単語を積極的な意味を持たせて使うという（注2）。

なるほど、賦課方式の財政方式では、若いときに支払ったお金は他人のために使われ、自らが高齢者になると、自分より後世代の他人が支払った保険料を原資に年金を受け取ることになる。賦課方式の年金財政は団結心や連帯感がないと存立しにくいと言える。例えば、会社の先輩と後輩で飲みにいく時、後輩は先輩におごってもらい、やがて、その後輩も先輩の立場になるとさらに下の後輩におごるのと似ているのかもしれない。社会や企業にこうしたサイクルがあれば、賦課方式でも年金保険料はそれほど抵抗なく支払われるだろう。だが、日本の年金制度はもともと国が作ったものであるうえに、今日の日本企業は、年功序列型から成果重視型に移行しており、職場の連帯感や団結心は薄れている。地域でも同様だ。厚生労働省はしばしば「公的年金は連帯の制度である」と強調するが、そもそも、善し悪しは別として社会において共同体意識や連帯感がなくなってきている状況では、賦課方式の年金制度の存立基盤は大きく脅かされている。

（注2）Observatoire des Retraites［2003］『THE FRENCH SYSTEM』3ページ

2 所得代替率の定義と留意点

給付水準を表わす代表的指標

ここで、年金の給付水準を表す代表的な指標である**所得代替率**《しょとくだいたいりつ》について、その定義や日本での現状を整理しておきたい。なお、本節は第3章で取り上げるマクロ経済スライドを理解するための予備知識を多く含んでいる。

「年金給付50%を守ります!」――。年金改正法案が審議された2004年の通常国会を挟んで03年11月の衆議院選挙、および、04年7月の参議院選挙において、与党は国民に向かってこのように訴え続けた。この50%が所得代替率である。

以下、日本の所得代替率の定義を具体的に示そう。ここで「日本の」と断り書きを付けたのは、日本に特有と思われる点がいくつかあるためだ。所得代替率という指標は有効だが、用いる際にはこうした点に注意しなければならない。

整合性がとれない分母と分子

所得代替率の定義を簡単に説明すると、分母は現役男性の税と社会保険料とを差し引いた後の所得(ネット)、すなわち**可処分所得**の平均額である。これに対し分子は、夫婦2人の税と社会保険料を差

（図表2-6）日本の所得代替率の定義

$$59.3\% = \frac{233{,}000\text{円}}{393{,}000\text{円}} \times 100$$

分子：モデル年金と呼ばれる。40年間厚生年金に加入し、その間平均的な賃金であり続けた夫と、専業主婦であった妻のモデル夫婦世帯が新規に受け取る年金の合計額。

233,000円=101,000円 ＋66,000円 ＋66,000円
夫の厚生年金 報酬比例部分　夫の基礎年金　妻の基礎年金

分母：現役男性の平均可処分所得（すなわち手取り）。名目所得468,000円、税・社会保険料75,000円と想定。いずれも月額。2004年度の値。

し引く前の**名目**（**グロス**）の年金給付額である（図表２‐６）。２００４年度時点の所得代替率は、平均年金給付月額23万３０００円を、現役男性の平均可処分所得月額である39万３０００円で割った**59・３％**であった。ここで可処分所得39万３０００円は、平均の名目所得46万８０００円から、一定の仮定のもとに計算した税と社会保険料との合計額７万５０００円を控除した金額である。

分母と分子との間で整合性がとれていない点が二つある。一点目は、分母が１人分であるのに対し、分子は２人分であることだ。分子の23万３０００円を分解すると、夫の基礎年金６万６０００円、厚生年金（報酬比例部分）10万１０００円、妻の基礎年金６万６０００円である。こうした夫婦世帯を**モデル夫婦世帯**（夫が40年間民間雇用者で妻は専業主婦）と政府は呼んでいるが、モデルと呼べるほど今日では一般的な形態ではないし、本来、分母が１人分であれば、分子も１人分で統一する方が自然であろう。ちなみに、単身世帯の場合の所得代替率を計算すると、分子から基礎年金１人分がな

くなるため、42・5%(〈6万6000円+10万1000円〉÷39万3000円=0・425)にとどまる。このようにややこしいことになったのは、第1章で述べた85年改正が原因だ。85年改正までは、分母・分子とも1人分で所得代替率が示され、その値は68%であった。

二点目はネットとグロスの問題だ。分母が名目給与額から税と社会保険料を差し引いた後の可処分所得(ネット)であるのに対し、分子は名目年金給付額(グロス)である。これでは所得代替率を高めに算出し、年金給付額の価値を過大評価してしまう危険性が高い。指標としての欠陥と言ってもいい。年金受給者でも、所得や保有資産などに応じて、個人所得税や個人住民税などの租税、国民健康保険料や介護保険料などの社会保険料を支払っているからだ。

例えば、モデル夫婦世帯の場合、租税はほぼゼロになるが、社会保険料負担は発生する。夫の年金が月16万7000円(=6万6000円+10万1000円)であるということは、年間の所得は約200万円になる。ここから、税制上の諸控除、具体的には公的年金等控除120万円、基礎控除38万円(住民税は33万円)、配偶者控除38万円(同33万円)、および、社会保険料控除13万7000円を差し引くと(注3)、課税所得はほぼゼロになる。よって、個人所得税も個人住民税も発生しない。一方、国民健康保険料は夫に平均月約8400円、介護保険料は同じく夫に月3000円、妻に月2000円程度はかかる(注4)。こうした点を考慮し、改めて、分子もネットにして所得代替率を計算すると

(注3) 社会保険料控除の額は、あくまで仮定。

59・3％より3・4％低い55・9％になる。

日本の所得代替率のように、グロスをネットで割ると、年金受給者の生活実態が見えにくくなってしまう。ましてや、今後、介護保険料、国民健康保険料、原則75歳以上を対象に2008年4月からスタートする後期高齢者医療制度などの保険料は、高齢者人口の増大に歩調を合わせて上昇していくことが必至である。後期高齢者医療制度の保険料も、介護保険料と同様に年金からの天引きとなるから、年金受給額の目減り感は大きいはずだ。

OECDが加盟各国の年金制度を比較した『*Pensions at a Glance* 2007年版』を見ると、各国ともネットの年金給付額はネット所得で、グロスの年金給付額はグロス所得で比較しており、日本のようにグロス年金額をネット所得で割るのは奇異に映る。今後の年金改革や税制改革は年金受給者の生活実態に十分配慮しながら一体的に進めることが必要であり、こうした指標の欠陥については早急に修正すべきである。

年金受給開始以降、年々所得代替率は低下していく

所得代替率が示す給付水準は年金受給開始時点の数値に過ぎず、受給開始以降は計算されない。仮

（注4）国民健康保険料は、市町村ごとに計算方法・水準が異なる。ここでは、厚生労働省介護保険料の在り方等に関する検討会（第2回）資料2「国民健康保険料（税）の概要について」を参照した。介護保険料も、市町村ごとに計算方法・水準が異なる。ここでは、所得ごとに保険料は6段階あるうち、基準を低い方から4段階目（4090円）とし、モデル夫婦世帯の夫を3段階目、妻を2段階目と仮定した。

に年金受給開始以降も所得代替率を計算すると、受給開始時点の数値を下回っていく。この点も重要な注意点だ。この説明には、**新規裁定年金**、**既裁定年金**、**賃金スライド**、**物価スライド**という４つの年金用語の理解が必要になる。

年金は現役時代に保険料さえ支払っておけば、年金受給開始年齢に達すると何もしなくても自動的に社会保険庁から振り込まれてくるほど親切な制度ではない。年金をもらおうとするならば、社会保険事務所まで出向いて新規裁定請求書という用紙に必要事項を書き、年金給付を請求しなければならない（注５）。社会保険庁は、これをもって、請求者の過去の保険料支払い実績などをもとに年金額を決定し、請求者に通知して、ようやく請求者は年金受給権者になることができる。こうして決定された年金が**新規裁定年金**だ。

新規裁定年金の額は前年度の新規裁定年金の額に、**一人当たり賃金上昇率**（名目賃金上昇率、以下、賃金上昇率）を掛けた値となる。例えば、２００４年の新規裁定年金額は23万３０００円、04年以降の賃金上昇率が２・１％であったとする（図表２-７）。すると、05年に新たに年金受給の対象となった人の新規裁定年金額は、04年の新規裁定年金23万３０００円から２・１％アップした23万８０００

（注５）裁定とは、日常生活で用いない用語である。社会保険庁の職員が研修用に使うテキストには、次のように説明されている。「年金を受ける権利（受給権）は、年齢や受給資格期間などの要件が整ったときに事実上発生しますが、要件を満たしていることの確認を受けたうえで、初めて本人に年金を受ける権利（受給権）は発生します。この受給権があるかどうかの確認を行うことを『裁定』といいます。」（社会保険のテキスト〈研修教材〉国民年金のあらまし第6節）。

円となる。06年に新たに年金受給権者となった人の新規裁定年金額は、23万8000円から賃金上昇率2・1％と同率アップした24万3000円となる。このように、賃金上昇率と同じ率だけ新規裁定年金額を引き上げていくことを**賃金スライド**と呼んでいる。賃金スライドを続けていく限り、新規裁定年金額と賃金の相対的な関係は不変であり、所得代替率は一定に保たれる。

一度、新規裁定された年金は、受給開始後、**既裁定年金**と呼ばれるようになる。既裁定年金は毎年度、消費者物価上昇率分だけ上げ下げされる。これを**物価スライド**という。通常、賃金上昇率よりも物価上昇率の方が低いため、現役男性の平均可処分所得と既裁定年金を比べると、相対的に既裁定年金は小さくなっていく。ちなみに、2000年改正までは、既裁定年金も賃金スライドだったが、給付を抑制していくために物価スライドへと切り替えられた（第3章）。それでも物価スライドにより、**購買力**は維持される、それが公定年金のセールスポイントの一つでもあった。ここで「あった」と過去形にしているのは、04年の年金改正で、このセールスポイントさえも取り下げざるを得なくなってしまったためである（第3章）。

このように、既裁定年金は物価スライドにとどめられるため、仮に毎年所得代替率を計算すると、新規裁定時に比べてどんどん下がっていく。2004年以降の消費者物価上昇率を1・0％と仮定し、賃金上昇率を2・1％と仮定すると、2023年度に84歳になった時の既裁定年金の所得代替率は48・2％になる（28万1000円÷58万3000円＝0・482）。新規裁定時の所得代替率59・3％からは11％ポイント以上も低下してしまうことになる。

（図表2-7）賃金スライド・物価スライドの数値例

（万円）

	2004年	2005	2006	2007	2008	2009	2010	2011	2012	2013	…	2023
65歳	23.3	23.8 =23.3 ×1.021	24.3 =23.8 ×1.021	24.8 =24.3 ×1.021	25.3 =24.8 ×1.021	25.9 =25.3 ×1.021	26.4 =25.9 ×1.021	26.9 =26.4 ×1.021	27.5 =26.9 ×1.021	28.1 =27.5 ×1.021		34.6
66歳		23.5 =23.3 ×1.01	24.0	24.5	25.0	25.6	26.1	26.7	27.2	27.8		34.2
67歳	新規裁定年金額（A）		23.8 =23.5 ×1.01	24.3	24.8	25.3	25.8	26.4	26.9	27.5		33.8
68歳				24.0 =23.8 ×1.01	24.5	25.0	25.6	26.1	26.6	27.2		33.5
69歳					24.2 =24.0 ×1.01	24.8	25.3	25.8	26.3	26.9		33.1
70歳						24.5 =24.2 ×1.01	25.0	25.5	26.1	26.6		32.8
71歳							24.7 =24.5 ×1.01	25.3	25.8	26.3		32.4
⋮												⋮
84歳												28.1

一人当たり賃金（B）（2.1％増）	2004年	2005	2006	2007	2008	2009	2010	2011	2012	2013	…	2023
	39.3	40.1	41.0	41.8	42.7	43.6	44.5	45.5	46.4	47.4		58.3

所得代替率（％）（A／B）	2004年	2005	2006	2007	2008	2009	2010	2011	2012	2013	…	2023
	59.3	59.3	59.3	59.3	59.3	59.3	59.3	59.3	59.3	59.3		59.3

（資料）筆者作成
（注1）04年改正前。
（注2）一人当たり賃金上昇率2.1％、消費者物価上昇率1.0％を想定。
（注3）受給開始年齢、年金額などすべて仮定の値。
（注4）金額・数値は四捨五入による。

諸外国を見ると、既裁定年金が物価スライドにとどめられる国は日本だけではないが、所得代替率が新規裁定年金に限っての数値であるということには、注意しておく必要がある。

厚生年金では現役時代の所得が高いほど所得代替率は低くなる

厚生年金について、個人ごとに所得代替率を計算すると、現役時代の所得の高低によって数値が異なることにも注意が必要だ。現役時に所得の高かった人は、自らの現役時代の所得の平均値と比較した所得代替率が低くなり、その逆に所得が低かった人は所得代替率が高くなる。

では、現役時の所得の高低によって、所得代替率はどのように変わるのか。年金改革の議論のためにも、主要先進国との比較を交えながら、日本の特徴を見てみよう。図表2－8は厚生年金制度加入者の現役時代の所得の平均を1として0・5倍から2倍までを横軸に示し、縦軸に所得代替率を示した図である。なお、ここで所得、年金給付額はともにグロスである。

日本の所得代替率は、所得の低い方から高い方へ右下がりになっている。これは日本の厚生年金受給者の給付が基礎年金と厚生年金（報酬比例部分）の二階建てになっており、報酬比例部分は現役時代の所得に比例して給付されるが、基礎年金は所得にかかわらず定額給付（より正確には期間比例給付）され、両者を合わせた給付が現役時代の所得に比例していないためである。結果として高所得層から低所得層向けに**所得再分配**が行われる給付体系となっている。日本と同様に所得再分配の傾向が強い国には、カナダ、米国、英国がある。一方、あまり所得再分配をしない**所得比例**の給付体系の国

（図表2-8）所得ごとの所得代替率（先進諸外国比較）

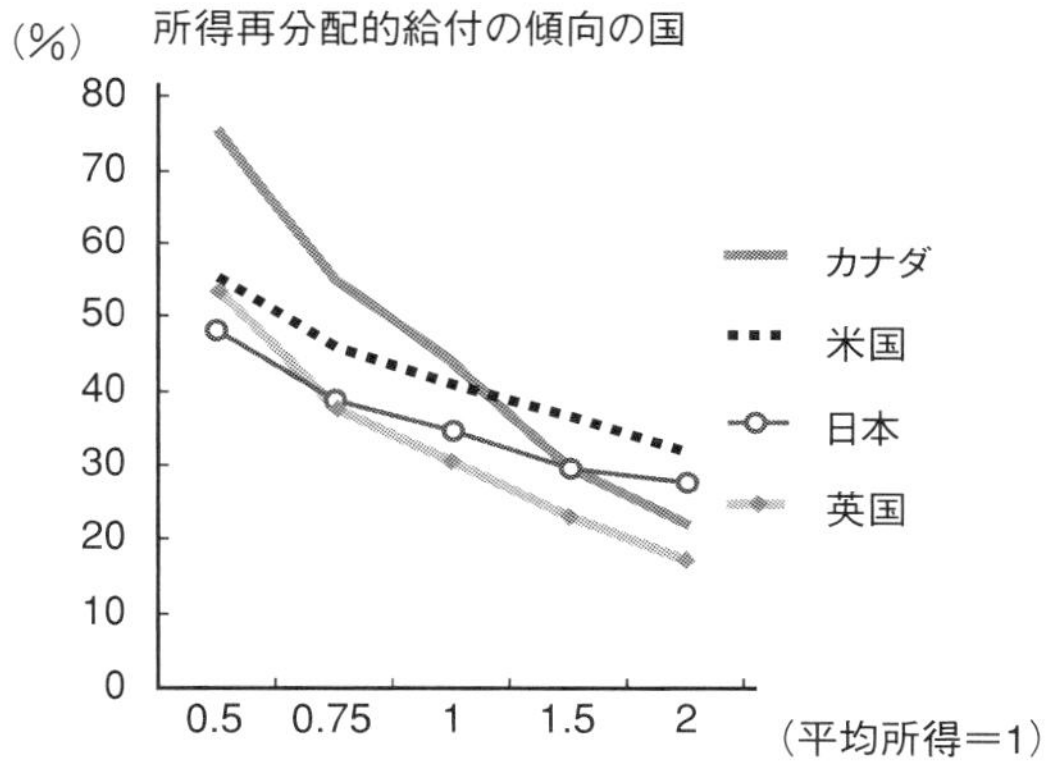

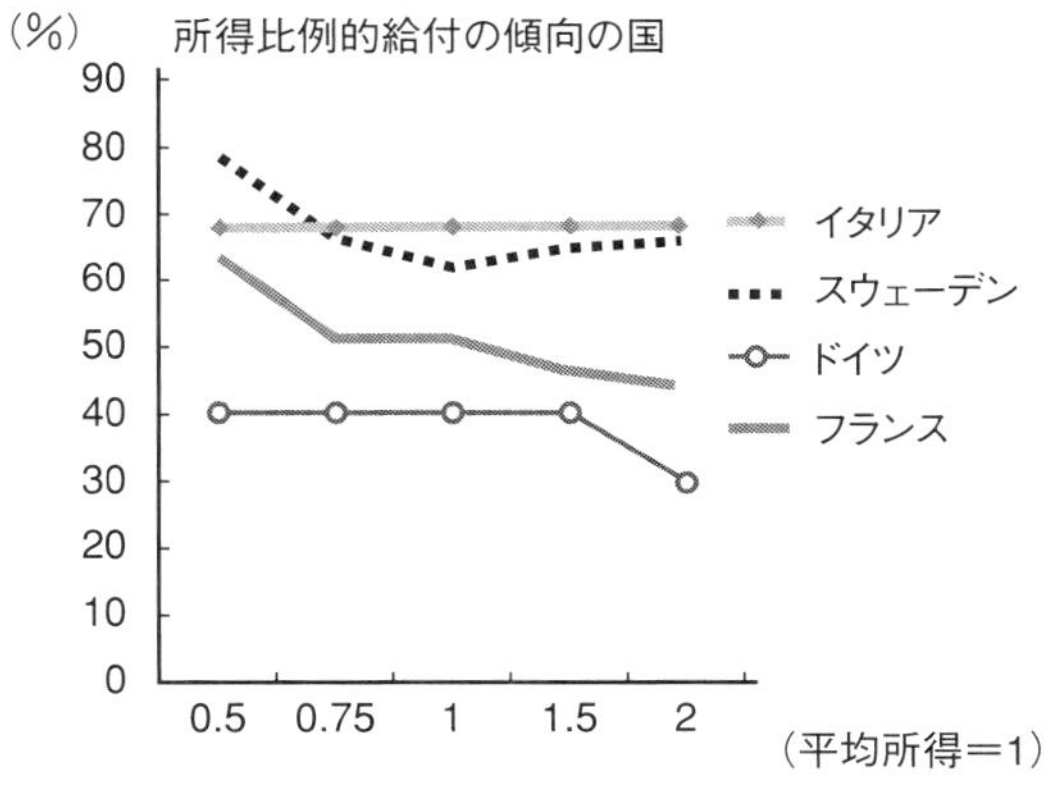

（資料）OECD『*Pensions at a Glance 2007*』より筆者作成
（注）グロスの所得代替率。男性。

には、イタリア、スウェーデン、ドイツがあり、これらの国はおおむね所得代替率の水準自体も高い。

所得再分配を強めるか所得比例を強めるかは、どちらが正しいというよりも、制度設計の思想の違いと言える。ここで指摘できるのは以下の二点である。一つは、所得再分配を強めれば、「年金保険料」の名目で徴収されているお金は、負担と給付の対応が明確な「保険料（insurance premium）」というより「租税（tax）」の色彩を強めるということだ。租税の色彩が強いのであれば、徴収の強制性を強めるなど執行面での工夫が必要になるし、公平・中立・簡素といった租税原則にのっとった制度設計の変更も必要になる（注6）。この点は本章第4節で改めて述べる。

二点目は、所得比例として現役時代に高所得であった人に高額の給付をすると、給付費が膨らむ可能性が高く、今後の日本の年金改革においては、実施が困難であるということだ。むしろ「所得再分配」傾向が強い国に学ぶのが現実的と考えられる。これらについては、第6章、第7章において、スウェーデン、英国、カナダの年金制度を検討する中で改めて考えたい。

（注6）国民年金制度加入者と厚生年金制度加入者間の水平的公平の確保など。

3 年金財政の構造と予測

財政上は不可欠であった2004年改正

２００４年の年金改正の主な目的は、２０００年改正で凍結されていた保険料率の引き上げを再開することによって財源を確保しながらも、次の二つの方法を通じて、その引き上げ幅については抑制していくことにあった。一つは、マクロ経済スライドという手法により、給付水準の抑制を図ることである。そして、もう一つは、基礎年金に対する国庫負担割合を３分の１から２分の１に引き上げて、年金保険料の負担を抑制することである（第３章）。

仮に、04年改正をしなかった場合、すなわち、保険料（率）および国庫負担割合の引き上げを決めず、給付水準も抑制しなかった場合には、年金財政のさらなる悪化は避けられなかった。厚生労働省は悪化した場合の年金財政の将来像を試算している。厚生年金を例にとれば、２００５年度時点で１６２兆８０００億円ある積立金は２０２１年度には底をつき、22年度以降は大幅な給付削減か保険料率の引き上げをしなければならなかったという。「１００年安心」は大げさすぎるとしても、04年改正によってとりあえず２１００年までの年金財政の将来像を描くことだけはできるようになった。これは二つの留保条件付きではあるが、大きな前進であったと言える（図表２‐11はその抜粋）。

二つの留保条件とは、一つは年金財政の将来像の確からしさ、とりわけ、人口動態や経済前提などの確からしさであり、もう一つは、04年改正の骨格であるマクロ経済スライドが想定通り機能するのかどうかということである。いくら給付水準抑制の青写真を描いたところで、実際に機能しなければ意味がない（第3章）。これら二つの留保条件のうち、本節では、年金財政の将来予測の確からしさについて検討する。

悪化傾向にある年金財政の収支

厚生年金を中心に収入と支出の構造および規模を確認するとともに、厚生労働省はどのような将来像を描いているのかを考えてみる（図表2－9）。最新年度である2005年度における厚生年金の収入は合計36兆円。このうち、保険料収入は労使計で21兆円、積立金の運用収入が10兆4000億円、基礎年金拠出金に対する約3分の1の国庫負担などが4兆6000億円である。対して支出は合計32兆5000億円。このうち、給付費が21兆1000億円、基礎年金拠出金が11兆3000億円、その他が2000億円になっている。収支差引残は3兆4000億円の黒字である。積立金残高は支出の5・4年分（積立度合）に相当する174兆2000億円になっている。ここで積立金の運用収入が例年の約2倍と、多い点に留意する必要がある。運用収入は過去5年間で見れば、平均5兆円程度である。

収入のうち、運用収入はその時々で大きく変動するものであり、基礎年金拠出金に対する国庫負担も基礎年金拠出金の一定割合に対して自動的に入ってくるものであるから、実力としての収入は保険

（図表2-9）厚生年金財政の推移

（兆円）

	収入				支出				収支差引残	年度末積立金
		保険料収入	運用収入	その他		給付費	基礎年金拠出金	その他		
01年度	29.4	21.6	3.9	3.9	28.3	18.7	9.3	0.2	1.1	175.4
02年度	28.6	21.6	1.3	5.6	29.9	19.7	9.9	0.2	-1.3	174.1
03年度	31.4	20.2	7.0	4.2	30.8	20.3	10.3	0.2	0.6	174.6
04年度	28.6	20.2	4.1	4.4	32.1	21.1	10.8	0.2	-3.5	171.1
05年度	36.0	21.0	10.4	4.6	32.5	21.1	11.3	0.2	3.4	174.2

（資料）社会保障審議会年金数理部会『公的年金財政状況報告—平成17年度—』などより筆者作成
（注1）財政再計算ベースの数値。図表1-4の注1を参照。四捨五入による。
（注2）収入のその他は、国庫負担（税）など。

料収入ということになる。収入合計から運用収入を除いた額と支出合計を比較すると、２００１年度にマイナス2兆８０００億円あった収支の差は拡大傾向にあり、05年度にはマイナス6兆９０００億円まで悪化している。保険料収入がほぼ横ばいでしか推移していないのに対し、給付と拠出金は増加する一方であるため、財政は圧迫されているのである。

実績と予測が乖離していく、その要因を分析する

厚生労働省は5年に一度、財政再計算と呼ばれる年金財政の将来予測を行っている（注7）。直近が04年の年金改正時の予測であり、その前が99年の予測である。厚生年金財政の実力を表わす保険料収入の最近6年間の実績は、こうした予測通りであったのか、あるいは、乖離したのか。乖離したとすれば、その要因は何だろうか。

まず、99年予測の対象期間である２０００年から04年まで

（注7）次回09年以降は「財政検証」に名称が変わり、位置付けも改められる。第3章で詳述する。

（図表2-10）厚生年金保険料収入、予測と実績、その要因

	年度	保険料収入（兆円、%）			被保険者（万人、%）			一人当たり賃金（万円、%）		
		実績	予測	乖離率	実績	予測	乖離率	実績	予測	乖離率
99年予測対比	2000	21.8	22.9	-4.8	3,234	3,430	-5.7	31.9	31.4	1.4
	2001	21.6	23.4	-7.7	3,188	3,440	-7.3	31.9	32.1	-0.7
	2002	21.6	24.4	-11.5	3,209	3,500	-8.3	31.4	32.9	-4.4
								基準変更		
	2003	20.2	24.7	-18.2	3,213	3,500	-8.2	37.5	43.2	-13.3
	2004	20.2	26.7	-24.3	3,231	3,490	-7.4	37.5	44.3	-15.5
04年予測対比	2005	21.0	20.8	1.0	3,280	3,230	1.5	37.4	37.9	-1.3

（資料）社会保障審議会年金数理部会『公的年金財政状況報告』平成16、17各年度版より筆者作成（四捨五入により、乖離率の末尾の数字が一致しない場合がある）
（注1）2000年度～2004年度の予測は、99年財政再計算。2005年度の予測は04年財政再計算。
（注2）一人当たり賃金は、正確には一人当たり標準報酬。
（注3）一人当たり賃金は、2003年度以降基準の変更があるため、前年度以前の数値と接続しない。具体的には、月収ベース(標準報酬月額ベース）から年収ベース（総報酬ベース）に改められた。
（注4）被保険者は年度間値。

を見ると、保険料収入の実績は予測との乖離を年々拡大させている（図表2-10）。2000年は保険料収入の予測22兆9000億円に対し、実績21兆8000億円、乖離率マイナス4・8％であった。予測した翌年から実績が予測を下回っている。その後、乖離率は拡大し、04年には予測26兆7000億円に対して実績20兆2000億円、乖離率マイナス24・3％になっている。

マイナス24・3％という大幅な乖離をどう理解すべきか。保険料収入はおおむね一人当たり賃金×被保険者数×保険料率で決定される。そこで、一人当たり賃金と被保険者数、それぞれについて厚生労働省の予測と実績の乖離を調べてみると、いずれも実績が予測を下回るが、特に乖離の要因として大きいのは一人当たり賃金であることが分かる。04年の乖離率では、被保険者数マイナス7・4％に対し、一人当たり賃金はマイナス15・

５％である。

予測が大きく外れていることは深刻に受け止めるべきである。ただ、年金財政の専門理論では、この深刻さは割り引いて考えてもいいようだ。理由は主に三つある。第一に、一人当たり賃金の予測が過大であったことは、タイムラグこそあるものの、年金給付の下方修正としてほぼ吸収される。年金受給開始時の新規裁定年金の額は、（予測ではなく）実績値の一人当たり賃金上昇率によって賃金スライドされるためである（本章第2節）。

第二に、積立金の運用利回りから一人当たり賃金上昇率を差し引いた「金利差」が予測を上回れば、年金財政にプラスの効果をもたらす。新規裁定年金が賃金スライドにとどめられているということは、被保険者と政府の二者間で見ると、被保険者は政府に預けたお金を一人当たり賃金上昇率でしか運用してもらえないということと同じである。もし、政府が被保険者に給付するまでの間、賃金上昇率よりも高い利回りで運用すれば政府には利益が出る。年金財政が潤う。

第三に、被保険者数の過大な予測については、現在の被保険者が見込みより少なかったということは将来の年金受給者がその分少なくなるということであり、財政的影響は一部吸収される。このように、マイナス24・３％の乖離というショッキングな結果も、割り引いて受け止める必要がある。

次に、04年の予測と実績との乖離を見てみよう。今のところ、実績は05年が最新である。保険料収入の実績21兆円は、予測20兆８０００億円を２０００億円上回っている。99年予測の対象初年度がいきなりマイナスの乖離でスタートしていたのと比べれば、好スタートを切っていると言えよう。その要因は一人当たり賃金の実績は予測を下回っているが、被保険者の実績が３２８０万人と予測の３２３０万人を50万人上回っているためである。実際、厚生労働省は最近の経済財政諮問会議への提出資料などにおいて、厚生年金の年金財政は堅調であると分析している。

さて、ここで述べたことは特殊な知識であり、特に一人当たり賃金の予測が外れても年金財政上プラスに評価できる場合があるといった常識とは相容れない面もある。ただ、こうした仕組みへの理解が深まらないと、年金財政に対する過度な不信を招きかねない。では、一体どうしたらいいのであろうか。解決策の一つとして、厚生労働省が発した情報を国民がダイレクトに受け止めるのではなく、監査機関のようなものを設置して、その監査機関が国民の代わりに年金財政の状況を分析・評価するとともに、国民に向かって分かりやすいレポートを公表するという方法が好ましいのではないだろうか。この点は本節の最終項で詳しく述べる。

積立金170兆円は多いか少ないか

厚生年金財政にある約１７０兆円の積立金は多いのか、少ないのか（注8）。この点も考えておこう。絶対額としては、もちろん、巨額である。官僚に運用を託すには、巨額に過ぎる。実際、厚生年金および国民年金の積立金を運用している**年金積立金管理運用独立行政法人（GPIF＝Government**

（注8）厚生年金基金による代行部分の積立金も含まれている。厚生年金基金とは代表的な企業年金の一つである。

Pension Investment Fund）の運用残高は、１４９兆１０００億円に達しており、諸外国の年金運用基金と比較すると、第2位のノルウェー政府年金基金の約33兆円を大きく引き離して、断トツの世界第１位となっている（注９）。

こうした巨額の積立金の存在にもかかわらず、厚生年金の財政は破綻しているとも言われる。積立金が多いか少ないかという問いへの答えを述べれば、次のようになる。「ただちに厚生年金制度をやめてしまうためには全く足りないが、今後も厚生年金制度を続けていくのであれば、有効利用できる」。

賦課方式の厚生年金制度に見切りをつけて、現行制度をただちに廃止するケースを考えてみよう。厚生年金制度の運営者である政府、より具体的に言えば厚生保険特別会計（年金勘定）は、制度をやめるにしても、これまで厚生年金保険料を支払ってきた人に対し、その保険料に対応する年金給付の約束までをもほごにする訳にはいかない。拠出と給付が対応している社会保険方式として保険料の納付を受けてきたし、国民も将来の年金給付を信じて老後の生活設計を立てているからだ。例えて言うならば、店をたたむとしても、事前に代金を振り込んで商品の予約をしている人に対しては、店主はその商品を渡すか、あるいは、代金を返金しなければならないのである。

厚生労働省は２００４年の財政再計算の中で、２１００年までの厚生年金財政を推計している（図表２-11）。また、その中に、すでに払い込まれた厚生年金保険料に対応する将来の年金給付額も示し

（注９）ＧＰＩＦの金額は厚生労働省『平成18年度年金積立金運用報告書』、ノルウェーの金額は『年金情報』誌２００７年10月１日号のドル金額２８５６億２５００万ドルを筆者が円換算した。

ている。厚生労働省はそれを**過去期間分**と呼んでいる。一方、今後、新たに保険料が払い込まれることにより、国に支払い義務が生じる給付を**将来期間分**と呼んでいる。

例えば、２０３０年度時点において、給付費30兆円のうち、過去期間分は14兆円、将来期間分は16兆円とほぼ同規模である。これらのキャッシュフローを２００４年度時点の現在価値（現価）に引き直したうえで集計すると、厚生年金の給付費の過去期間分の合計額は４２９兆円。基礎年金拠出金の過去期間分の合計額は３０５兆円となる。(注10)。

厚生年金制度をただちにやめて、新たな厚生年金保険料は今後一切受け入れず、過去期間分だけを支払い続けていく場合、あるいは、過去期間分に対して一時金を支払って、きれいさっぱり清算する場合には、この４２９兆円と３０５兆円を合わせた７３４兆円が必要になる。政府としては、７３４兆円から２００４年の積立金１６８兆円を差し引いた５６６兆円のお金を手元に持っているか、あるいは現在価値に引き直してこれと同額の収入を今後得ていく必要がある(注11)。実際には手元に約１７０兆円の積立金があったところで、全く足りないということになる。店をたたみたくても、店をたたむことはできないのである。賦課方式の名のもと、前払い代金を右から左に使ってしまったからだ。

(注10) 割引率の設定の仕方によって数値は変わり得る。

(注11) ちなみに、厚生保険特別会計（年金勘定）から見ると、一般会計から将来もらえるとして見込んでいる分（過去期間分に係る国庫負担）の現在価値の合計額が１５０兆円ある（３３１兆円の内数）。これを考慮すると４１６兆円あれば、制度をすぐにやめることができる。しかし、一般会計の財源は租税であり、これを単純に収入とは見込みにくい。収入と見込めるのは、問題を年金財政だけに閉ざした場合に限られる。

（図表2-11）厚生年金財政の将来推計

（兆円）

年度	収入計				支出計	給付費			基礎年金拠出金			その他	収支差引残	年度末積立金
		保険料（現価）	国庫負担等（現価）	運用収入			過去期間分（現価）	将来期間分（現価）		過去期間分（現価）	将来期間分（現価）			
2004 ⋮	27	20（20）	4（4）	3	31	20	20（20）	0（0）	11	11（11）	0（0）	0	-4	168
2010 ⋮	38	26（21）	7（6）	5	38	24	21（18）	3（3）	13	12（10）	1（0）	0	0	156
2020 ⋮	49	35（21）	9（5）	6	43	27	18（11）	9（5）	17	14（8）	3（2）	0	6	186
2030 ⋮	58	40（18）	10（4）	8	50	30	14（6）	16（7）	19	12（5）	7（3）	0	9	267
2040 ⋮	66	43（14）	13（4）	10	63	37	11（3）	27（9）	25	10（3）	15（5）	0	3	330
2050 ⋮	74	47（11）	16（4）	11	75	43	6（1）	37（9）	31	6（1）	25（6）	0	-1	335
2060 ⋮	81	53（9）	18（3）	10	83	47	2（0）	45（8）	36	3（0）	33（6）	0	-2	314
2070 ⋮	87	58（7）	20（2）	9	91	51	1（0）	51（6）	39	1（0）	39（5）	0	-4	284
2080 ⋮	94	65（6）	22（2）	8	100	56	0（0）	56（5）	43	0（0）	43（4）	0	-5	238
2090 ⋮	104	74（5）	24（2）	6	110	61	0（0）	61（4）	48	0（0）	48（3）	1	-6	178
2100	115	85（4）	27（1）	4	122	68	0（0）	68（3）	53	0（0）	53（3）	1	-6	115
現価合計		(1,172)	(331)				(429)	(569)		(305)	(355)			

1,503 兆円（保険料・国庫負担等現価）
\+
168 兆円（2004年度積立金）
= 1,671 兆円

1,658兆円
（給付費と基礎年金拠出金の現価）

（資料）社会保障審議会年金数理部会『平成16年財政再計算に基づく公的年金制度の財政検証』掲載データより筆者作成
（注1）原データにおける基礎年金拠出金合計の過去期間分と将来期間分への配分は筆者。
（注2）現価は、筆者計算。割引率は3.2％（2004年財政再計算の運用利回り）。
（注3）現価合計には、図表中省略されている年度の分も含まれている。
（注4）数値は四捨五入による。

だが、賦課方式の年金財政をスパッとやめてしまおうという意見もある。本章第1節に掲げたように、日本の将来の人口動態を見ても賦課方式の年金制度の持続可能性に確信が持ちにくく、運営者である政府にも信頼が置けないことなどがその根底にある。賦課方式をやめてしまえば、それ以降、国民は厚生年金保険料を支払わなくて済むことにより、浮いたお金を自らの老後のために貯蓄していくことができる。これは事実上、積立方式への移行となる。だが、スパッとやめてしまうことは、ここで見たように容易なことではない。好むと好まざるとにかかわらず、現実的には賦課方式を基本とする厚生年金制度を続けていくしかない。このため、本書ではこれ以上、積立方式への移行を検討しないことにする。

一方、賦課方式の厚生年金制度をこのまま続けるとすればどうなのか。この場合、約170兆円の積立金は有効利用の価値のある残高としてキラキラと光って見える。厚生労働省はこのように約170兆円を眺めているのであろう。

ただ、少子高齢化の到来を見越して、566兆円の積立金残高とまではいかなくても、今日に至るまでにもう少し残高を増やしておけなかったのかという疑問、疑念、後悔の念は当然残る（第3章）。いかにGPIFが世界最大の年金ファンドであり、利用しがいがある積立金残高であるとはいえ、制度運営者である政府の努力不足や政府が努力しようとしてもそれを受け入れてこなかったこれまでの世代の責任は逃れられない。国民が嫌がるとしても、例えば、1970年代などのもっと早い段階で、給付抑制や保険料率の引き上げをして、積立金を10兆円でも、20兆円でも積み増しておけば、その分、後世代の負担は軽減されるはずであった（第３章）。このように、過去を振り返り、将来を考えると、やはり積立金残高は足りないのである。

前提に関する悲観シナリオは本当に悲観的か

年金財政の予測は人口や経済に一定の前提を置いて計算される。先に示した図表２‐11の厚生年金財政の将来推計は、厚生労働省が標準シナリオとして想定している前提に基づくものである。厚生労働省は04年の財政再計算において、標準シナリオのほかに、より少子化が進んだ場合、経済が悪化した場合、および、その両方が同時に進んだ場合について推計している。これまで、少子化はいずれ止まるとの前提を置きながら、その通りにならなかった現実を考えても、悲観シナリオを想定しておくことは極めて重要なことである。厚生労働省による悲観シナリオはどのような内容なのか、重要な前提が抜け落ちていないのかを考えてみる。

まず、合計特殊出生率については、02年１月の将来推計人口に基づいて標準シナリオでは１・３９人、悲観シナリオでは１・１０人としている。その財政的な影響として、最終的に確保できる所得代替率は、それぞれ50・2％、46・4％になるとしている（図表２‐12）。

一方、経済条件については一人当たり賃金上昇率と運用利回り（いずれも対物価上昇率での実質）を定め、標準シナリオでは、それぞれ１・１％、２・２％、悲観シナリオでは、それぞれ０・８％、２・１％としている。各々のシナリオの所得代替率は、標準シナリオ50・2％、悲観シナリオ49・

2%である。出生率と賃金上昇率・運用利回りのすべてが悲観シナリオになった場合には、所得代替率は45・3%になるとされている（すでに述べたようにモデル世帯の所得代替率である点に留意したい）。

これらの前提を客観的に眺める一助として、米国では、どのように人口・経済の前提を置いているのか比べてみよう（図表2‐12）。まず、人口動態については、合計特殊出生率のみならず、高齢化すなわち死亡率改善について悲観シナリオを想定しており、標準シナリオでは0・71%、悲観シナリオでは1・26%になっている。

着目すべきは、死亡率改善の悲観シナリオが年金財政に与える影響が非常に大きいことである。年金財政への影響度合いは、年金財政が長期的に均衡するために追加的に必要な保険料率で表示される。標準シナリオ下でも現行12・4%の保険料率では1・95%不足している。これが、死亡率の改善が進む場合（年金財政にとってはマイナス）には、保険料率の不足分は2・65%と0・7%も拡大する。合計特殊出生率の悲観シナリオの場合には、不足分は2・29%であるから、少子化よりも高齢化の方が年金財政に大きく響くことが分かる。

このほか、米国では人口動態について純移民についての悲観シナリオを想定している。また、実質賃金上昇率や実質運用利回りなどの前提条件について、標準シナリオと悲観シナリオの数値の差は日本の前提条件よりも大きい。

米国1ヵ国との比較だけでは結論を下せないが、日本が想定する悲観シナリオは合計特殊出生率の

(図表2-12) 年金財政将来推計の人口・経済の前提とその財政的影響

日本

上段：前提 下段：財政影響	悲観シナリオ	標準シナリオ	楽観シナリオ
合計特殊出生率（人）	1.10	1.39	1.52
所得代替率（%）	46.4	50.2	51.7
実質賃金上昇率（%） 実質利回り（%）	0.8 2.1	1.1 2.2	1.5 2.3
所得代替率（%）	49.2	50.2	50.9

米国

上段：前提 下段：財政影響	悲観シナリオ	標準シナリオ	楽観シナリオ
合計特殊出生率（人）	1.70	2.00	2.30
不足保険料率（%）	-2.29	-1.95	-1.63
死亡率改善率（%）	1.26	0.71	0.30
不足保険料率（%）	-2.65	-1.95	-1.36
純移民（千人）	673	900	1,300
不足保険料率（%）	-2.14	-1.95	-1.70
実質賃金上昇率（%）	0.6	1.1	1.6
不足保険料率（%）	-2.51	-1.95	-1.40
実質利回り（%）	2.1	2.9	3.6
不足保険料率（%）	-2.47	-1.95	-1.50

（資料）厚生労働省『平成16年財政再計算結果』、Social Security Administration『*2007 OASDI Trustees Report*』より筆者作成
（注1）悲観、標準、楽観のケース分けは、年金財政にとってプラスかマイナスかが基準。
（注2）実質利回りは、対物価上昇率。
（注3）所得代替率は、マクロ経済スライド終了年度以降の数値。
（注4）米国の財政的影響は、現行12.40%では不足する保険料率。標準シナリオでも1.95%は不足する。

前提が楽観的と批判されることに加え（本章第1節）、死亡率改善シナリオが全く想定されておらず、悲観シナリオの想定範囲が不十分と考えられる。ただ、元データとなる将来推計人口では、02年1月までは死亡率をワンパターンしか示していなかった。06年12月推計からは低位、中位、高位の3パターンが提示されるようになったため、次回以降の年金財政の将来予測からは、死亡率に関しても悲観シナリオを想定することが可能になる。

また、日本の標準シナリオと悲観シナリオにおける実質運用利回りの差はたかだか0・1％しかなく、妥当なのか疑問である。このように、日本の財政再計算に掲げられている悲観シナリオは、それほど悲観的にはなっていない。

責任なき事業計画、監査なき会計報告

公的年金財政の分析には複雑で専門的な知識を必要とするため、国民一人ひとりが正しく理解し、厳しいチェックの目を光らせるのは事実上無理であろう。積立金残高の見方には、研究者の間でも論争がある。かといって、厚生労働省任せではいけない。では、どうすればいいのか。

年金財政の将来推計で使う人口動態や経済条件の前提は、客観的、中立的に決定する仕組みにしておく必要がある。また、あたかも企業の決算報告書に監査法人による監査が付くように、厚生労働省の年金財政の推計を第三者機関が監査する必要もある。もちろん、一般的に言えることだが、監査自体は万全ではなく、監査法人への信頼が揺らぐ事件も見受けられる。だが、今日の年金財政の計算で

（図表2-13）年金財政の将来推計におけるインプット・アウトプットの扱い（日・米）

	日　本	米　国
インプットの設定〔人口・経済前提〕	国立社会保障・人口問題研究所、社会保障審議会（経済前提専門委員会）	財務長官、労働長官、保健福祉長官、社会保障庁コミッショナー、大統領の指名する公益代表2名の計6名による‘best estimates’を反映。
アウトプットの提出〔年金財政の将来見通し〕	社会保障審議会（年金数理部会）	毎年度の『連邦政府財務報告（Financial Report）』の一部を成し、GAOの監査がつく。

（資料）筆者作成

は、それすら整備されていないのが現実だ。まさに、監査なき会計報告と言える。

現在、人口動態の前提には国立社会保障・人口問題研究所の推計を用い、経済条件の前提には厚生労働大臣の諮問機関である社会保障審議会のもとに設置された経済前提専門委員会で決められた数値を用いることになっている。審議会の委員は厚生労働省の人選であり、実際はすべて厚生労働省が決めていることになる。さらに、この前提条件のもとで年金財政の将来推計を計算するのも厚生労働省だ。その結果は、これもまた社会保障審議会のもとに設置された年金数理部会に報告されるが、その委員はやはり厚生労働省による人選であり、外部の厳しいチェックが入る訳では全くない。このように、年金財政の将来推計は、インプットである人口と経済の前提の設定から、計算作業、そしてアウトプットである推計結果の報告まで、すべて厚生労働省の中で完結してしまっている（図表２‐13）。

再び、米国の例を見てみよう。人口と経済の前提は６人の受託者の最善の予測（best estimates）が反映されることになっている。受託者とは、財務長官、労働長官、保健福祉長官、社会保障庁コミッシヨナー、大統領の指名する公益代表2名の計6名である。日本とは大きな差がある。また、米国の年金財政は75年間について計算され、その結果は会計検査院（ＧＡＯ）の監査を受け、財務省の『*Financial Report*』に他の政府部門の財政状況とともに掲載される。これもまた大きな違いである。

日本においても、公的年金会計とでも言うべき、年金財政の将来推計の作成、開示、監査を担う政府横断的なシステムを確立すべきである。政府が公表する数値に対し、国民からの信頼を得ようとするのであれば、「１００年安心！」などと叫ぶのでなく、こうしたシステムの構築こそが進められるべきである。年金改革の議論においては、制度体系の作り変えに焦点が集まりがちであるが、それに勝るとも劣らない論点として、数値が信頼される仕組み作りが重要である。

《補論》年金財政に関する統計

２００４年改正の内容をとらえるには、『平成16年財政再計算結果』が基本となる。ここには２１００年度までの試算値が出ている。数値をさらに詳細に掲載したものとして社会保障審議会年金数理部会『平成16年財政再計算に基づく公的年金制度の財政検証』がある。ただし、これらの資料の説明部分には厚生労働省の考え方が反映されている。

こうした予測に関する数値のほかに、実績を分析した資料として社会保障審議会年金数理部会の『公的年金財政状況報告――平成17年度版――』がある。

なお、年金に特化した白書は『平成11年版年金白書――21世紀の年金を「構築」する』を最後に出版されていないが、それに代わるものとして『平成16年財政再計算結果』に、これまでの制度改正の経緯などが記されており、参考になる。

4 世代間格差

若い世代でも2・3倍もらえる厚生年金？

若い世代では年金は払い損なのか、それとも、政府が言うように2・3倍もらえるのか——。生涯の保険料負担の総額と、生涯に受け取る年金給付の総額を現在価値（現価）に引き直して比較する。このとき、保険料負担の総額を1とした場合の給付総額の倍率を**給付負担倍率**という。政府の言う2・3倍は、この給付負担倍率である。給付負担倍率には、生まれた年（コーホート）によって大きな格差がある。これが、公的年金における**世代間格差**である。

コーホートは日常用語としては聞き慣れないが、年金を考えるうえでは極めて重要な用語だ。しばしば、高齢世代と若年世代という対比が使われるが、これは、もっぱら相対的な概念でしかない。若年世代もいずれは高齢世代になる。そこで、コーホートという用語を用いた方が正確となる。

世代間格差を定量的に把握し、少しでも是正していくように政策努力を続けることについては、各方面で必要性が論じられており、異論も少ないだろう。ここでは、是正していく努力が必要であることとは所与とし、「保険料負担の2・3倍の年金がもらえる」という政府試算を考察していきたい。ここでの考察も対象は厚生年金である。

厚生労働省は04年改正の一つ前の改正である2000年改正に向けて、1999年11月に発行した『平成11年版年金白書――21世紀の年金を「構築」する』の中で、コーホートごとの保険料負担と年金給付額を計算している（以下、99年試算）。これを見ると、例えば、1929年生まれのコーホートは、生涯において1300万円の保険料負担（労使計）で、同6800万円の年金を給付され、給付負担倍率を計算すると5・23倍になっている。給付負担倍率はコーホートが若くなるにつれて低下し、2009年生まれのコーホートでは0・64倍となる。

04年の年金改正に向けた議論の過程においても、03年8月、社会保障審議会年金部会の委員の要請に応える形で、厚生労働省は試算を公表した。その最終形が2005年3月に公表された『平成16年財政再計算結果』に掲載されている（以下、04年試算）。そこでは、計算方法の大枠自体は共通にしながらも、一部にバリエーションをつけた4種類の試算結果が示されている。4種類のうち、代表的と位置付けられている試算結果を見ると、04年改正後もなおコーホートごとに格差があることは示されているが（図表2-15）、特に若いコーホートの給付負担倍率について99年試算とはガラリと変えられている（注12）。

（注12）給付負担倍率のほか、現在価値の値が、後に生まれたコーホートほど大きな値になる点について、99年試算と04年試算とは大きく異なる。これは、04年試算では、04年の現在価値に割り戻す換算率として物価上昇率を用いたためである。新規裁定年金は賃金スライドされる。これを物価で現在価値に換算すれば、後のコーホートほど金額が大きくなる。

（図表2-14）給付負担倍率に関する99年試算

（万円、倍）

生年	保険料負担額（現在価値）	年金給付額（現在価値）	給付負担倍率
1929年 ［上段：本人 下段：事業主］	1,300 ［700 600］	6,800	5.23
1949年	3,800 ［2,000 1,800］	5,700	1.50
1969年	6,100 ［3,100 3,000］	5,000	0.82
1989年	7,500 ［3,800 3,700］	4,900	0.65
2009年	7,700 ［3,900 3,800］	4,900	0.64

（資料）『平成11年版年金白書』152ページの数値から抜粋。ただし給付負担倍率については、筆者がそこで示されている年金給付額を保険料負担額で割った値
（注1）保険料負担額の括弧書上段は本人、下段は事業主。
（注2）現在価値の時点は、1999年である。
（注3）モデル夫婦世帯に関する試算。

（図表2-15）給付負担倍率の04年試算（代表的結果と位置付けられている試算）

（万円、倍）

生年	保険料負担額		年金給付額		給付負担倍率
	各コーホート65歳時の金額	現在価値※	各コーホート65歳時の金額	現在価値※	
1935年	680	670	5,600	5,500	8.3
1945年	1,200	1,100	5,400	5,100	4.6
1955年	1,900	1,600	6,000	5,100	3.2
1965年	2,800	2,200	7,600	5,900	2.7
1975年	3,900	2,800	9,600	6,700	2.4
1985年	5,100	3,300	12,000	7,600	2.3
1995年	6,500	3,700	14,900	8,500	2.3
2005年	8,000	4,100	18,300	9,500	2.3

（資料）厚生労働省『平成16年財政再計算結果』291ページの数値より抜粋
（注1）保険料負担額は本人負担分のみ。
（注2）各コーホート65歳時点への換算率は賃金上昇率。
（注3）※現在価値の時点は、2004年。割引率は、物価上昇率。99年試算は賃金上昇率。
（注4）モデル夫婦世帯に関する試算。

99年試算では、例えば２００９年生まれのコーホートは労使計で７７００万円の保険料負担により、４９００万円の年金を受給でき、給付負担倍率は０・６４倍となっていた。これに対し04年試算では、１９８５年生まれ以降のコーホートの給付負担倍率は、２・３倍と一挙に跳ね上がっている。若いコーホートの給付負担倍率が跳ね上がっている背景には、もちろん、現在の中高年以上の世代にとって（仮に機能するならば）厳しい内容となった04年改正の政策努力もある。また、04年試算では、基礎年金の国庫負担割合がすでに２分の１に引き上げられていることを前提としており、その分だけ保険料としての負担が軽くなっていることも影響している。ただ、これらには、若いコーホートの給付負担倍率を０・６４倍から一挙に２・３倍に押し上げるほどの効果はない。２・３倍という試算が生まれる「からくり」は、主に四点ある。そのうち、一点目と二点目が04年試算に固有のものであり、三点目と四点目は99年試算と共通するものである。

2・3倍もらえる試算のからくり①――04年試算では事業者負担を除いた

一点目は、しばしば指摘されるように、04年試算では保険料負担額に「事業主負担」が算入されていないことだ。保険料は労使折半であるから、もし事業主負担を算入すれば、分母は04年試算の2倍になる。例えば、05年生まれのコーホートの場合、保険料負担額は労使計で見れば、8000万円（65歳時点すなわち2070年度時点の金額）ではなく、1億6000万円（同）になる。

すると、改めて給付負担倍率を計算し直せば、1・14倍になる。事業主負担といっても、企業に無尽蔵にお金の湧く金庫があって、そこから支払われる訳ではない。その企業の生産物の価格に上乗せして賄われているかもしれないし、もし事業主負担という制度がなければ給与として支払われていたかもしれない。商品価格に上乗せされて価格が高くなっているということは、給与の購買力を低くすることになるため、給与減とほぼ等しくなる。このように、保険料負担額から事業主負担分を全く外してしまうのは、適切ではない。実際、国民経済計算（SNA）においても、事業主負担は給与や賞与とともに雇用者の報酬としてカウントされている。

２・３倍もらえる試算のからくり②――04年試算では換算率を変え負担は少なく給付は多く

第二点目は、保険料負担額と年金給付額を大きく左右する「換算率」を変えたことだ。99年試算では金融資産の収益率を用いていたのに対し、04年試算では一人当たり賃金上昇率（以下、賃金上昇率）を用いるようになった。これも、保険料負担額を少なく、年金給付額を多めに評価して、給付負担倍率を大きく押し上げる要因になっている。ここでは金融資産の収益率を賃金上昇率よりも高いと仮定し、詳しく解説したい。

05年生まれのコーホートを例に手順を追っていこう。第一ステップとして、夫の20歳（２０２５年）から59歳（２０６４年）までの毎年度の支払い保険料額、および、夫と妻それぞれについての65歳から（平均余命で）亡くなるまでの毎年度の年金給付額の数値を作成する。この手順は99年試算も04年試算も同じである。

第二ステップとして、このような毎年度の保険料や給付額を、ある一時点の金額に換算する。一時点は各コーホートの65歳時点である。この換算には換算率（年率）として、99年試算では「金融資産の収益率」が用いられた。04年試算ではそれよりも利率が低い「賃金上昇率」が用いられ、その結果、保険料負担額の総額は金融資産収益率を用いるよりも小さく換算された（図表２－16）。例えば、20歳の時に支払った保険料86万円（第一ステップで求めた数値）は、99年試算のように金融資産収益率を用いた場合には、65歳時に３５５万円に換算されるが、換算率を賃金上昇率にした場合には、２２０万円にとどまることになる。

（図表2-16）換算率の差による換算後保険料負担額の差

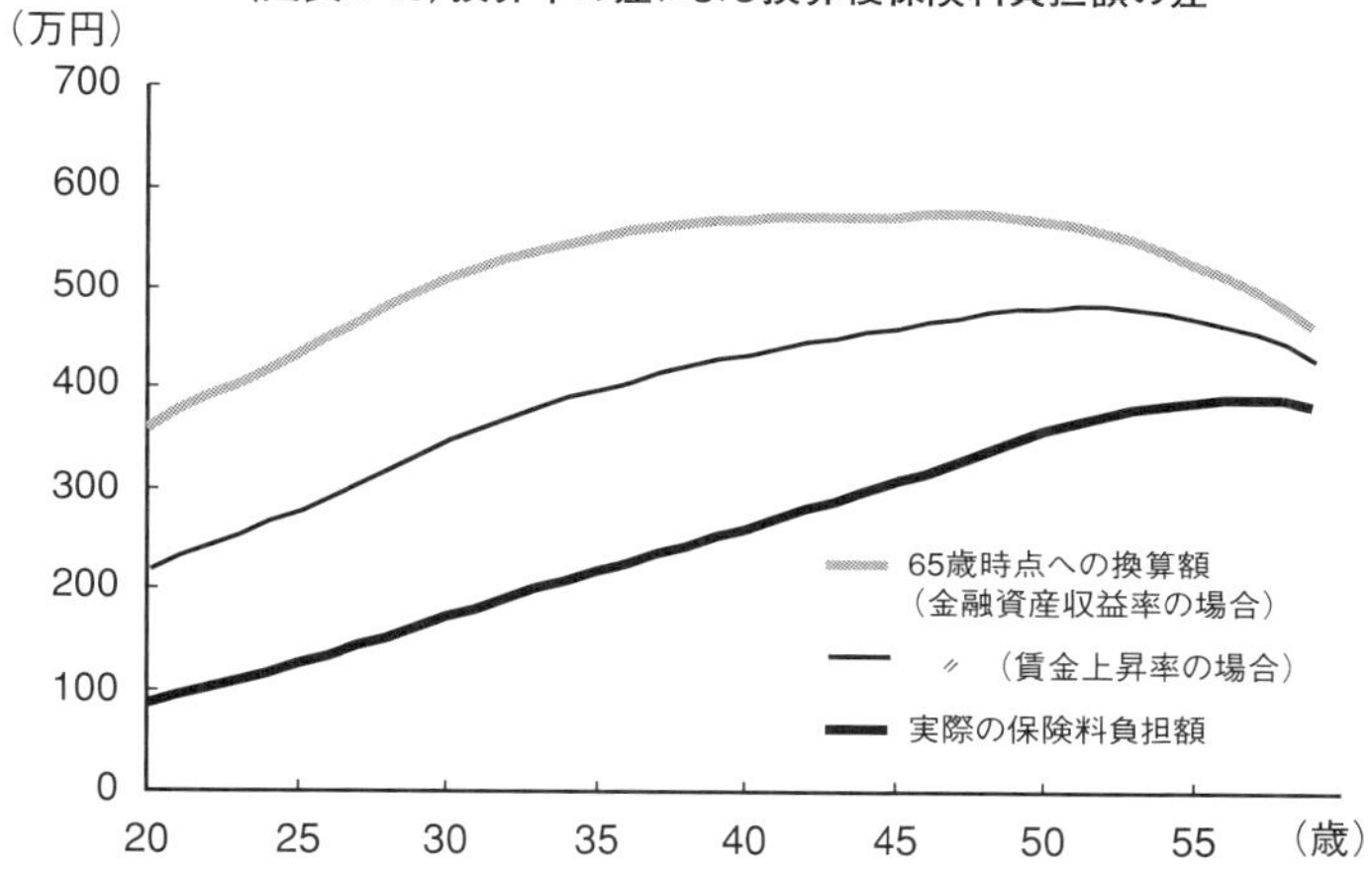

（資料）筆者試算
（注）05年生まれのコーホートについての試算。

一方、年金給付額は65歳時より後のことなので、低い利率の賃金上昇率を用いて換算した方が65歳時点で大きな金額になり、反対に高い利率の金融資産の収益率を使えば少額に換算される。例えば、82歳時点に受け取る460万円の厚生年金給付（第一ステップで求めた数値）は、金融資産収益率で換算すると267万円にしかならないが、賃金上昇率で換算した場合には65歳時点の320万円に相当する（図表2-17）。

最後に第三ステップとして、第二ステップで65歳時点に換算された各年度の保険料負担額、年金給付額を、それぞれ合計する。こうして99年試算や04年試算は計算されているが、65歳時点への換算率を変えたことによって、保険料負担額や年金給付額の評価に大きな違いが出てきている。簡単に言えば、04年試算では、99年試算に比べ、生涯に支払う保険料負担額を少なめに見せる一方で、受け取る年金給付

（図表2-17）換算率の差による換算後年金給付額の差

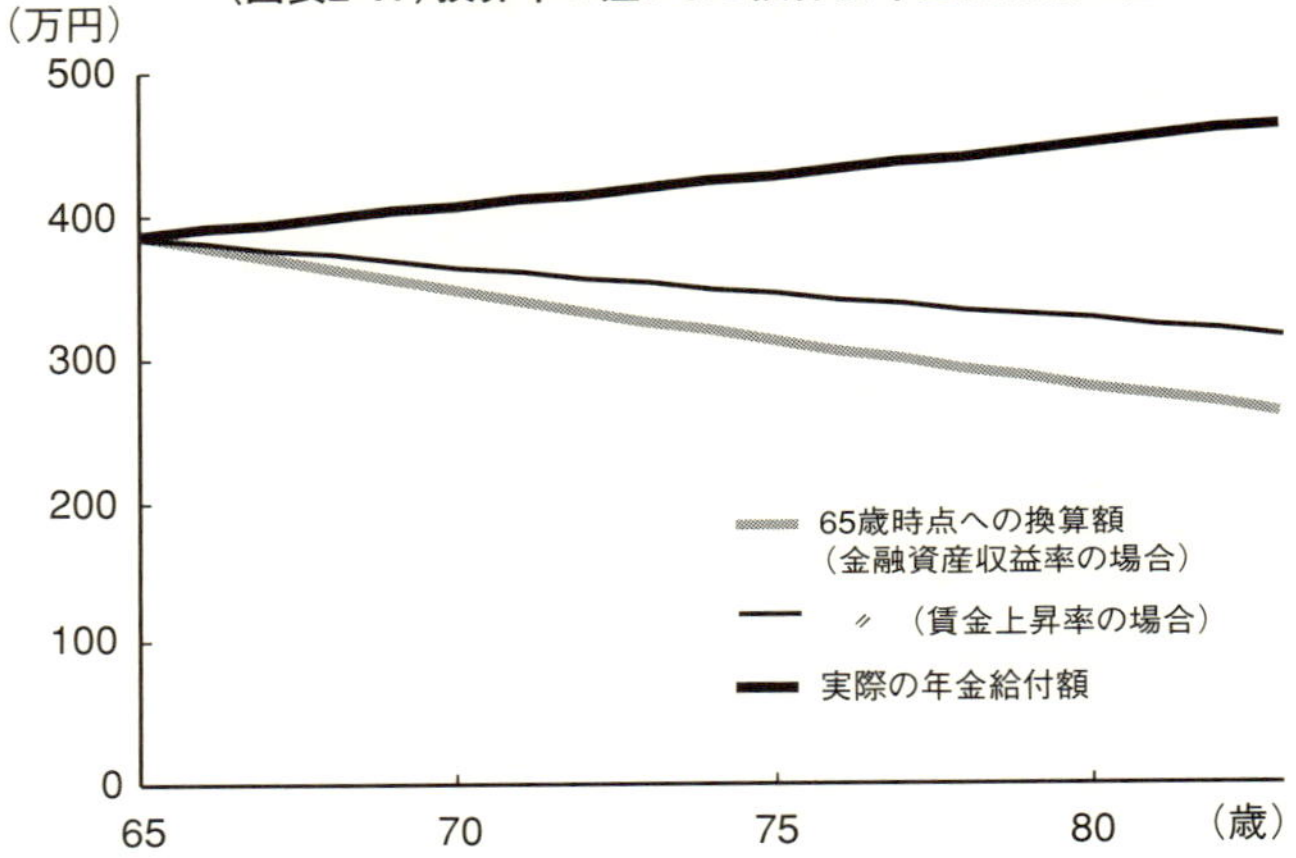

（資料）筆者試算
（注）05年生まれのコーホートについての試算。夫の厚生年金のみ。

（図表2-18）給付負担倍率の04年試算（換算率として金融資産収益率を用いた場合）

（万円、倍）

生年	保険料負担額 各コーホート65歳時の金額	保険料負担額 現在価値	年金給付額 各コーホート65歳時の金額	年金給付額 現在価値	給付負担倍率
1935年	830	820	5,200	5,100	6.3
1945年	1,500	1,500	4,900	4,700	3.2
1955年	2,500	2,100	5,500	4,700	2.2
1965年	3,700	2,800	6,800	5,300	1.9
1975年	5,100	3,500	8,600	6,000	1.7
1985年	6,600	4,200	10,700	6,800	1.6
1995年	8,300	4,800	13,300	7,600	1.6
2005年	10,300	5,300	16,400	8,500	1.6

（資料）厚生労働省『平成16年財政再計算結果』291ページの数値より抜粋
（注）各コーホート65歳時点への換算率は金融資産収益率。その他は、図表2-15と同じ。

額については多めに見せているのである。

加えて、99年試算では、65歳時点に換算した後でさらに99年の現在価格に引き直しているが、04年試算では現在価値に引き直しておらず、それぞれのコーホートの65歳時点の金額のままになっている。これでは、未来（後世代の年金給付額）ほど、多い金額に見えることになる。

04年試算では、一般の人の目に触れにくいが、代表的試算をはじめ四種類の試算が公表されている。その中には、99年試算と同様に、65歳時点への換算率に金融資産収益率を用いたバージョンもある（図表2－18）。それを見ると、例えば05年生まれのコーホートは、1億0300万円の保険料負担額（本人負担分のみ）で、1億6400万円の年金給付額、給付負担倍率1・6倍となっている。保険料負担に事業主負担分も加えれば、給付負担倍率は0・8倍になり、99年試算とつじつまが合ってくる。

2・3倍もらえる試算のからくり③――モデル夫婦世帯を想定

第三点目は、公的年金制度上有利な、夫が雇用者で妻が専業主婦という「モデル夫婦世帯」を想定している点である。厚生労働省の試算では年金給付額の合計額しか公表していない。そこで、05年生まれのコーホートを例に年金給付額を独自に分解してみると、夫と妻、それぞれ2つずつ、計4つの年金に分解することができる（図表2－19）。なお、この項は筆者の計算であり、厚生労働省の合計値と若干相違が生じているが、本質的に問題ない。

年金給付額の合計1億8212万円のうち、夫の分は6割の1億0924万円に過ぎない。その内

（図表2-19）年金給付額の内訳

（万円、%）

		年金給付額	ウェイト
夫		10,924	59.98
	厚生年金	6,593	36.20
	基礎年金	4,330	23.78
妻		7,289	40.02
	基礎年金	5,712	31.36
	遺族厚生年金	1,577	8.66
計		18,212	100.00

（資料）筆者試算（四捨五入により、金額の合計は一致しない場合がある）
（注1）05年生まれのコーホートについての試算。
（注2）厚生労働省の試算では合計額は1億8,300万円。
（注3）モデル夫婦世帯に関する試算。

訳は厚生年金6593万円、基礎年金4330万円である。残り4割の7289万円は妻の基礎年金5712万円と夫の没後受け取る遺族厚生年金1577万円である。遺族厚生年金は夫の厚生年金の4分の3である。

すなわち、このモデル夫婦世帯と同じ賃金の男性が仮に生涯単身であれば、このモデル夫婦世帯と同じ保険料を負担しながら、受け取る年金は1億0924万円のみとなる。保険料負担額を8000万円（本人負担分のみ、図表2-15の数値）とすれば、給付負担倍率は1・37倍となる（2・3倍ではない）。ただし、この給付負担倍率も、保険料負担額から事業主負担分を除き（からくり①）、65歳時点への換算に賃金上昇率を用いた（からくり②）場合であって、これらを修正したならば、0・48倍程度となる。単身世帯（および、共働き世帯）から、モデル夫婦世帯へ、厚生年金制度を通じて、かなりの規模の所得移転が発生していることが分かる。

２・３倍もらえる試算のからくり④――マクロ経済スライドや国債により後世代ほど悪化の懸念

第四点目は、これは決して「固定された数値」ではないということだ。04年改正で導入されたマクロ経済スライド（第３章）により、後に生まれたコーホートの年金給付額は、ここで示されている以上に削られていく可能性がある。

ほかにも、基礎年金拠出金に対する国庫負担が負担に算入されていない点なども指摘できる。国庫負担は、毎年度中央政府の税収だけで賄われている訳ではなく、特例国債発行（赤字）による財源でも賄われている。この分の利払いは後世代が将来の増税で求められるが、その分はこれらの試算の中では考慮されていない。このように見てくると、若い世代の給付負担倍率は、平均的賃金の世帯であれば、世帯形態にもよるが、おおむね０・５～０・８倍程度、あるいは、税負担なども考えればもう少し低い数値と見るのが妥当ではないだろうか。

「２・３倍もらえる試算」の深刻な弊害

２・３倍もらえるということをことさらアピールするのは、このようにミスリーディングである。２・３倍試算を無批判に報じるメディアの責任も重い。２・３倍試算は合理的な試算結果というよりも、「若い世代に年金の魅力をアピールしたい」という政府の意図が強く反映された結果と受け止めるべきだ。ただし、いくら、年金の魅力を伝えるのが重要であるとしても、それは等身大でなければならない。このようなアピールの方法は正しいとは思えないし、次のような深刻な弊害が指摘できる。

まず、政治家と国民に誤ったメッセージを与えかねない。2・3倍もらえる試算を手にした素朴な政治家は、これからさらに深刻化する少子高齢化など忘れて、年金財政をはじめとする年金問題への取り組みを緩めるかもしれない。あるいは、2・3倍試算など信じない政治家も、年金改革など辛気臭い作業を避けるために、その免罪符として2・3倍試算を利用するかもしれない。

少し賢明な国民であれば、政府の2・3倍試算にいかがわしさや不誠実さを感じて、政府や年金制度に不信を募らせるだろう。こうした受け止め方とは全く逆に、「2・3倍もらえるのか」と安心し、老後の生活のための貯蓄を全くしない人も出てくるかもしれない。これは、特に単身世帯にとっては危険な幻想である。本章第2節で述べた通り、59・3%という所得代替率は、あくまでモデル夫婦世帯に限ったものであり、単身世帯は平均的所得の人であれば、今でも所得代替率は42・5%、マクロ経済スライドが導入された結果、やがて30%台半ばまで下がっていく見通しだからだ。

年金保険料は本当に保険料なのか、租税ではないのか

年金保険料は、その名の通り「保険料」なのか、「租税」ではないのか。この問題については、スウェーデンの租税庁(Tax Agency)［2007］が年報の中で行っている整理が明快だ。そこでは、社会保険料(Social security contribution)のうち、負担額に応じて給付が行われる部分が真の保険料=**インシュアランス・プレミアム**(**insurance premium**)であり、そうでない部分が**租税**(**tax**)であると整理されている。ちなみに、スウェーデンの租税庁は、6割が租税、4割がインシュアランス・プ

レミアムであると分析している。

日本の厚生年金の場合、上記の給付負担倍率の試算結果「0・5〜0・8倍程度」を見ると、若い世代にとっては5割から8割はインシュアランス・プレミアムであっても、残る5割から2割は応益性がないという意味で租税というのが妥当な整理である。日本では年金保険料という名に乗じて、それがあたかも純粋なインシュアランス・プレミアムであるかのように語られる場面も少なくない。政府による2・3倍試算もそうであるし、年金改革の議論の中で頻繁に行われる「税か保険か」という二分法もそうである。厚生労働省は年金制度の再分配機能に触れる時には、「助け合い」とか「連帯」というウエットな言葉を使うが、むしろ租税といった方が素直である。藤田［2000］も指摘するように、日本では現行の年金保険料と税を異質なものと分けて考え過ぎである。

われわれが負担している費用について、このような性格付けが重要であるのは、年金制度の正確な理解、および、年金制度の執行にとって、重要な判断要素になるためだ。二点、例を挙げて説明する。まず、時折話題に上る、年金の財産権を考える際の鍵になる。政府や社会保障の専門家などから「すでに保険料を支払った分、あるいは、既裁定年金の給付額を減額すると、財産権の侵害にあたる疑義がある」という主張がなされることがある。しかし、政府が、世代間・世代内の大規模な所得再分配を背景に、給付が見込めない負担部分（正直に租税というべき部分）をひっくるめて年金保険料というラベルを張り、給与からの天引きという強制的な形でそれを支払わせている状況において、その財産権の主張は若い世代にも十分な説得力を持つのだろうか。

もう一つ、制度にふさわしい執行体制を整えるうえでも、「年金保険料」としてわれわれが支払っている費用の性格付けは重要である。純粋なインシュアランス・プレミアムであるならば、強制徴収の必要性はほとんどないし、被保険者の担税力（支払い能力）が考慮される必要もあまりない。実際、強制徴収は04年改正まではほとんど行われてこなかった。国民年金保険料は、いまだに所得にかかわらず定額負担であるし、厚生年金保険料は所得税のように課税最低限もなく、累進的でもない。

しかし、「年金保険料」が純粋なインシュアランス・プレミアムでなく、租税の側面も持つ場合には、強制徴収は必要で、担税力が考慮された制度でなければならない。これは、社会保険庁という執行機関のあり方、厚生年金保険法など年金法のあり方と強くかかわる問題である。07年6月に日本年金機構法いわゆる社会保険庁改革法が成立したが、「年金保険料」の性格付けがきちんと行われないままであったという観点からも、問題を多く残す法改正であったと言える（第5章）。

正しい負担給付倍率を示して政策に生かす

政府が世代間格差を常にモニタリングし、世代間格差の是正、あるいは、少なくとも拡大阻止のための政策努力を継続していくことは不可欠である。若い世代から年金制度への信頼を得ようとするのであれば、「からくり」だらけの2・3倍試算などを作って若者の関心を引こうとするのではなく、ありのままの数値を国民の前に示し、世代間格差の是正に向けた政府の取り組み姿勢を見せるべきである。筆者には政府がこの点を完全に履き違えているように思えてならない。

第3章

04年改正の狙いと残された重い課題

２００４年の年金改正の最大の狙いは、前回の２０００年改正で凍結した保険料率の引き上げを再開して財源を確保する一方で、給付水準の抑制や基礎年金の国庫負担割合を3分の1から2分の１へ引き上げることにより、保険料率の引き上げ幅については極力抑制することにあった。

この狙いは重要だ。04年改正がなかった場合に比べ、将来の年金財政の持続可能性は高まったからだ（第2章）。ただ、給付抑制策のマクロ経済スライドには重い課題も残された。しかも取り組みが遅れるほど、後世代への負担となってのしかかる。

1 04年改正のポイント（1）――保険料水準固定方式とマクロ経済スライド

さらなる少子高齢化を示した将来推計人口

２００４年の年金改正に向けた議論は２００２年1月の国立社会保障・人口問題研究所による将来推計人口の公表から始まった。この推計では、前回１９９７年1月公表の推計よりもさらに少子高齢化が進むとの予測が示された（第2章）。厚生労働省は02年1月推計をもとに、何も制度改正をしない場合の年金財政を試算し、将来の保険料負担は２０００年改正時の想定に比べ、さらに重くなるという結果を示した。

例えば、厚生年金の保険料率は足もとの13・58％（対総報酬、労使折半）から、最終的には25％程度（同）まで引き上げる必要があるとされた（注1）。これは労使双方にとって過重であり、年金制度が持続可能とは言えなくなる。そこで、厚生労働省は将来の負担を抑制するための〃施策〃を提案し、修正を施しながら04年6月の法改正に至った。

保険料水準固定方式とは

04年改正の中心は「**保険料水準固定方式**」と「**マクロ経済スライド**」との組み合わせである。保険料水準固定方式とは、04年改正前13・58％であった保険料率を毎年度9月に0・354％ずつ引き上げるが、17年度に18・30％に到達した時点で、以後は固定するという方法である。上限の設定と法律への明記がポイントだ。

従来方式には、主に二つの欠点が指摘されていた。一つは、保険料率引き上げの打ち止め感のなさである。2000年改正までは、ほぼ5年に一度改定される将来推計人口や新しい経済前提のもとに将来の保険料率が計算し直され、従来示されてきたものより高くなるという結果が繰り返されてきた。過度に高い料率は現実的ではないばかりか、再計算によって上方修正を繰り返していては国民、とりわけ若い世代の年金不信を招くことになる。

もう一つは、計算結果から保険料率の引き上げが必要と判断されても、負担増を嫌う国民や国民感

（注1）2000年改正時には、2025年度21・6％とされていた。2002年1月の将来推計人口を受けた2002年5月試算では2025年度に24・8％へ上方修正された。その後、2002年12月の再試算では2040年度に26・20％へさらに上方修正された。

情に迎合する政治によって、実際の引き上げ実施が困難になるリスクである。国民の多くは保険料率の引き上げを歓迎しない。国民の歓迎しないことを政治家は積極的にやろうとはしない。すると、賦課方式の年金財政では維持できなくなるリスクが高まる。

年金財政にとって政治は大きなリスク要因だ。実際、2000年改正では、当初予定されていた保険料率の引き上げは凍結されてしまった。また、廃案にこそなったものの、民主党が04年8月に臨時国会に提出した「年金改革廃止法案」も、04年改正の廃止、すなわち、改正の柱である「保険料率引き上げ」と「給付水準抑制」を取り止めるという内容であり、後世代へ一層の負担を押し付けることを意味していた。

04年改正の保険料水準固定方式は、保険料率の引き上げに打ち止め感を出し、保険料率の引き上げが頓挫しかねない**政治リスク**を法定化によって回避した。これは、目立たないが、極めて大きな成果と言える。ただ、25％前後が必要だと言われる保険料率を18・30％まで抑え込むためには、給付水準の抑制などが欠かせない。そこで導入されたのが、マクロ経済スライドである。

マクロ経済スライドとは

年金給付水準の抑制方法として、最もシンプルなのは一律カットだ。実際、2000年改正では、5％カットが実施された。ところが、04年改正において厚生労働省が考え出したのは、これから説明する**マクロ経済スライド**という方法である。

日本の年金給付額についての毎年度の改定ルールは、新規裁定年金については一人当たり（名目）賃金上昇率に応じて改定する賃金スライド、既裁定年金については消費者物価上昇率に応じて改定する物価スライドを原則としている（第2章）。マクロ経済スライドは、こうした原則をいったん棚上げし、賃金上昇率および物価上昇率からおおむね0・9％（後に厳密に説明する）を差し引いた「スライド率」による改定にとどめるというものだ。その結果、年金の給付水準は、時間をかけて徐々に低下していく。なお、年金給付額改定ルールの原則が棚上げされてマクロ経済スライドが適用される期間は**給付水準調整期間（以下、調整期間）**、**0・9％**は**スライド調整率**と呼ばれる。

マクロ経済スライドによる年金給付額の計算例

マクロ経済スライドの仕組みを数値例で説明する（図表3-1）。まず、前提として、毎年度の一人当たり賃金上昇率を2・1％、消費者物価上昇率を1・0％、04年度の新規裁定年金額を23・3万円、一人当たり賃金を39・3万円と想定する。04年度の所得代替率は59・3％である（＝23・3万円÷39・3万円）。

マクロ経済スライドの導入前（04年改正前）と導入後では、まず、新規裁定年金の受給額の改定はどのように変わるのか。05年度に新規裁定を受ける人の年金額を考える。04年改正前なら賃金スライドにより、04年度の新規裁定年金額である23・3万円を一人当たり賃金上昇率2・1％引き上げた23・8万円になる。所得代替率は59・3％のまま不変である（第2章図表2-7を参照）。

（図表3-1）マクロ経済スライドの数値例

（万円）

	2004年	2005	2006	2007	2008	2009	2010	…	2023	2024
65歳 新規裁定年金額（A）	23.3	23.6 =23.3 ×1.012	23.9 =23.6 ×1.012	24.1 =23.9 ×1.012	24.4 =24.1 ×1.012	24.7 =24.4 ×1.012	25.0 =24.7 ×1.012		29.2 =28.9 ×1.012	29.8 =29.2 ×1.021
66歳		23.3 =23.3 ×1.001	23.6	23.9	24.2	24.5	24.8		28.9	29.5
67歳			23.3 =23.3 ×1.001	23.6	23.9	24.2	24.5		28.6	29.2
68歳				23.4 =23.3 ×1.001	23.7	23.9	24.2		28.3	28.9
69歳					23.4 =23.4 ×1.001	23.7	24.0		28.0	28.6
70歳						23.4 =23.4 ×1.001	23.7		27.7	28.3
71歳							23.4 =23.4 ×1.001		27.4	27.9
⋮									⋮	⋮
84歳									23.7	24.2
	2004年	2005	2006	2007	2008	2009	2010	…	2023	2024
1人当たり賃金（B） （2.1％増）	39.3	40.1	41.0	41.8	42.7	43.6	44.5		58.3	59.6
	2004年	2005	2006	2007	2008	2009	2010	…	2023	2024
所得代替率（％） （A/B）	59.3	58.8	58.2	57.7	57.2	56.7	56.2		50.1	50.1

（資料）筆者作成
（注1）一人当たり賃金上昇率2.1％、消費者物価上昇率1.0％を想定。
（注2）受給開始年齢、年金額などすべて仮定の値。
（注3）本図表の数値例では、2023年度以降の所得代替率は50.1％だが、2004年改正時の政府見通しでは50.2％。
（注4）マクロ経済スライドを2023年度まで適用すると仮定した。2005～2023年度の新規裁定年金額は前年度の1.2％アップだが、2024年度の新規裁定年金額は前年度の2.1％アップになる。
（注5）金額・数値は四捨五入による。

しかし、マクロ経済スライドを導入すると、一人当たり賃金が２・１％上昇しても、年金受給額はそこからスライド調整率を差し引いた（２・１％マイナス０・９％）１・２％しか引き上げられない（05年度の新規裁定年金額は23・６万円）。一人当たり賃金に比べ、新規裁定年金の相対的な規模がより小さくなり、05年度の所得代替率は58・８％に低下する。これを毎年度繰り返していくと、所得代替率はだんだん低下していく。

次に、既裁定年金を計算してみよう。04年度に65歳で新規裁定を受けた人は、翌05年度には66歳になる。04年改正前であれば、前年度の年金額23・３万円を消費者物価上昇率１・０％だけ値上げした23・５万円となり、06年度以降も自らの前年の年金額に消費者物価上昇率を掛けた分の年金が給付されるはずだった。しかし、マクロ経済スライドが導入されたため、消費者物価が１・０％上昇しても、年金受給額はそこからスライド調整率を差し引いた分、すなわち１・０マイナス０・９＝０・１％しか上昇しない。年金給付額は前年度比で約２００円上がるだけになる。

これは、購買力低下、すなわち年金額の引き上げが物価上昇に追いつかず、年金収入だけでは昨年と同じ量の買い物ができなくなることを意味する。ちなみに、既裁定年金額の所得代替率は計算されないが（第２章）、仮に04年度に65歳であった人について計算してみると、84歳時点で41％にしかならない。

厚生労働省の計算範囲2100年度まではつじつまが合う

04年改正時の政府見通しでは（あくまで見通しに過ぎないが）、このようなマクロ経済スライドを2023年度まで適用することにより、所得代替率は59・3%から50・2%まで低下し、それ以後新規裁定年金は賃金スライドの原則に戻り、所得代替率は50・2%で維持され、既裁定年金は物価スライドの原則に戻ることが可能になると予測していた。別の表現で言えば、23年度以降は2100年度（厚生労働省が年金財政を計算する計算範囲の最終年）まで、保険料水準と給付水準を変えなくても年金財政は維持されると予測した（注2）。

もう少し詳しく説明するために、再び第2章の図表2-11を見てみる。図表は2004年度から2100年度までの厚生年金の収入と支出を計算した結果だ。97年間の保険料と国庫負担等の収入を現在価値（現価）に換算して合計すると1503兆円になる。これに積立金残高の168兆円を足し合わせると1671兆円。これが収入サイドの合計だ。対して97年間の給付費と基礎年金拠出金を現在価値に換算して合計すると1658兆円。これが支出サイドの合計だ。2100年度までの間、単年度で見れば、収支がマイナスになる年度もあるが、2100年度までの長期間で見ると、収入サイドが支出サイドを上回っている。計算上つじつまが合っているのだ。

（注2）保険料率抑制に貢献しているのはマクロ経済スライドだけではなく、後述の基礎年金の国庫負担割合の引き上げもある。

５年ごとの財政再計算と法改正は廃止

04年改正までは5年に一度、年金財政を再計算し、その都度、給付と負担に関する当面の法改正を行っていた。これを**財政再計算**という。少子高齢化が進む中での財政再計算は、給付抑制や負担増という国民が嫌がる改正内容にならざるを得ない。選挙が近づけば、与党にとっては余計に厄介な仕事となり、合理的な判断も下しにくくなる。厚生労働省にとっても、辛い作業であったと想像できる。

政府は保険料水準固定方式とマクロ経済スライドの導入によって、財政再計算は不要になると判断し、この制度を廃止した。今後は財政再計算に代わって、最新の将来推計人口や経済前提などをもとに年金財政を検証する**財政検証**という作業が２００９年度を第１回として5年に一度実施されることになった。財政検証はその名の通り「見てみる」ということに過ぎず、原則給付と負担に関する法改正はしない。国民から嫌われることをしなくて済むようになったため、政府・与党にとっては楽な状況になったといえる。

マクロ経済スライドは止まらない

04年改正時点の想定を超える少子高齢化や経済前提（注３）の悪化などが起きれば、マクロ経済スライドは２０２３年度では止まらず、その後もズルズルと適用され続けていく。この点については、専

（注３）04年改正では、経済前提として、消費者物価上昇率1・0％、一人当たり賃金上昇率2・1％、積立金の運用利回り3・2％などが想定されている。

門家の間でも誤解が多く、正確な認識が共有されていない。例えば、専門家による次のような表現を見ると、マクロ経済スライドが２０２３年度にピタッと止まるとの認識のようだ。「年金財政を均衡させる調整弁として二〇二三年度まで実施されるマクロ経済スライドの終了年をさらに延長するなど、これを柔軟に活用する方法もある」（注４）。

しかし、マクロ経済スライドによる調整期間については「最終的な保険料水準による負担の範囲内で年金財政が安定する見通しが立つまでの間、年金改定率（スライド率）についてマクロ経済スライドを適用する」と定義されているだけで、「２０２３年度」は04年時点での試算から割り出された終了見込みに過ぎない。マクロ経済スライドは坂を転がり落ちるボールのようなものであり、放っておけば２０２３年度などスーッと通り越して、転がり続けるのだ。

もっとも、そうなってしまっては、年金改正の議論を通じて特に与党が公約していた所得代替率50％維持が守れなくなる。例えば、少子化が04年改正時点の想定よりさらに進んだ場合（注５）、マクロ経済スライドは２０３１年度まで続けなければならず、所得代替率は46・４％まで低下すると厚生労働省は推計している（厚生労働省年金局数理課［２００５］）。

そこで、５年に一度行われる財政検証の作業で、その財政検証から5年以内に50％を割り込むこと

（注４）加藤久和「年金積立金、２０５０年度枯渇も」日本経済新聞「経済教室」２００７年12月17日。
（注５）02年1月の将来推計人口の低位推計。将来的な合計特殊出生率を１・１０人と見込んでいた。このような低位推計に基づく所得代替率が公表されたのは、04年6月の年金法改正後である。

が見込まれる場合には、財政再計算で行われていたように「財政上の措置」がとられる旨が04年改正法（正確には平成十六年改正法附則《ふそく》、平成十六年法律第百四号）（注6）に第二条2項として盛り込まれた。ただ、この附則にも大きな問題がある。附則には「次の財政の現況及び見通しが作成されるまでの間（つまり財政検証から5年以内）に前項に規定する比率が百分の五十を下回ること（つまり50％割れ）が見込まれる場合には」と書かれている。すなわち、50％割れを目前にするまで手を打たない。また、財政上の措置と言っても、具体的な財源の裏付けがある訳でもない。極めて実効性に乏しい規定にとどまっているのである。この点は、後で詳しく述べたい。

2 04年改正のポイント（2）——基礎年金の国庫負担割合引き上げ

09年度までに引き上げと、改正法附則に明記

保険料の引き上げ幅を抑えるためのもう一つの手段として考えられたのが、基礎年金に対する国庫負担割合の3分の1から2分の1への引き上げである（注7）。ただ、04年の改正時点では肝心の財源が決まらず、結局、04年改正法（平成十六年改正法附則、平成十六年法律第百四号）のなかで「09年度

（注6）この改正法は条文の中で国民年金法と厚生年金保険法の両方を改正の対象とし、改正法が成立すれば、国民年金・厚生年金がカバーされる仕組みになっている。

（注7）基礎年金の国庫負担とは、正確には、厚生、国民、共済各制度から国民年金特別会計（基礎年金勘定）へ拠出される基礎年金拠出金に対する国庫負担。第1章で説明した通り。

までの間に2分の1に引き上げられる」ことだけが記載された。「財源はまた後で考えましょう」という安易な結論である。

もっとも、この改正法附則には、注目すべきポイントがある。税制の抜本改革と国庫負担割合の引き上げがセットになっているのである。改正法附則から該当部分（附則第十六条）を抜粋してみよう。

「特定年度（国庫負担割合を二分の一に引き上げる年度）については、平成十九年度を目途に、政府の経済財政運営の方針との整合性を確保しつつ、社会保障に関する制度全般の改革の動向その他の事情を勘案し、所要の安定した財源を確保する税制の抜本改革を行った上で、平成二十一年度までのいずれかの年度を定めるものとする。」税制の抜本改革とは、与党の税制改正大綱やマニフェストなどから、消費税を含むその他税目の改革を指していることは明らかだ。

ここに、官僚の周到さもうかがえる。「増税もせずに、大赤字の一般会計から基礎年金向け歳出など増やすことはできませんよ」という財政当局から政治へのプレッシャーであり、さらに言えば、国庫負担割合の引き上げを人質に、日本にとって長年の懸案である消費税率の引き上げも一挙に片付けてしまおうということではないだろうか。ただ、政治家はこうしたプレッシャーを知ってか知らずか、口には出さない。例えば、07年7月の参議院選挙中、当時の安倍晋三首相は国庫負担割合の引き上げに対して「できれば、消費税を上げなくて済む状況にもっていきたい」と発言している。この発言は附則の趣旨と明らかに反している。

なお、これまでも定率減税の廃止や公的年金等控除縮小などから捻出された財源から、わずかずつではあるが国庫負担割合は引き上げられており、07年度時点で３分の１プラス１０００分の32となっている。２分の１まで金額に換算して、あと約２兆５０００億円（09年度）必要と推計されている（注８）。

混在する引き上げのプラス面とマイナス面

国庫負担割合の引き上げには、プラスの側面とマイナスの側面が混在している。

【プラス面１】様々な角度からの公平性が改善する。まず、国民、厚生、共済の各制度加入者間の水平的公平が改善する。水平的公平とは、担税力が同じなら同じ負担をすべきという公平性である。第１章で指摘したように、同じ所得であっても、加入する年金制度によって基礎年金に求められる保険料負担が異なり、水平的公平が著しく損なわれている。基礎年金の財源に占める保険料の比率が下がり、税の比率が上がれば、各制度加入者間の水平的公平は改善する。

次に、国民年金制度内での垂直的公平が改善する。垂直的公平とは、担税力のある人はより多くの費用を負担し、そうでない人はそれに応じた負担で済むべきという公平性である。現行の定額保険料にはこの垂直的公平が全くない。定額保険料の比率を下げて税の比率を上げれば、（消費税であっても納税額はある程度所得に比例するので）垂直的公平が高まる。この公平性も、基礎年金の財源は所得再分配的であるべきと考える場合（第１章と第７章参照）、重視されなければならない。さらに、国庫

（注８）08年度予算案では、３分の１プラス１０００分の32（07年度）に１０００分の８を加え、３分の１プラス１０００分の40に引き上げられることになっている。

負担割合の引き上げには世代間格差の改善も期待できる。

【プラス面2】年金制度の経済への中立性向上が期待される。厚生年金保険料はいわば賃金への課税である。厚生年金保険料が高ければ企業がより多くの労働者を雇い、賃金を上げるインセンティブが削がれることになりかねない。２０１７年度18・３０%は国庫負担割合の引き上げによる厚生年金保険料の抑制を織り込んだ数字になっており、国庫負担割合の引き上げがなければ、より高い保険料率が必要になっていた。

【マイナス面1】赤字国債（特例国債）に依存すれば後世代へ負担を先送りする。近年、国の一般会計は毎年度25兆円から30兆円の赤字を出している。歳出の中で社会保障関係費は基礎年金への国庫負担を含めて20兆円以上あり、赤字額全体に迫る規模になっている。いわば、後世代に借金を押し付けながら社会保障給付をしているのだ。きちんと財源を手当てせず、国庫負担の美名のもとに赤字国債を増やせば、こうした状況をさらに悪化させる。

【マイナス面2】年金制度が安価に運営されているかのような錯覚を増幅する。国民は、財布から毎月１万４１００円を取り出し保険料を支払うことで、負担を肌身で感じる。国庫負担では、国民にこのような負担を実感させることは難しい。国庫負担が増え保険料が抑制されれば、国民の負担感が緩和され、あたかも安価に年金財政が運営されているかのような錯覚を国民の間に植え付けかねない。こうした錯覚が広がると、例えば、保険料をもう少し上げてもいいから給付水準を上げて欲しいといった国民側の過大な要求が発生することもあり得る。合理的な給付水準の決定がしにくくなる。

そもそも国民に対して「国庫負担」という呼称を用いること自体、ミスリーディングの感が強い。アラブの産油国でもない限り、国庫負担など存在せず、租税でしかあり得ないのだ。

【マイナス面3】年金制度が抱える問題の根本的解決にはならない。国庫負担割合を2分の1にしても、国民年金保険料は定額制のままであり、今後も引き上げる必要がある。保険料の徴収には今後も困難が見込まれる。また、基礎年金に独自の財源がないという基本的な問題も解決できない。保険料と租税が半分ずつとは、どのような理念に基づく制度なのかもよく分からない。

このように、プラス面とマイナス面が混在し、明確な評価は難しい。これも国庫負担割合の引き上げの実施について、政治に切迫感が見えてこない一因かもしれない。本来であれば、09年を翌年に控えた現時点（08年2月）では、消費税率の引き上げ幅や引き上げ実施スケジュールなどが具体化されていなければならないはずである。

3　マクロ経済スライドの課題

スライド調整率はほぼ固定された値

マクロ経済スライドに話を戻そう。マクロ経済スライドは固定された保険料水準で賄われる財源の範囲内に給付水準を抑える仕組みだが、早急に改善しなければならない重い課題を残している。今の仕組みでは、将来推計人口の改定によって今後一層の少子高齢化が進行するといった年金財政にとって厳しい状況が予測できても、すぐにその情報が活用されることはなく、対応が後手に回る。

これはスライド調整率がほぼ固定された数値であることに起因する。スライド調整率0・9％のうち0・3％は、完全に固定された数値である。政府は「平均余命の伸び率を勘案して設定した一定率」と説明するが、「勘案」という極めて弱い関連性しか示さない用語法からも推察されるように、ほとんど任意に設定された決め打ちの数値である。

残る0・6％は公的年金の全被保険者数の減少率実績（3年平均）で計算される。今後20数年間の全被保険者数は、日本が大胆な移民受け入れ政策でもとらない限り、すでに生まれている人口によって決まる。このため、今後20数年間のスライド調整率は現在や将来の出生率とは無関係で、ほぼ固定された数値になる。

このように、スライド調整率は決め打ちの0・3％と公的年金の全被保険者数の減少率実績から成り立っているため（注9）、06年12月の将来推計人口のように、前回推計（02年1月）に比べてさらなる平均寿命の伸びと少子化が示されても、すなわち年金財政にとっての大きなダメージ要因が示されても、修正されることはないのである。

なお、政府はスライド調整率を次のような定義式で表わしている。スライド調整率＝公的年金の全被保険者の減少率の実績（3年平均）＋平均寿命の伸び率を勘案して設定した一定率（0・3％）。し

（注9）3年度前の公的年金被保険者総数の変動率＝（前々年度の公的年金被保険者総数÷5年度前の公的年金被保険者総数）の3乗根（$\sqrt[3]{\ }$）。厚生年金保険法第43条の4。

かし、この定義式は正確さを欠いている。右辺（＝に続く数式）の第１項はマイナス（負）値であり、第２項はプラス（正）値と、符号が異なっている。定義式通り計算すると０・９％ではなくマイナス０・３％になってしまう。第１項に絶対値を付けてスライド調整率の定義式全体を正の値とするか、あるいは逆に第２項にマイナスを付けて定義式全体を負の値とするか、いずれかにしなければならない。本書では正の値として定義している。

自動延長による後世代への負担しわ寄せ

結局、マクロ経済スライドは、ほぼ固定された数値であるスライド調整率を用いて、調整期間の延長を通じて給付水準を抑制し、年金財政の長期的均衡を図ろうとするものでしかない。政府が用いる「自動調整」という表現は、調整率も調整期間も伸縮するかのような印象を与える。だが実際には、調整期間のみ伸びていく「自動延長」という方が適切である。

確かに、調整期間をどんどん延長していくだけでも（給付水準を切り下げていくことを意味する）、年金財政の長期的均衡自体は保たれる。しかし、調整期間の延長はそうでなくとも世代間には著しい負担と給付の格差があるうえに（第２章）、後世代にさらに負担をしわ寄せしていくことを意味する。これは到底許容されることではない。本来、06年12月の将来推計人口のように、年金財政へダメージを与える要因が示されたのであれば、前倒しで財政面の対応をとり、調整期間を早期に終了させる責務が現世代に課せられているはずである。

また、年金制度のあるべき姿から見て、マクロ経済スライドが基礎年金までをも対象にしていることも問題である。第3章の冒頭で述べた通り、少子高齢化が進む中では給付抑制そのものはやむを得ない方向である。ただ、その対象に、さしたる議論もないまま「基礎年金」と名付けられた基礎的給付部分までもが含まれることには大いに疑問が残る。マクロ経済スライドに対する正確な認識が共有されていないうえに、年金制度は本来どうあるべきかという「そもそも論」が不足したまま法改正がなされた弊害と言える。この点、第8章で改めて論じる。

想定通り機能するか否か不確実な仕組み

マクロ経済スライドには、構造上の致命的な欠陥もある。マクロ経済スライドが想定通りに機能を発揮し、給付水準を引き下げていくか否かは、今後の一人当たり賃金上昇率と消費者物価上昇率に依存し、不確実であるということだ。その要因は、すでに年金を受給している世代や近々受給し始める世代に対して、次のようなメリットが付与されていることにある。

一人当たり賃金上昇率や消費者物価上昇率からスライド調整率を差し引いた結果がマイナスの値となる場合、マイナスでスライド（前年実績割れ）するのではなく、0（ゼロ）%スライドさせ、前年と同額にすることにしたのである。例えば、一人当たり賃金上昇率が0・5%である場合には、新規裁定年金額をマイナス0・4%（＝0・5%マイナス0・9%）でスライドさせず、前年度と同額に据え置く。既裁定年金も同様である。

このメリットは「**名目年金下限型**」と名付けられている。この場合、年金財政は04年改正時の想定を超える歳出増となり、調整期間は当初予定の２０２３年度では終了できなくなる。名目年金下限型が採用されたのは、政府が年金受給者の名目受取額の減少回避という政治的判断を年金数理の原理原則よりも優先させたためと言える。

04年改正時の政府の想定では、物価上昇率は05年０・５％、06年以降１・０％以上、賃金上昇率は05年１・３％、06年以降２・０％以上と見込んでいた。０・９％ぐらいのスライド調整率であれば、順調に差し引いていけると楽観視していたようだ（図表３‐２）。ところが、現実には、05年以降、物価・賃金ともに０％近辺で推移しており、マクロ経済スライドはいまだに発動できていない。

今後を展望しても、一人当たり賃金上昇率や物価上昇率が０・９％を差し引けるほどのプラス値を、しかも、毎年度途切れることなく確保し続けられるかどうか不透明である。物価は08年度にプラスになったとしても、ゼロコンマの世界と考えるのが妥当であろう。賃金についても、企業業績の回復が雇用者全般の賃金底上げに結び付いていくのか否か、先行きは見えてこない。加えて、かつて物価下落局面でも年金額をそれに連動させずに据え置いた経緯があり（２０００～２００２年度累計でマイナス１・７％）、物価上昇局面では積み残しになっているマイナス１・７％の解消が、マクロ経済スライドの発動より優先されることになっている。例えて言えば、04年にマクロ経済スライドという帆船を造り、給付抑制という目的地へ舳先を向けているものの、風が吹かず港を出港できていない状況にある。

（図表3-2）物価と賃金の予測と実績

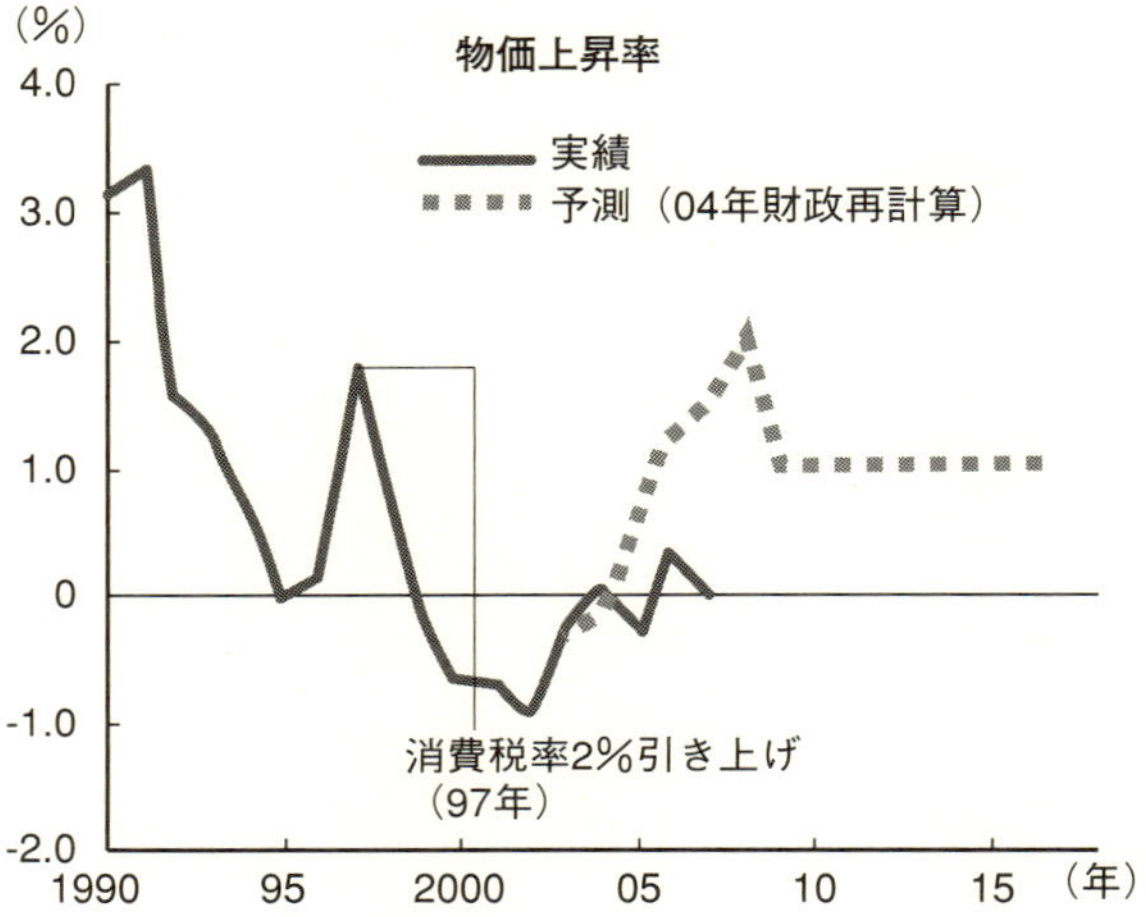

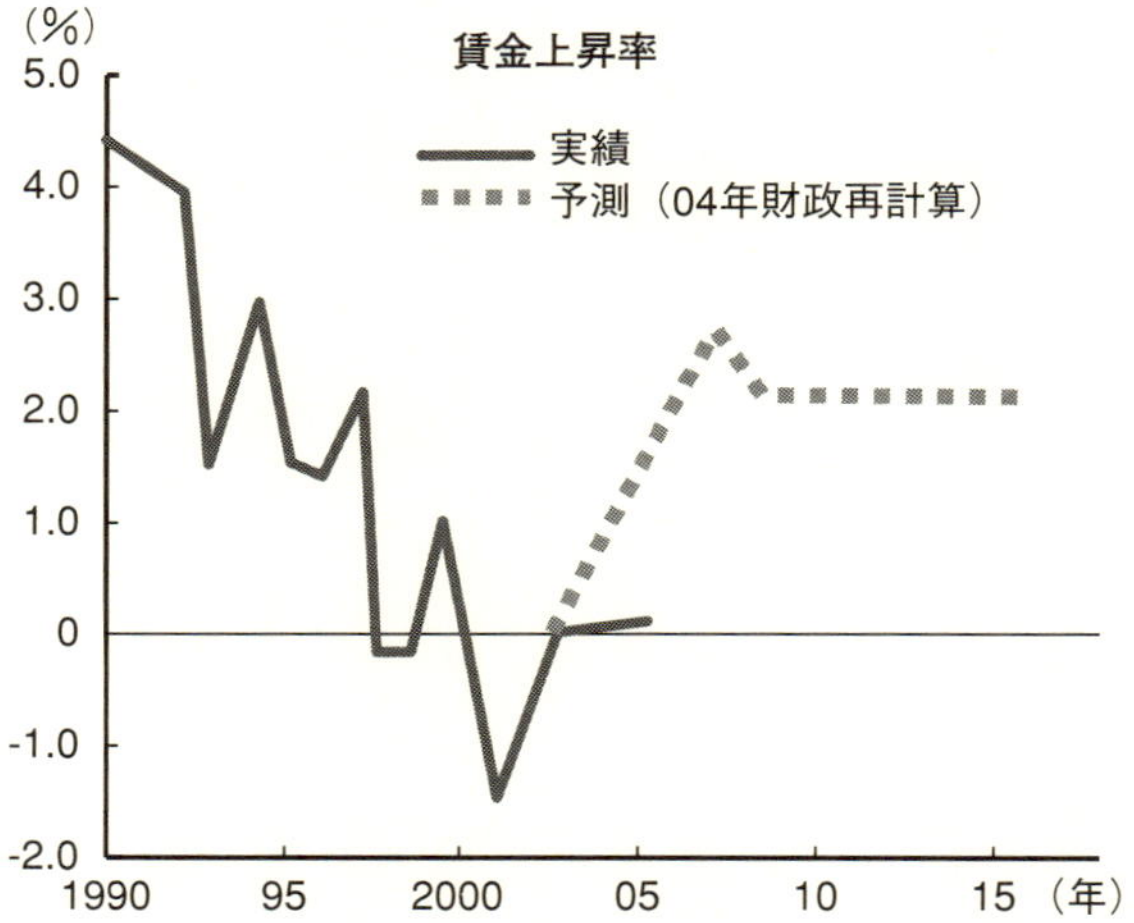

（資料）次の統計より筆者作成。2003年まで実績と04年改正時の想定は厚生労働省『平成16年財政再計算結果』。2004年以降の賃金上昇率実績は、社会保障審議会年金数理部会資料、消費者物価上昇率は総務省
（注）賃金上昇率は、一人当たり標準報酬伸び率。

（図表3-3）マクロ経済スライドのスライド調整率の見通し

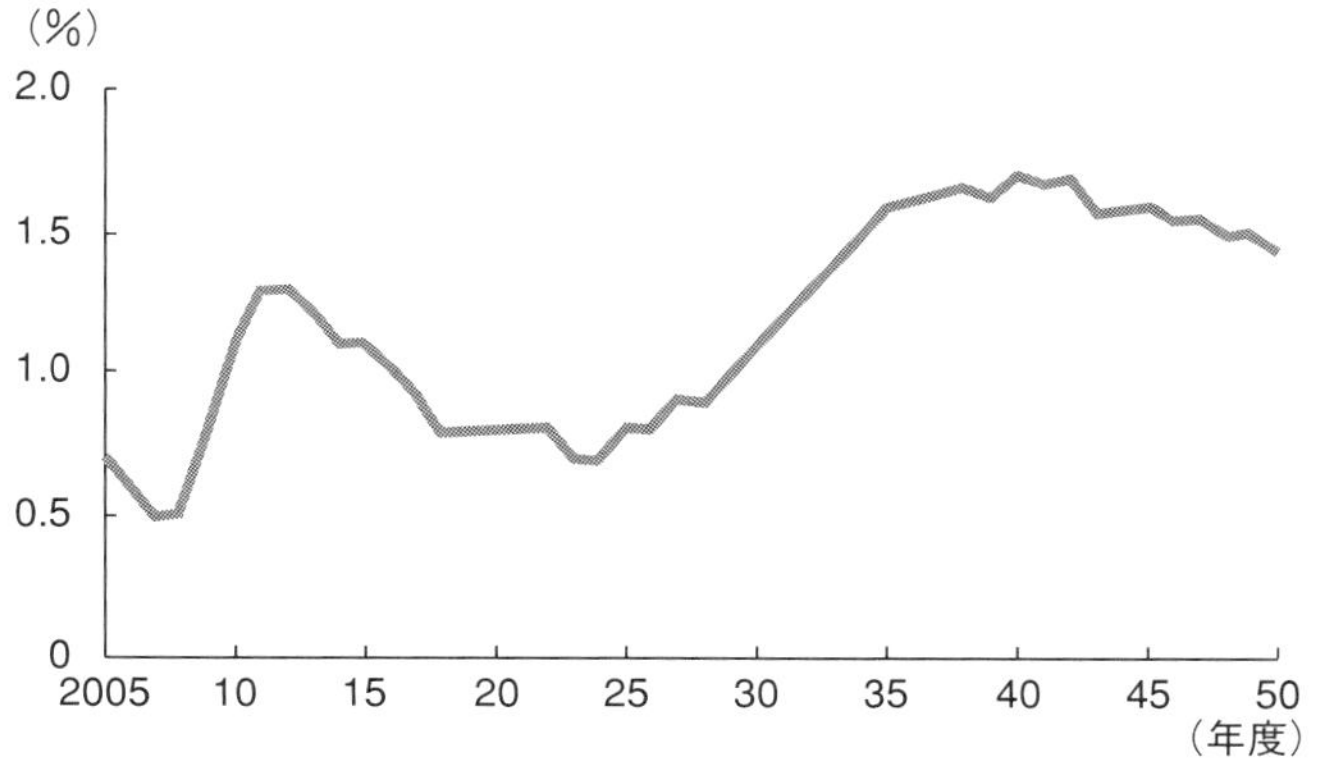

（資料）2005年度～2035年度までは厚生労働省の見通し。出典は社会保障審議会年金数理部会『平成16年財政再計算に基づく公的年金制度の財政検証』45ページ。36年度以降は筆者推計
（注）原資料では、マイナスの値をとっているが、絶対値をとり、プラスの値に変換した。

25年度以降、拡大が見込まれるスライド調整率

本書では、これまで説明を簡単にするために、スライド調整率の具体的数値を政府の説明にならい「おおむね０・９％」という数値で統一してきた。しかし、スライド調整率のうち０・６％部分については、前述のように公的年金全被保険者数の減少率実績に基づくため、実際には年度によって数値が異なってくる。02年１月の将来推計人口のうち中位推計に基づく２０５０年度までのスライド調整率の見通しを見ると（図表３-３）、２００５年度から２０２３年度まで、変動はあるものの、平均すれば確かに０・９％になる。ところが、スライド調整率は２０２５年度以降拡大に転じ、30年代後半以降は１・５％超の水準に高止まりする。

著しい世代間格差の存在などを考えると、本来なら先に生まれた世代にこそ大きなスライド調整率を適用し、後に生まれた世代に極力負担を残さないことが望

まれる。だが、現在のスライド調整率の定義では、その逆になってしまっているのである。また、現在でも賃金や物価の上昇率から0・9%のスライド調整率が差し引けていない状況を考えると、将来さらに大きな1・5%ものスライド調整率を差し引くことができるか、非常に不確実である。

実効性乏しい所得代替率50%割れの歯止め規定

このように、マクロ経済スライドは04年改正時点の想定を上回る人口・経済の悪化に対しては、給付水準調整期間の自動延長によって長期的に財政の均衡を図ろうとするものである。このままでは現状の世代間格差に追い打ちをかけるように、後の世代ほど給付水準が低下していく可能性が高い。前述のように04年改正法には附則第二条2項という一応の歯止めがあるものの、実際には極めて実効性に乏しい。この点を詳しく見てみよう。

同附則では50%割れを回避するために財政上の措置がとられるのは、50%割れが財政検証時から5年以内に起きる場合に限っている(注10)。図表3-3のスライド調整率で新規裁定年金額を計算すると、所得代替率50%割れが5年以内に予測できるのは第3回財政検証(19年度)になる(図表3-4)。実際には物価・賃金の伸び低迷により、もっと遅くなるだろう。第1回財政検証(09年度)では、まだ15

(注10) このことをメリットとして捉える意見もある。本文中に述べた通り、これまで5年に一度法改正を行うことが国民の年金に対する不信を増幅してきており、これで回避できるという期待である(例えば、宮島[2004b])。もっとも、5年に一度法改正を行うことが悪いというよりも、これまでの法改正の方法が悪かったと考えるべきであろう。

（図表3-4）今後の財政検証時の所得代替率の計算例

（万円、％）

	モデル年金の新規裁定年金額（A）	現役男性の平均可処分所得（B）	所得代替率（A÷B×100）
2004年度	23.3	39.3	59.3
第1回財政検証（09年度）	25.1	43.6	57.5
第2回財政検証（14年度）	26.2	48.4	54.2
第3回財政検証（19年度）	27.8	53.7	51.8
第4回財政検証（24年度）	29.7	59.6	49.9
第5回財政検証（29年度）	31.6	66.1	47.8
第6回財政検証（34年度）	32.8	73.3	44.7

（資料）筆者計算
（注1）2004年度のモデル年金23.3万円、現役男性の平均可処分所得39.3万円を起点とし（図表2-6）、2000～2002年度のマイナス1.7％の積み残し（103ページ）を無視してマクロ経済スライドが機能すると想定した。スライド調整率は0.9％ポイントではなく、図表3-3の数値を使用し、各財政検証時の所得代替率を計算した。
（注2）各財政検証の年度は予定。

年以上先のことなので法律上は財政上の措置を講じることが政府には求められない。しかし、財政の健全性を保つには、予見できた時点で、たとえそれが将来のことであっても、早めに手を打つ方がよいことは明らかである。

50％割れが5年以内に起きると分かった時点で実施する「財政上の措置」は、後世代の財政上の負荷となる点において、所得代替率50％割れを許容するのとほとんど変わらない。この時点で所得代替率50％割れを回避するには、過去に給付した年金を既受給者から返還してもらうのでもない限り、保険料率の上限18・30％をさらに引き上げるか、基礎年金の国庫負担（税）割合を2分の1からさらに引き上げるしかない。こうした施策は、すべて後世代の負担としてのしかかる。マクロ経済スライドの自動延長に任せて、50％割れを許容するにしても、あるいは50％割れ回避のためにマクロ経済スライドを人為的に止めて財政上の措置を講ずるにしても、後世代に財政上の負担がかかる点ではほとんど同じだ（注11）。結局、

5年以内という差し迫った状況になってからようやく重い腰を上げるという点に問題の根源がある。

切迫感の乏しい政府

そもそも「財政上の措置」が、先の数値例では第3回財政検証時（19年度）に、実際には第4回あるいはもっと先に本当に講じられる保証はどこにもない。基礎年金における国庫負担割合の2分の1への引き上げが遅々として進んでいない現状を見ると、将来、「財政上の措置」が講じられるというのは、甘過ぎる見通しであろう。「財政上の措置」も、「国庫負担」同様、安易な響きの言葉である。

こうした問題について、政府も問題意識は持っているようだ。ただ、切迫感は乏しい。07年2月16日の衆議院予算委員会で、マクロ経済スライドの問題点を衝いた民主党大串博志議員の質問に対し、当時の柳澤伯夫厚生労働大臣は次のような答弁をしている。

「（前略）人口の少子高齢化が継続する中で、一体、じゃ、本当にこの50％を割るということが見込まれる5年前まで、趨勢的にそういう事態が予想されるにも関わらず放っておくのだろうか、こういう御疑問を（大串議員は）今呈されたわけであります。我々もその点は考えておりまして、10年後か15年後にも50％を下回ることが仮にでも、例えば見込まれるという場合には、年金の給付と負担のあり方について、法律上の義務ではなく、現実問題として前広に議論を始めることは当然あるだろう。

（注11）財政上の措置の内容を明らかにしないまま、所得代替率50％を維持するためにマクロ経済スライドを止める懸念もある。積立金を取り崩すことでこれは一時的に可能であるが、その分後世代に負担を回すことになる。

そうやりながら、少子化対策や経済の成長力を高めるための政策など、年金制度の前提となる施策について、その特段の推進方策などを議論することがあわせて必要になるだろうというふうには考えている訳でございます。なお、このような場合、年金の給付と負担のあり方について議論を始めることとなりますけれども、何らかの措置を必ず講じなければならないとも言えない以上、年金法においては給付と負担のあり方に関する検討と措置については義務づけていないというふうな考え方は、依然として私どもとして持ち続けているということでございます。」

積立金の運用失敗も後世代への負担に

現在、年金積立金管理運用独立行政法人（GPIF）が公的年金の積立金を運用している。政府という運用主体が強制徴収した年金保険料を原資に、巨額の資金を市場運用することには批判も少なくない。筆者もこれまで、この点を強く批判しており（西沢［2003］）、ここでは改めてそれを繰り返すことはしないが、スタンスは今も同じである。

04年改正により運用規模は縮小されるが、一方でマクロ経済スライドの導入により新たな問題が生じている。まず、運用規模の縮小についてだが、これは積立金を段階的に取り崩していくことによる。04年改正によって積立金の長期的な残高管理の方法は、改正前の永久均衡方式から有限均衡方式に変更された。永久均衡方式とは、巨額の積立金を未来永劫保有し続ける方式である。これに対し、有限均衡方式は高齢化率が安定的になるのを待って積立金を段階的に取り崩していく方式である。

マクロ経済スライド導入による新たな問題とは次のようなことだ。積立金の運用利回りとして、04年改正では3・2％が想定されている。3・2％であれば、例えば、厚生年金の積立金残高は第四回財政検証（2024年度）の前年度の2023年度には207兆円になると見込まれる。ところが、実際に3・2％の利回りを確保し続けられるかどうかは当然のことながら分からない。仮に運用利回りが2・7％にとどまると仮定すると、2023年度の積立金残高は、見込みを13兆円下回る194兆円と試算される（筆者推計）。つまり13兆円分だけ年金支出の現在価値が収入の現在価値と積立金残高の合計よりも大きくなる。この差額はマクロ経済スライドの自動延長に任せるか、財政上の措置をとって埋めるしかない。いずれにしても後世代の負担となる。

代表的な企業年金である厚生年金基金であれば対応は全く異なる。予定利回りに達せずに積立不足が発生すれば、その都度、特別掛金を徴収して穴埋めする。財政健全化を図りながら、積立金を運用しているのである。スウェーデンの年金制度でも、保険料収入現価と毎年の積立金残高の合計額が支出現価より小さくなった場合には、即座に給付水準を抑制する仕組みになっている。

厚生年金基金やスウェーデンと比較して、今の公的年金制度では運用利回りが想定を下回る際の対応策が甘く、はっきり言って政府・GPIFにはリスク運用する資格はない。仮に、リスク運用を続けるのであれば、予定利回りに達しない年度については、その不足分を特別保険料として、その年度の加入者全員から追加徴収するぐらいの覚悟が必要である。

分からないから進む年金改革

マクロ経済スライドの問題点をもう一つ挙げると、そもそも分かりにくいということがある。分からないと言った方が正確かもしれない。スライドというのは専門用語であって日常的でないなど技術的な要因も考えられるが、厚生労働省があえて分かりにくくしているとも考えられる。

経済の高度成長と人口増加を背景に福祉元年と言われた１９７３年には、国は国民に対し老人医療費無料化など社会保障の充実をアピールできた。こうした良き時代とは異なり、少子高齢化と低成長経済の現在では、社会保障分野と言えば負担増や給付抑制など悪い話しか出てこない。負担増や給付抑制など誰にとっても嫌なものだ。「給付抑制に御理解を！」と街頭演説してくれる政治家などいないだろう。だが少子高齢化は進んでいく。給付抑制を図らなければ年金財政はもたない。

こうした状況の中、政治に期待できない厚生労働省が、給付抑制のために賃金や物価から一定率を差し引くという、一見して分かりにくい方法を考え出し、それを「マクロ経済スライド」という、分かりにくいネーミングのオブラートに包み込み、政治と国民に飲ませたと考えることはできないだろうか。官僚たちは心の中で「マクロ経済スライドなど、もっともらしい理屈をたくさん付けたけれども、給付抑制の方便に過ぎない。それもすべては国民のためだ」と思っているのかもしれない。

思い出されるのは、宮沢賢治が病に伏せた時の逸話だ。鯉の肝が病に効くことを知った賢治の母は、殺生を嫌う賢治にオブラートに包んで中身が分からないようにして、それを飲ませる。後でそれを知った賢治は、鯉の命を犠牲にしてまで生きたくないと悲しむ。

このように考えると、政治家も国民も04年改正法の内容がよく分からなかったからこそ、同法は同年6月、何とか可決にこぎ着けたとも言えそうだ。国民は厚生労働省の意図を後で知り感謝するのか、騙されたと不信感を持ち続けるのか。現在の状況を見渡すと、政府は改正法の成立と引き替えに国民の不信という大きな代償を支払ったのではないだろうか。今後は政治家も国民も、厚生労働省に騙されながら改革を進める（ただし財政面の改革であり制度体系の改革ではない）という構図から卒業しなければならない。

4 マクロ経済スライドのあり方

85年改正による給付抑制

ここで一旦、第1章で紹介した年金の歴史の続編とも言うべき、給付抑制の近年史を簡単に振り返ってみよう。日本の年金改正を給付面から振り返ると、70年代前半までは給付拡大、85年改正以降は給付抑制が行われてきた（図表3－5）。65年改正で1万円年金が実現した後、69年、73年、76年の各改正で、2万円年金、5万円年金、9万円年金が実現した。

この間、一貫して平均寿命が伸びる一方で、70年代半ば以降は出生率の低下傾向が明確になってきた。合計特殊出生率は70年代以降、71年の2・16人をピークに、ほぼ一貫して低下し続けてきた（第2章）。ところが、年金改正において給付抑制に舵が切られたのは、ようやく85年改正になってか

（図表3-5）これまでの年金改正と人口動態（1960年～2006年）

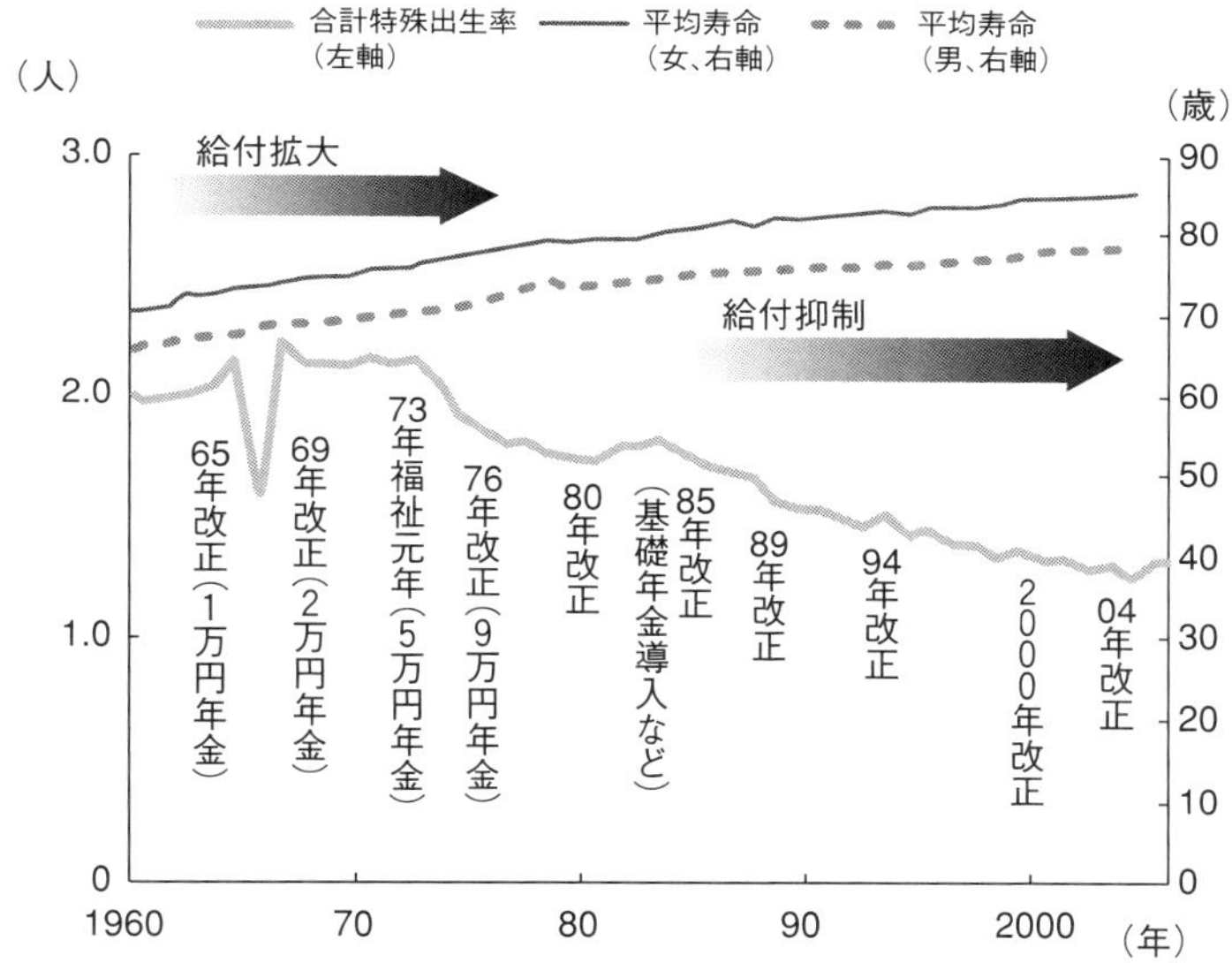

（資料）国立社会保障・人口問題研究所『人口統計資料集（2007年版）』、厚生労働省大臣官房統計情報部『平成17年簡易生命表』などより筆者作成
（注）平均寿命は2005年まで。

（図表3-6）85年改正、加入期間長期化・夫婦合算で改正前と同水準

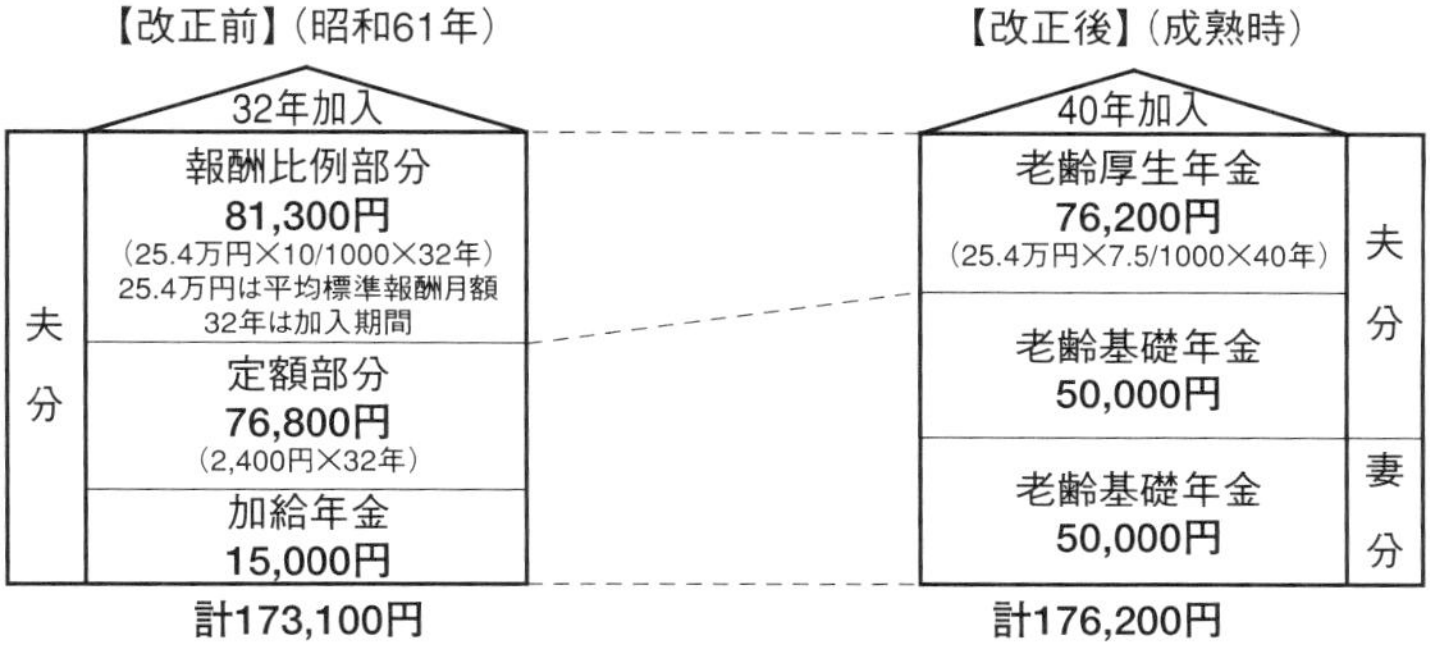

（資料）吉原健二編著［1987］80ページ　第7-2図より

らである。85年改正では、基礎年金の導入という制度体系の大改正に合わせ（第1章）、推測を交えるならば、基礎年金の導入を利用しながら給付抑制を行っている。

改正前の厚生年金のモデル年金は17万3100円であった（図表3 - 6）。これは夫1人の金額である。内訳は、報酬比例部分8万1300円、定額部分7万6800円、年金制度における配偶者手当である加給年金1万5000円である。

85年改正ではモデル年金を17万6200円とした。一見、増額に見えるが、実は大幅な給付抑制になっている。まず、モデル年金の計算基礎となる加入期間を32年から40年に長期化した。これだけで約2割の給付減効果がある。次に、報酬比例部分は給付計算に用いる掛け目（給付乗率）を1000分の10から20年かけて1000分の7・5にまで引き下げることにし、改正前の8万1300円を7万6200円に下げた。さらに、85年改正後のモデル年金は夫婦合算の額とした。新しいモデル年金17万6200円のうち、5万円は妻の基礎年金であり、夫の年金額だけを見ると改正前のモデル年金の約7割、12万6200円になった。

89年以降の改正による給付抑制

続く89年改正では目ぼしい改正は見られないが、94年改正、2000年改正では給付抑制が重ねられた。94年改正では、85年改正後も64歳までの給付として残っていた厚生年金の定額部分の支給開始年齢を、男性の場合は2001年から2013年度にかけて段階的に引き上げ（女性はその5年遅れ）、最終的に廃止することにした。

２０００年改正の給付抑制の手法は主に三つある。一つは厚生年金（報酬比例部分）の給付水準を5％切り下げることである。これは厚生年金の給付額を計算するときの掛け目（給付乗率）を従来の１０００分の7・5から１０００分の7・125に引き下げることで行われた。

二つ目は同じく厚生年金の報酬比例部分の支給開始年齢の引き上げである。男性の場合、２０１３年度から２０２５年度にかけて60歳から65歳へ引き上げることにした（女性はその5年遅れ）。

三つ目は既裁定年金のスライド方法を賃金スライドから物価スライドに変更することである。一般に、物価上昇率は賃金上昇率を下回るため、これはかなりの給付抑制になる（もっとも２０００年以後は賃金も物価もゼロ近辺ではあるが）。

このように、年金改正の歴史を振り返ってみると、給付抑制への方向転換は85年改正以降であり、人口動態の変化に比べ遅く、その内容も漸進的である。だが、04年改正よりも以前から、85年改正、94年改正、２０００年改正と計3回の給付抑制が行われ、そこでは加入期間長期化、給付乗率引き下げ、既裁定年金の物価スライドへの切り換え、支給開始年齢の引き上げなど、ありとあらゆる手法が用いられてきたことも事実である。

現在のマクロ経済スライドは3代目

04年改正はこれらに続く給付抑制であり、しかも、議論の過程で一時はバージョンアップに向かった経緯がある。04年改正の議論で、厚生労働省は最終案を出す前に2回改正案を出している。1回目は2002年12月の「年金改革の骨格に関する方向性と論点」。2回目は2003年11月の「持続可能な安心できる年金制度の構築に向けて」である。

「方向性と論点」の段階では、スライド調整率には単に足もとの労働力人口（＝公的年金の全被保険者）の減少率が用いられることになっていた。「平均寿命の伸びを勘案した0・3％」はまだ付け加えられていなかった。そのため、給付水準抑制のスピードは緩慢であり、厚生年金保険料率を20％まで引き上げる場合、マクロ経済スライドの適用期間は中位推計の場合で2032年度まで、低位推計の場合では2040年度になると見込まれた。

「方向性と論点」で示された適用期間は長期であり、こうした緩慢なスケジュールには批判があった（西沢［2003］）。これを受けて2回目の改正案「構築に向けて」が出された。そこでは、スライド調整率は2004年から2025年の間に予想される公的年金全被保険者数の減少率の平均0・6％に加え、0・3％を上乗せして0・9％とした。その結果、厚生年金保険料率を20％まで引き上げる場合、調整期間は中位推計であれば2013年度、低位推計でも2019年度で終了するとされた。「方向性と論点」に比べて約20年間、期間短縮されたのである。マクロ経済スライドを適用する場合、極力早く終了するのが望ましい。2回目の案は1回目に比べ大きく改善した。

だが、その後、経済界を中心とした保険料率の引き下げ要請を受け、04年の通常国会に法案が出される前に保険料率は20％から18％台へと抑制された。この結果、想定される調整期間は2023年度まで再び延長されることになった。これがほぼ最終型である。

マクロ経済スライドの改良を

1節や3節では04年改正法の問題点を解説した。ただ、本節で見たように85年以降の年金改正は給付抑制の歴史であり、筆者としては保険料の引き上げを法定化し、保険料水準固定方式により保険料の上限を18・30%に定め、一方で給付水準抑制に向け、マクロ経済スライドを導入したという点で04年改正法の大枠は評価できる。今後は04年改正法の枠組みを生かしながら、マクロ経済スライドなどの制度設計の改良を急ぐべきであろう。

スライド調整率に将来の情報を織り込め

では、マクロ経済スライドをどのように改良すればいいのか。以下に試案を述べる。まず、マクロ経済スライドの構造的欠陥である名目年金下限型をやめることである。例えば、賃金上昇率や物価上昇率が0・5%にとどまり、スライド調整率0・9%を差し引けばマイナス0・4%になる年があるとする。この年も、このマイナス0・4%をそのまま使って年金額をスライドさせれば、賃金上昇率や物価上昇率が想定通り成長しないことによる歳出増を回避できる。

ただ、この案は年金受給者の反対と政治の迎合が想定され、実現は容易ではないかもしれない。そこで、名目年金下限型を維持しながら、0・9%を引くとマイナスになる場合には翌年度以降に繰り越していく譲歩案が考えられる。ある年に引ききれなかったマイナス分は翌年に、それでも引ききれなければ、さらに翌年に繰り越す。この譲歩案はマイナスでスライドする場合に比べて財政上の効果は劣るが、現行制度よりは格段にいい。

そのうえでマクロ経済スライドの発想を改める。現在はスライド調整率を固定して調整期間を延長することにより、約100年間という長期的な年金財政の均衡を図る考え方である。これを、むしろスライド調整率を変動させて調整期間を固定する考え方に転換するのだ。

具体的には、第1ステップとして給付水準調整期間をできる限り短い期間に設定する。例えば、09年の第一回財政検証時に、2010年を初年とし2019年までの10年間を給付水準調整期間に定める。

第2ステップとして新しい将来推計人口や経済前提を使って、長期的に年金財政が均衡するよう、給付水準調整期間の10年間に必要となるスライド調整率を算出する。このような算出方法に改めることにより、スライド調整率が新しい人口や経済の見通しを織り込み、変動するようになる。厳しい前提ではスライド調整率は大きくなる。また、スライド調整率は各年度均等であるより、初めに重く後で楽になるように逓減していくのが望ましい。

最後に第3ステップとして2010年から、そのスライド調整率によるマクロ経済スライドを実施する。その後、2014年の第二回財政検証では、新たな将来推計人口や経済前提のもとに、2019年という給付水準調整の終了時期を崩さぬように、必要に応じて残り5年分のスライド調整率を計算し直して改定する。

ただ、この試案を実施する場合、重要な条件が欠かせない。それは、将来推計人口や経済前提の予測が、政治的圧力を受けて楽観的な数値にならないようにすることである。将来推計人口において、出生率は楽観的に、寿命は過少に見積もるバイアスがあることは、第2章で述べた通りである。経済前提についても同様の傾向が見られるのだ。

中立的にも客観的にもならない経済前提

経済前提が楽観的に見積もられた事例を紹介しておこう。06年12月、前回の02年1月の将来推計人口よりさらに少子高齢化が進む結果が公表された。政府が国民に約束した「所得代替率50%」は02年1月の将来推計人口を前提としたものであり、06年12月の推計に置き換えれば、50%を大幅に割ることは確実だった。

政府・与党にとって07年7月の参院選を控え、50%維持の約束が守れないことを公表するのは大きな痛手だ。かといって、新しい将来推計人口が出ているにもかかわらず、所得代替率の改定をしなければ、07年通常国会などで野党から「50%割れを隠している」と批判されるのは必至である。

人口推計は06年12月に出てしまっている。そうなれば経済前提を楽観的なものに変えるしかない。07年2月6日の第二回社会保障審議会年金部会への配布資料で、厚生労働省は06年12月の将来推計人口を使う一方で、事前の議論が全くないままに経済前提を楽観的なものに変更し、所得代替率の改定

（図表3-7）06年12月の将来推計人口によるマクロ経済スライド終了年度と所得代替率

経済の前提	将来推計人口の前提		マクロ経済スライド終了年度（年度）	最終的な所得代替率（%）
	出生率（人）	平均寿命（男の場合）（歳）		
2004年財政再計算と同じ	1.55	83.67	2029	50.3
	1.26		2035	46.9
	1.06		2038	43.9
2007年2月厚生労働省設定	1.55	83.67	2020	54.2
	1.26		2026	51.6
	1.06		2031	49.4

（資料）厚生労働省試算数値
（注１）経済の前提について。2004年財政再計算におけるものは、一人当たり賃金上昇率2.1％、運用利回り3.2％など。2007年2月厚生労働省設定は、それぞれ2.5％、4.1％など。
（注２）厚生労働省は、上段を参考ケース、下段を基本ケースと位置付けている。

結果を提示した。賃金上昇率は04年財政再計算時の２・１％から２・５％に、運用利回りは同じく３・２％から４・１％に、そのほか労働力率なども大幅に引き上げられた。

その結果、04年財政再計算時の経済前提を変えずに06年12月の推計を当てはめると所得代替率は46・９％になるのだが、経済前提を楽観的なものに変えたことにより51・６％の所得代替率が確保可能という改定結果が出来上がった（図表３-７）。

毎日新聞は翌日の07年２月７日の朝刊で、次のように政治の圧力を指摘している。「50％をやや超える数字になるよう調整を求めた（自民党厚生族）との声もある」。本来、客観的であるべき、年金財政に関する数値が、政治的な思惑で弄ばれていては、前項で述べたマクロ経済スライドの改良案は、残念ながら成り立たない。それ以前に、年金制度に国民の信頼が寄せられるはずもない。

マクロ経済スライドの改良以外の財政上の対応策

マクロ経済スライドの改良以外にも給付と負担の見直しには様々な方法がある。負担面で言えば、保険料率の引き上げの早期化がある。04年改正で決められたのは、2017年度の18・30％まで毎年度0・354％ずつの引き上げになっているが、このペースを速めれば、最終着地点は同じ18・30％でも、積立金が04年改正で想定しているペースより早く積み上がることを通じて年金財政が潤う。

給付面で言えば、支給開始年齢の引き上げが有力だ。前述の通り、94年改正、2000年改正で支給開始年齢の65歳への段階的引き上げが決められた。しかし、65歳という年齢は今日では再考の余地があり、現行の引き上げペースも極めて緩慢なものである。例えば、2000年改正で決められた引き上げがスタートするのは2013年度からであり、引き上げが完了するのはようやく25年度である。一方、この間に将来推計人口は、02年1月推計、06年12月推計と2回も改定されており、平均寿命は男女とも約4歳、上方修正されている。いずれは65歳という支給開始年齢のさらなる引き上げや、引き上げペースの早期化に向けた議論は避けて通れないことになるだろう。

第4章

雇用者の年金

本章では雇用者の年金制度を論じる。政府はパートタイム労働者の厚生年金への適用拡大に取り組んでいるが、抜本的な解決にはほど遠く、国民年金の就業別加入状況では雇用者が最も多い状況になっている。このため、雇用者の年金を考えるには、厚生年金や共済年金だけでなく国民年金を合わせて考える必要がある。こうした状況を受けて、本章のタイトルは「厚生年金」や（厚生年金と共済年金を合わせた）「被用者年金」とはせず、「雇用者の年金」とした。

1 パートタイム労働者の増加と厚生年金

雇用者でありながら国民年金に加入する現実

就業形態の多様化に対し、年金制度の対応は遅れている。多様化の一つにパートタイム労働者の増加がある。総務省の労働力調査をもとに雇用者数を調べると、1970年から2005年までの35年間で、パートタイム労働者は216万人から1266万人に1050万人増加している（図表4－1）。この間にフルタイム労働者も3090万人から4127万人に1037万人増加しているが、増加率や雇用者全体に占める割合ではパートタイム労働者の急増ぶりが分かる。

一方、厚生年金と共済年金の加入者（厚生年金等加入者）は、2760万人から3762万人へと1002万人増加したに過ぎない。この増加数はフルタイム労働者の増加数にも満たない。つまり、雇用者でありながら厚生年金などの被用者年金へ加入できない、あるいは、していない人が相当数に

（図表4-1）雇用者数と厚生年金等加入者数の推移（1970年〜2005年）

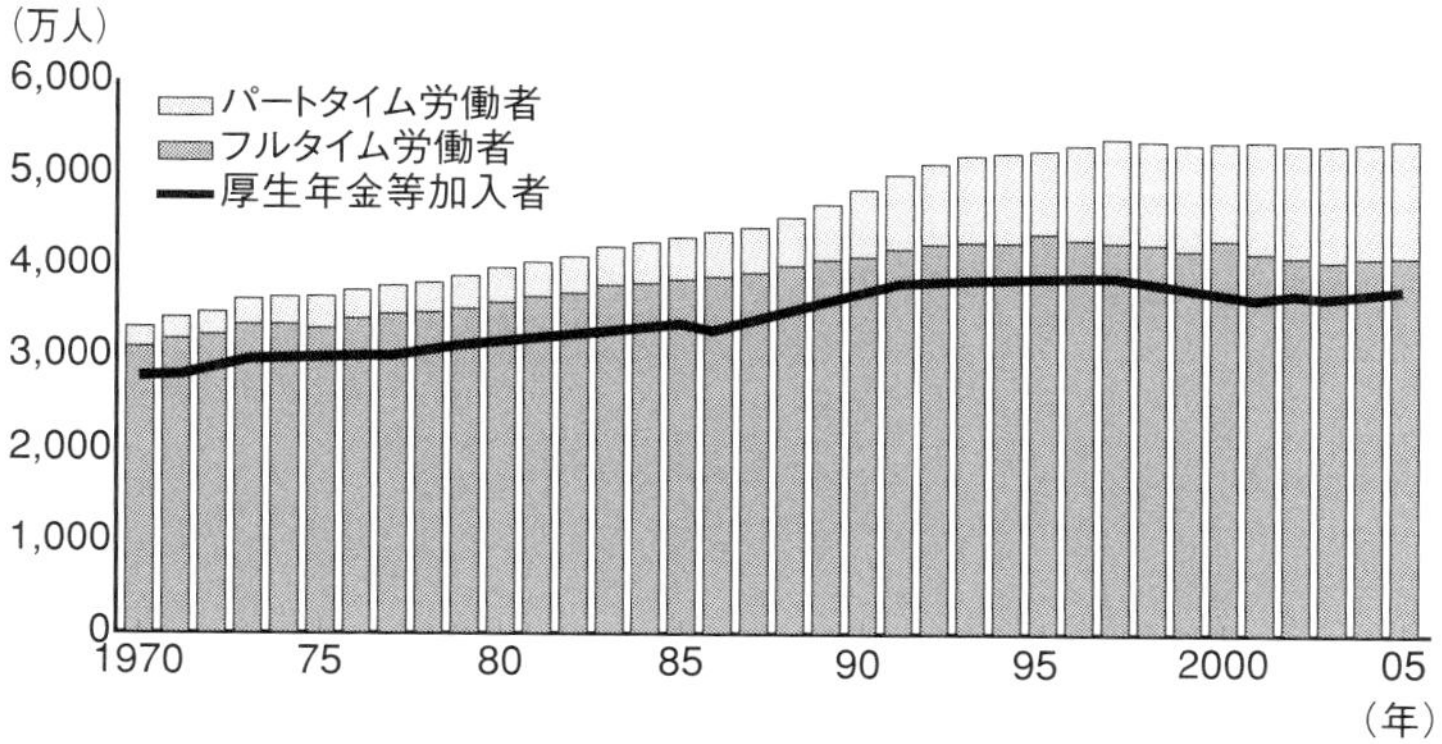

（資料）総務省『労働力調査』、社会保障審議会年金数理部会『公的年金財政状況報告』などより筆者作成
（注）厚生年金等には、厚生年金のほか、国共済、地共済、私学共済を含む。

なっていることが分かる。

このことは国民年金（第一号被保険者）の就業別加入状況を見ても確認できる（図表４‐２）。第一号被保険者は毎月１万４１００円の保険料を自ら支払う正真正銘の国民年金制度加入者だが、この第一号被保険者２１８４万人の中に、雇用者と明確に分類されている人だけでも７９９万人がいる。分類上では「非就業・不詳」「その他」に計上されている人の中にも雇用者がいる可能性を考えると、実際はもっと多いだろう。自営業者と農林漁業者のための制度として１９６１年にスタートした国民年金制度は、今では厚生年金からあぶれた人の受け皿となっているのだ。

雇用者でありながら国民年金への加入を余儀なくされている状況は、本人と行政の双方にとって問題が多い。国民年金の負担と給付の内容は厚生年金と異なり、保険料には事業主負担がなく、その本人が支払う保険料は低所得層には負担の重い定額保険料になって

（図表4-2）国民年金への就業形態別加入状況

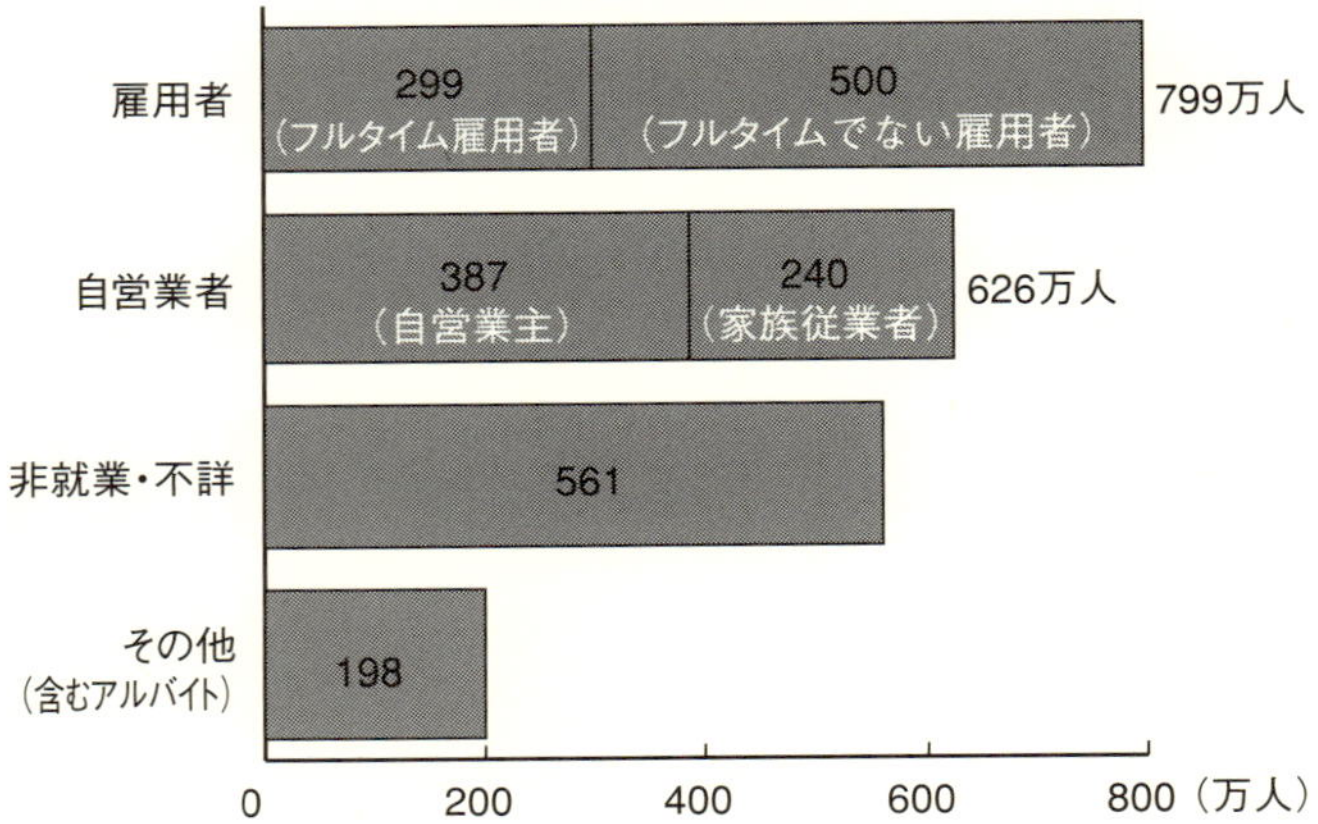

（資料）社会保険庁『平成16年公的年金加入状況等調査報告』のデータより筆者作成
（注1）国民年金第1号被保険者2,184万人の内訳。
（注2）非就業・不詳の中には、第1号被保険者である学生266万人の大多数が含まれると考えられる。
（注3）数値は四捨五入。合計は一致しない場合がある。

いる。また、給付に報酬比例部分がないなど雇用者の所得保障ニーズに合致していない。行政から見ても、国民年金に加入している雇用者に対しては給与からの年金保険料の天引きができず、国民年金保険料の納付率低迷の一因になっている。

第1の原因——労働時間基準は法律ではなく「手紙」の記述に過ぎない

雇用者でありながら国民年金に加入する状況が生まれた原因として、主に三点が指摘できる。一つは法制の未整備である。正規雇用を前提とした厚生年金保険法は、パートタイム労働者の増加など就業形態の多様化に対応できていなかった。厚生年金保険法にはパートタイム労働者の適用基準などが特に記されておらず、1980年に当時の厚生省保険局保険課長から都道府県の担当部課長宛に出された次のような手紙があるだけである。

「一日又は一週の所定労働時間及び一月の所定労働日数が当該事業所において同種の業務に従事する通常の就労者の所定労働時間及び所定労働日数のおおむね四分の三以上である就労者については、原則として健康保険及び厚生年金保険の被保険者として取り扱うべきものであること」

手紙であるため、法的根拠は希薄である。また、内容が曖昧であるうえに、該当基準のハードルはかなり高い。仮に基準が給与であれば、支払い実績などから第三者でも外形的に把握しやすいが、労働時間が基準だとそれも容易ではない。その労働時間についても「通常の就労者のおおむね四分の三」という大雑把かつ相対的な基準になっている。パートタイム労働者が厚生年金の被保険者になれるか否かは、実質的には雇用主の裁量に任されていると言える。さらに「四分の三」は、通常の就労者が週40時間勤務であるとすると、30時間ということになる。これはパートタイム労働者にとって、かなり高いハードルになる。

第２の原因――社会保険庁の適用の弱さを総務省も指摘

第２の原因として社会保険庁の執行の弱さが挙げられる。これは第１の原因にも関連する。適用基準が厚生省の課長の手紙に過ぎないとしても、その手紙の内容が確実に実行されている場合とそうでない場合とでは結果は異なるはずである。

給与所得者が厚生年金の被保険者になるには、勤務する事業所が厚生年金の適用事業所になっている必要がある。厚生年金保険法では、すべての法人事業所と従業員5人以上の個人事業所（業種の制限あり）は、厚生年金の適用事業所になる義務があると定められており、該当する事業所は社会保険庁に「厚生年金保険新規適用届」を提出しなければならない。しかし、社会保険庁は厚生年金の適用を受けるべき事業所のすべてにきちんと適用できていない。この適用の弱さは各方面から指摘されている。

例えば、ある税理士の証言では、取引先220社のうち、厚生年金に加入しているのは1割程度であり、従業員5人程度の会社はまず加入していないという（注1）。06年9月、総務省の「厚生年金保険に関する行政評価・監視結果」によって、社会保険庁の執行の実態も明らかにされつつある。それによれば、本来04年度末で適用すべき事業所数は226万から233万事業所あると推計されるのに対し、実績は163万事業所にとどまり、その差63万から70万の事業所が未適用である。また、本来の厚生年金加入対象者数は3516万人と推計されるのに対し、実績は3249万人にとどまり、その差267万人は未加入であると見られる。

総務省はこうした適用の弱さの原因として、社会保険庁の運営体制を指摘している。例えば、社会保険庁は法務省による電子化された商業登記簿および法人登記簿のデータを、未適用事業所の把握に全く利用していなかった。このデータを使えば、効率よく未適用事業所を見つけることができるはず

（注1）『週刊朝日臨時増刊　年金力をつけよう』朝日新聞社2004年。

（図表4-3）厚生年金保険未適用・未加入試算（2004年度）

本来適用すべき事業所数 実績 未適用のおそれのある事業所数	226万～233万事業所 163万事業所 63万～70万事業所
未適用の割合	27.9～30.0%
本来加入すべき人数 実績 未加入のおそれのある人数	3,516万人 3,249万人 267万人
未加入の割合	7.60%

（資料）総務省『厚生年金保険に関する行政評価・監視結果』（2006年）

である。

ちなみに、なぜ総務省の調査なのか。公的年金を所管する厚生労働省が積極的に実態調査をしてこなかったからである。04年6月、厚生年金の未適用事業所、いわゆる厚生年金の空洞化の実態について問い質した民主党議員の質問趣意書に対し、政府は「厚生年金保険を適用すべき事業所であって厚生年金保険の適用事業所となっていない事業所（未適用事業所）の総数については把握していない」と木で鼻をくくったような回答しかしていない。

第３の原因――年金制度自体の問題

第３の原因は現行の年金制度自体に由来し、企業側の原因と雇用者側の原因がある。企業側の原因には厚生年金保険料の事業主負担が重いことが挙げられる。厚生年金保険料の総額は現在労使計で20兆円（05年度）、15年度には同30兆円台に達すると推計されている。企業はその半分を負担し、負担額は法人税の規模に匹敵する。こうした事業主負担を回避するために厚生年金の適用対象外となるようなパートタイム労働者を増やしている側面が指摘できる。

加えて、企業による負担の合理性が薄れていることが挙げられる。そもそも、企業には年金受給のような直接的な受益はない。厚生年金制度を通じて、従業員が老後に不安を抱かずに安心して働いてくれるという間接的な受益があるだけだ。その間接的受益も揺らいでいる。受益が確かなものであるには、払った保険料が従業員に還元されなければならない。すなわち、厚生年金制度における拠出と給付の対応関係が明確であることが必要となる。ところが、第1章と第2章で述べたように、85年の年金改正によって「基礎年金拠出金」という年金制度間の財政調整が導入され、かつ、少子高齢化を背景に若い世代ほど拠出と給付の対応関係が悪化している。つまり、事業主が負担しても従業員に還元されにくくなっている。こうした合理性の希薄化も、企業が厚生年金保険料の事業主負担を回避しようとする要因として指摘できる。

雇用者側の原因は年金に対するニーズに関するものである。公的年金の主要機能の一つは、生涯における所得の受け取り時点の変更である。若い時に所得の一部を年金保険料として払い、老後にそれを年金給付として受け取る。この機能は積立方式だけでなく、現行の賦課方式でも同様だ。ただ、今まさにお金が必要なのか、それとも老後にお金が必要なのかは人それぞれの事情で異なり、したがって年金に対するニーズも人それぞれで違っている。

パートタイム労働者には、パート収入を子どもの学費や住宅ローン返済の一部に充てる主婦も多い。こうした人々は今まさにお金が必要なのであり、生涯における所得受け取り時点の変更を求めない可能性が高い。しかも少子高齢化が進む中で、賦課方式の年金財政では、かつてのような高利回りによる受け取り時点の変更は困難になっている。利回りが悪ければ、なおのこと所得受け取り時点の変更を望まないだろう。

加えて、第三号被保険者（第１章）という仕組みには、専業主婦の厚生年金への加入インセンティブを削ぐ機能がある。専業主婦の妻がパートタイムに出る場合、政府からガイドラインが示されているように年収１３０万円未満であれば、年金制度上は直接年金保険料を支払う必要はなく、基礎年金の受給資格を得ることができる。いわゆる「１３０万円の壁」である。このような第三号被保険者という仕組みがある以上、自らが厚生年金に加入するのではなく、第三号被保険者を選ぶ人も出てくるだろう。

被用者年金一元化法案で基準を法律に書き込んだ点は大きな前進

政府はパートタイム労働者の増加に対応するために、04年改正時に厚生年金への適用拡大を法案に盛り込むことを目指した。しかし、この時は頓挫し、09年までに改めて議論されることになった。ところが、06年９月、安倍晋三内閣の発足に伴い、内閣の掲げた「再チャレンジ支援総合プラン」の一環として、厚生年金への適用拡大が前倒しで検討されることになった。07年の通常国会には、対応策を盛り込んだ「被用者年金一元化法案」が提出された（注２）。

（注２）正式名称は、「被用者年金制度の一元化等を図るための厚生年金保険法等の一部を改正する法律案」。

その後この法案は07年中には審議入りされることはなく、08年通常国会への継続審議となっている。なお、法案の名称がこのようになっているのは、後述する厚生年金と共済年金との一元化とセットになっているためである。

被用者年金一元化法案に盛り込まれたパートタイム労働者の厚生年金適用拡大部分については、次の2点が重要である。一つは、厚生年金加入の適用基準をきちんと法律に書き込むことだ。これまでは前述の通り、厚生省の課長が書いた「手紙」に「おおむね四分の三」という基準が書かれているに過ぎない。法案では厚生年金保険法第一二条5項に「20時間」という明確な労働時間の基準を書き込む。当たり前のようであるが、当たり前のことが行われていなかったことを考えると大きな前進と言える。

二つ目は、書き込まれる基準がパートタイム労働者の厚生年金適用拡大を狙った水準となっていることである。従来の「おおむね四分の三」は、通常就労者が週40時間勤務であるとすると、だいたい30時間になる。これが20時間に引き下げられるのだ（注3）。

（注3）ただし、法律の作り方には疑問がある。20時間以上勤務の人の加入を求めるのではなく、20時間未満勤務の人の加入を除外するという法律になっている点である。20時間以上勤務の人の加入を求める方が素直である。

三つの条件によって本来310万人の新規加入者が20万人以下に絞られる

労働時間数の基準は引き下げられたが、法案作成の最終過程で三つの基準が付け加えられ、適用拡大が大幅に狭まる見通しになっている。

【基準1】月9万8000円以上という給与基準。この金額は厚生年金の標準報酬月額の下限でもある。

【基準2】勤務期間が1年以上になることが見込まれる場合という勤務期間基準。

【基準3】従業員規模300人以下の事業所は当面外される。

厚生労働省は当初、「おおむね四分の三」を20時間に引き下げるだけで、他には特に基準を設けない場合、新たに310万人が厚生年金の加入者になると試算していた。内訳はパートタイム労働者が約180万人、パートタイムで働きながら第三号被保険者となっている専業主婦が約130万人である。ところが、この三つの条件により310万人が10万～20万人程度に縮小することになる。これはパートタイム労働者1266万人の0・8～1・6％に過ぎない。

法案には他にも課題が残る。まず、総務省が指摘するように厚生年金の未適用事業所が約3割もある状況において、細かな条件が複数ついた適用拡大が執行できるのか不透明である。2007年6月の通常国会で、日本年金機構法案いわゆる社会保険庁改革法が成立したが、日本年金機構であれば、厚生年金の適用が強化されるのかも全く分からない。

また、年金制度自体がパートタイム労働者を増やしている側面についての対策は十分ではない。04年改正により、厚生年金保険料率は2017年度まで段階的に引き上げられていく。よほど厳格な適用をしない限り、適用を逃れる（租税で言えば租税回避）事業所が増えることは避けられない。こうした事業所に勤務する雇用者の老後所得は不安定になるし、企業の価格競争上の公平性も損なわれる。厚生年金保険料の事業主負担は、給与や原材料費などと同様に商品原価の一部である。真面目に適用を受けている企業は、事業主負担分を給与の引き下げや商品価格の引き上げなどで賄うが、不真面目な企業が事業主負担を逃れれば、その分商品価格を低く抑えられる。これでは真面目な事業所が価格競争上不利になってしまう。悪貨が良貨を駆逐することになる。

現行制度の枠組みでは適用拡大には限界がある

本来の310万人が三つの基準条件によって10万～20万人に絞られるのはひどい話に聞こえる。だが、基礎年金の財源が基礎年金拠出金で賄われるという現行制度の枠組みのもとでは（第1章）、今回の政府案、特に【基準1】を設けることはやむを得ない。もし、給与基準の月9万8000円を引き下げるとすれば、厚生年金制度加入者が国民年金制度加入者に比べて著しく有利になるケースが発生し、公平性が大きく損なわれてしまうためだ。

第1章で述べた基礎年金の財源調達の仕組みを使って考えてみたい。給与が月9万8000円の厚生年金制度加入者の場合、支払い保険料は労使で月額1万4349円（＝9万8000円×14・642％）である。これは国民年金保険料1万4100円と同水準だ。一方、給付については、厚生年金制度加入者が基礎年金（6万6000円）と厚生年金の報酬比例部分（約2万8000円）を受給するのに対し、国民年金制度加入者は基礎年金（6万6000円）だけである。厚生年金制度加入者に専業主婦の妻がいれば、妻の基礎年金や遺族厚生年金まで付く。現在でもこれだけの差があるのに、給与基準を9万8000円から引き下げると、この差はさらに拡大してしまう。

今や国民年金制度加入者の中で最も多数なのは雇用者である。同じ雇用者でありながら、働く時間、働く期間、給与水準、企業の規模が異なることにより、加入する年金制度が国民年金と厚生年金とに分断され、負担と給付に大きな差が生じることは許容されるべきではない。結局、パートタイム労働者の厚生年金適用拡大という課題をさらに掘り下げていくと、一見無関係にも思える基礎年金の財源調達方法という現行制度の見直し議論が不可欠になる。この点は本書の最後（第8章）で改めて述べたい。

2 さらなる雇用形態の多様化と公的年金

給与支払いを受ける人の増加と厚生年金等加入者数の乖離

雇用形態の多様化はパートタイム労働者の増加だけではない。図表4-1と同じ1970年から2

005年までの時間軸で、厚生年金等加入者数と国税庁の統計による給与支払いを受けた人数を比較してみた（図表4－4）。

国税庁の統計は、給与支払いを受けた人数（以下、源泉徴収統計）であり、個人所得税の源泉徴収の手続きから収集されている（注4）。源泉徴収統計は1970年の3450万人から2005年の7155万人へと3705万人増えている。一方、厚生年金と共済年金の加入者（厚生年金等加入者）は2760万人から3762万人に、1002万人増加しただけであり、05年での両者の乖離は3393万人にもなる。

乖離の要因を挙げると、第一にカバレッジの違いがある。個人所得税制では、短時間労働者でも短期間雇用でも雇用主から給与が支払われる際には、原則、源泉徴収が行われるため、カバレッジが大きい。これに対して厚生年金・共済年金制度はパートタイム労働者にほとんど対応できていない。これが統計に反映されているのである。

第二に、源泉徴収統計は「述べ人数」で把握していることが挙げられる。例えば、ファミリーレストランと居酒屋を掛け持ちで働いているパートタイム労働者、二つの企業の役員として名を連ねる人などは源泉徴収統計ではそれぞれ2人分としてカウントされるが、年金制度上は1人分にしかならな

（注4）雇用主は個人所得税制により、雇用者に給与を支払う都度、国税である個人所得税を源泉徴収し、雇用者に代わって税務署に納める義務がある。雇用主は仮に徴収すべき税額がなくとも、給与支払額や人数などを税務署に報告しなければならない。

（図表4-4）給与支払いを受けた人数と厚生年金等加入者数の推移
（1970年〜2005年）

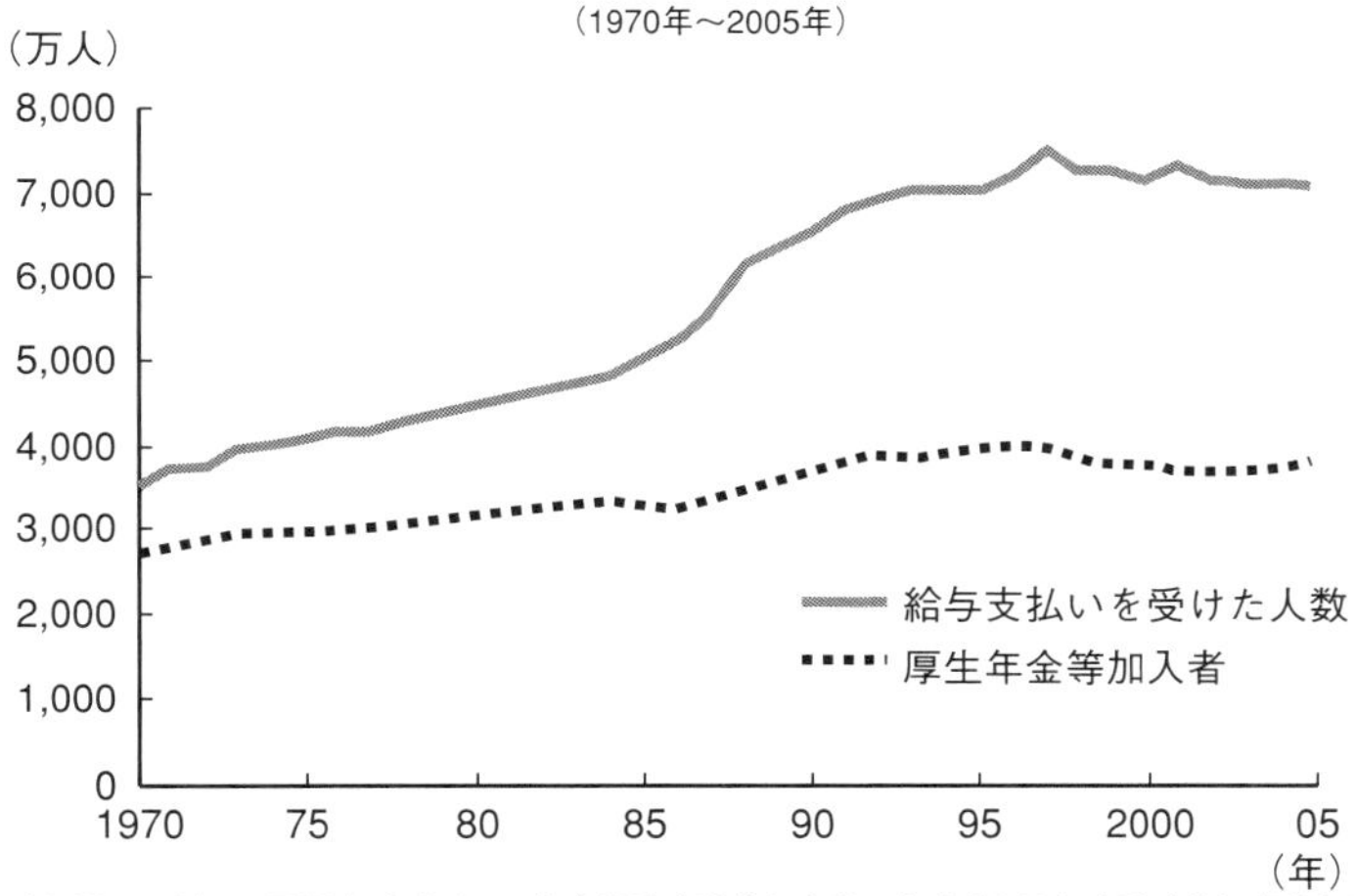

（資料）国税庁HP長期時系列データ、社会保障審議会年金数理部会『公的年金財政状況報告』などより筆者作成
（注）厚生年金等には、厚生年金のほか、国共済、地共済、私学共済を含む。

い。また、年の途中で転職し、1年のうちに二つの雇用主から給与を得た人なども源泉徴収統計では2人分、年金制度では1人分となる。

第三は、自営業や農業を生業としつつ雇用者として給与所得を得ている人など、所得源泉が多様な人の存在である。こうした人の場合、年金制度上は国民年金制度に加入していても、源泉徴収統計では給与支払いを受けた1人としてカウントされる。

こうした乖離の要因に対し、対応を怠れば、深刻な厚生年金の適用洩れにつながる懸念がある。被用者年金一元化法案が成立しても、パートタイム労働者が二つの事業所で労働時間を週20時間未満ずつに抑えながら働く場合、「20時間以上の労働時間基準」により厚生年金の適用から外れてしまう。これを意図的に利用して厚生年金保険料の事業主負担を回避する企業もあるだろう。また、

1年間のうち、ある企業で半年間、また別の企業で半年間働いた人も、被用者年金一元化法案の「勤務期間1年基準」によって厚生年金の適用から外れてしまう。本来、こうした人たちにこそ、厚生年金が確実に適用されるべきである。

反対に複数の企業を経営する経営者が、それぞれの企業から給与を受けつつ、厚生年金への加入は一つの企業においてだけにすれば、保険料負担は本来の収入・担税力（租税の負担能力）に比べて安く済んでしまう。第1章以降述べてきた通り、厚生年金保険料は租税の要素を強めており、本来は担税力に応じた負担がなされるべきである。そうでなければ水平的公平を欠くことになる。

米国では給与があればとにかく源泉徴収

諸外国ではどのように対応しているのか。ここでは、米国を例に見てみよう。米国の年金制度であるＯＡＳＤＩ（老齢、遺族、障害保険）は全国民共通であり、その財源である社会保障税（Social Security Tax）は連邦税とともに内国歳入庁（IRS = Internal Revenue Service）という一つの行政機関で一括徴収されている（第5章）。

雇用主には雇用主番号が、国民には社会保障番号が付番されている。雇用主は雇用者を新規に雇い入れる際、雇用対象者に社会保障番号を尋ねる義務を負っている。一方、雇用者には自分の社会保障番号を雇用主に届ける義務がある。これにより内国歳入庁は**名寄せ**が容易になる。雇用主は雇用者に給与を支払う際に三つの給与税すなわち、社会保障税、所得税（Income Tax）、連邦失業税（Federal

Unemployment Tax）を源泉徴収し、内国歳入庁に納付しなければならない。

源泉徴収とは、雇用主が給与の支払い時に雇用者が負担すべき税額を暫定的に計算して差し引き、雇用者に代わって納税する仕組みである。暫定的な税額になるのは、税額計算のもとになる1年間の所得はその年が終わらないと確定せず、年の途中では正確な税額は分からないためである。そこで、暫定的な税額を源泉徴収しておき、1年の終了後に確定申告や年末調整を通じて過不足を精算するのである。このように、源泉徴収は**予定納税**の側面を持っており、単なる天引きとは異なる。源泉徴収は特に税務当局にとってメリットが大きい。給与支払いという所得の発生源で税金を徴収できるので、徴収漏れは少なく、雇用主に納税事務を肩代わりさせる効果もあるためだ。これは雇用者にとってのメリットでもある。内国歳入庁がしっかり社会保障税を徴収してくれることが、年金の受給権を得るための大前提となるからだ。

米国では社会保障税としてパートタイム労働者も、就労期間の短い労働者も、給与から6・2％が源泉徴収され、そこに雇用主負担分の同率6・2％が足されて納税される。給与が年間の課税上限である9万4200USドルに達するまで、つまり社会保障税の徴収額が5840・40USドル（＝9万4200USドル×6・2％）に達するまで源泉徴収が実施される。課税上限を超えた後は、年内の源泉徴収は止まる（徴収されない）。

年金受給権を得るハードルは日本の給与基準である月9万8000円より格段に低い。3ヵ月で1000USドルの給与収入、円換算で11万円程度、月に3万数千円あれば、年金制度上の1クレジットが得られる（2007年時点）。年間4クレジットが上限で、40クレジットつまり約10年間の社会保障税納付により、年金の受給資格を得ることができる（注5）。日本より、はるかに多くの人が年金受給資格を得られるようになっているのだ。

複数の雇用主から給与を受け取っている人に対して、それぞれの雇用主は、その人が他で給与を得ているか否かにかかわらず、給与が課税上限である9万4200USドルに達するまで社会保障税の源泉徴収を行う。1年間の終了後、複数の雇用主からの給与合計額が9万4200USドルを超えていれば、雇用者本人が確定申告をすることにより、源泉徴収され過ぎた社会保障税は内国歳入庁から還付される。この方法であれば、担税力のある人からはそれに応じてきちんと徴収することができる。

源泉徴収システムを生かさない日本

このように米国では年金適用の範囲が極めて広いうえに、所得税のみならず社会保障税についても源泉徴収や社会保障番号といった行政インフラを活用している。これに対し、日本はせっかく源泉徴収というインフラを持っていても、税務に使っているだけだ（注6）。

（注5）このクレジット単価1000USドルは、毎年インフレ率によって引き上げられる。課税上限も同じである。

（注6）国税である所得税は国税庁が源泉徴収の仕組みで徴収する。雇用主は給与や賞与支払いのたびに雇用者の給与から源泉徴収し、年末に年末調整によって過不足を清算する。一方、地方税である住民税は源泉徴収ではなく「特別徴収」される。市町村は各雇用者の前年の給与収入を捕捉しているので、これをもとに住民税額を計算し、翌年、雇用主に対し住民税額の12等分した金額を雇用者の毎月の給与から天引きさせる。これを特別徴収という。予定納税ではない点において源泉徴収と異なる。

国税庁と、地方税の徴収機関である市区町村を合わせて「税務当局」と呼べば、税務当局は給与収入が低い人についても原則把握している。雇用主は雇用者に給与を支払った際、納税額がゼロであっても国税庁に「所得税徴収高計算書（納付書）」を送付しなければならない（注7）。また、地方税法により1年間の終わりには、すべての雇用者について支払い給与や源泉徴収金額などを記載した「給与支払報告書」を市区町村に送付しなければならない（注8）。さらに雇用主は源泉徴収に先立って「給与支払事務所等の開設届出書」を税務署に提出する必要がある。２００５年現在、源泉徴収をしている雇用主は３８６万事業所に達している（注9）。

一方、厚生年金については、雇用主は税務署に提出する「給与支払事務所等の開設届出書」とは別に、社会保険事務所に「厚生年金保険新規適用届」を提出しなければならない。行政、雇用主双方にとって手続きが重複し煩雑なうえ（第5章）、厚生年金の適用事業所が１６３万事業所しかなく、未適用事業所が63万～70万事業所と推計されていることは前述した通りだ。

（注7）都度の源泉徴収税額は支払い給与と合わせ、合計額のみを国税庁に報告する。これが「所得税徴収高計算書（納付書）」である。個々の雇用者の給与支払い額や源泉徴収額などが記載された源泉徴収簿は、雇用主が保管しなければならない。

（注8）雇用主は市区町村に対して、すべての雇用者の給与支払い額、所得税の源泉徴収額等を「給与支払報告書」として報告する義務がある。したがって市区町村には、給与収入額にかかわらず個人情報がすべて集まる。一方、国税庁には給与所得者の個人情報はないが、雇用主が源泉徴収簿を保管し、税務署の求めに応じて見せることになっている。

（注9）正確には、源泉徴収義務者。国税庁『平成17年度版国税庁統計年報書』。

厚生年金保険新規適用届を提出した雇用主は、厚生年金の「おおむね四分の三」基準に照らして加入者を割り出し、4～6月の給与額をベースとした標準報酬月額に保険料率を掛けて、雇用主負担分を合わせて社会保険庁に納める。ここには、雇用主の主観が入り込む余地がある。

日本における改革の方向性は自ずと明らかであろう。まず、雇用主は給与支払いの都度、個人所得税とともに、労働時間、給与水準などにかかわらず、厚生年金保険料を源泉徴収する。次に、徴収当局はきちんとそれを名寄せする。「社会保障番号」でも「納税者番号」でも名称は何でもよいがＩＤ番号があり、社会に根付けば、それは容易かつ正確になろう。さらに、1年間の終了後、給与収入が本当に低かった人や、複数事業所から源泉徴収を受け、源泉徴収額が多過ぎた人に対しては、確定申告での求めに応じて還付すればよい。日本には、ＩＤ番号こそないものの、源泉徴収をはじめとするインフラはすでに税務当局にある。この点については第8章でさらに詳しく述べる。

組織論になると消極的な厚生労働省

課長の手紙のまま、20数年来放置されてきたパートタイム労働者の厚生年金適用基準を法律に書き込むという、前向きな政策を進めている厚生労働省も、社会保険庁という組織のあり方に話が及ぶと、消極的な姿勢に転じる。これまで見てきたように、年金保険料の徴収に国税庁の源泉徴収など既存インフラを用いることは、雇用形態の多様化への対応策として有効だが、そうしたことには一切触れたくないようだ。

例えば、2007年10月25日の経済財政諮問会議に、舛添要一厚生労働大臣から提出された「年金制度をめぐる課題」（舛添臨時議員提出資料、以下臨時議員資料）という資料に、その姿勢がうかがえる（図表4-5）。まず、図表4-2で示した社会保険庁の「公的年金加入状況等調査報告」では、「フルタイム雇用者299万人、フルタイムでない雇用者500万人、計799万人」という分類およびボリュームであったが、臨時議員資料では「臨時・パート約600万人」と「フルタイム」の言葉が外されているうえに、人数も199万人減って約600万人になっている。

この199万人の一部は同資料の「5人未満の事業所の被用者、家族従業者約600万人」に振り替えられている可能性もある。だが、この表記もミスリーディングである。被用者5人未満であっても、法人事業所は厚生年金の適用事業所になることが義務付けられている（注10）。この表記だと、法人事業所も含め、被用者が5人未満であれば、適用事業所にならずとも済むように見えてしまう。「自営業者約400万人」のスペースが広くとられているのも、国民年金が自営業者主体の制度であるかの

（注10）このことは、厚生年金保険法を見てもよく分からないが、85年改正の附則第四一条において、それまでの被用者（雇用者）5人以上という適用要件（厚生年金保険法第六条第1項）を、政令の定めるスケジュールで、5人未満に拡大することにしている。その政令である「健康保険の被保険者に係る健康保険法の適用及び厚生年金保険の適用事業所に係る厚生年金保険法の適用に関する政令（昭和六十二年二月二十七日政令第二十七号）」には、次のようにある。「第二条　国民年金法等の一部を改正する法律附則第四十一条に規定する事業所又は事務所のうち、常時三人又は四人の従業員を使用するものについては昭和六十二年四月一日から、その他のものについては昭和六十三年四月一日から、厚生年金保険法（昭和二十九年法律第百十五号）第六条第一項（同条第三項及び同法第七条において適用する場合を含む。）の規定を適用する」

（図表4-5）経済財政諮問会議への舛添臨時議員提出資料（一部）

日本・英国・米国における年金被保険者の適用状況と徴収方法等の比較

緑：源泉徴収、黄：個別徴収

日　本	イギリス		アメリカ	
厚生年金 <保険料>　所得比例【源泉徴収】 ○常用雇用者　（約3300万人）	国民保険に強制加入 （基礎年金＋国家第２年金） ≪保険料≫　所得比例【源泉徴収】	低所得者は任意加入	ＯＡＳＤＩに強制加入 ≪保険料≫　所得比例【源泉徴収】	低所得者は適用除外
国民年金 <保険料>　定　額　【個別徴収】 ○臨時・パート　（約600万人） ○５人未満事業所の被用者、家族従業者（約600万人）				
○自営業者（約400万人） （うち所得税の申告納税者は約350万人）	国民保険に強制加入 （基礎年金） ≪保険料≫　定　額　【個別徴収】 （高収益者）＋所得比例【個別徴収】		ＯＡＳＤＩに強制加入 ≪保険料≫　所得比例　【個別徴収】	
○無職者（約700万人） （20～64歳人口の約8.9%）	任意加入		適用除外	
	約1140万人：16～64歳人口の約30%		約2700万人：18～64歳人口の約15%	

【日本と英国・米国の相違点について】

○　英国・米国では、無職者や低所得者を任意加入・適用除外とし、税と年金保険料の徴収対象者が比較的重なっていることから、税務当局が、税とともに徴収を行うことができる。

○　一方、日本では、無職者を含め、20歳以上の全国民を加入対象とするとともに、給与を源泉徴収されているパート労働者等についても、保険料は個別徴収の対象としているが、これら加入対象者のうち、低収入の被用者（年収500万円以下）については、事業主は税務当局に対する源泉徴収票の提出義務を負っていないことから、税務当局は、この層を把握できていない。

（資料）第24回経済財政諮問会議（2007年10月25日）への舛添臨時議員提出資料

ような印象を与えるのに一役買っている。このように、臨時議員資料では、総務省が指摘するような厚生年金の未適用・未加入といった実態などはなく、国民年金は今なお自営業者主体の制度であり、社会保険庁の適用業務も支障ないように見える。

また、日本と対置されている米国と英国に関する記述も事実を正確に表わしているのか疑わしい。例えば、臨時議員資料には、米国のＯＡＳＤＩでは「低所得者は適用除外」とある。しかし、米国は前述のように、３ヵ月間の収入が円換算で11万円程度の給与収入の人に１クレジット、年収44万円程度でも年間最大４クレジットを与えている。低所得者を除外しているのではなく、むしろ、社会保障番号や源泉徴収を活用し、極力クレジットを付与していると解釈できる。英国も、女性の満額年金受給者の割合を２０２５年に90％以上に引き上げる目標を掲げていることは第１章で述べた通りである。また、第８章で詳しく述べるように、英国は累進的保険料体系をとっており、低所得層が加入しやすくなっている。

さらに、「日本の税務当局は、低収入（５００万円以下）の人の給与収入を把握できていない」との記述にも疑問が残る。前述の通り、日本の雇用主は給与を支払ったすべての雇用者について、市区町村に「給与支払報告書」を提出しなければならない。また、そもそも５００万円が低収入なのだろうか。こうした臨時議員資料を見ると、厚生労働省はパートタイム労働者の厚生年金適用拡大に本気で取り組もうとしているのか疑問を持たざるを得ない。

3 厚生年金と共済年金の一元化

本質的課題ではない被用者年金一元化

04年3月、それまで年金には全く興味を示してこなかった小泉純一郎首相（当時）は、突如、「一元化」という言葉を口にした。一元化は04年改正に向けた議論の過程の中でも、ほとんど話題に上ることはなかったが、以降、年金改正における重要テーマの一つと位置付けられるようになっている。

ただし、一元化を論じる際、注意しなければならないことが二点ある。一点は、一元化は人によって意図する内容が異なるということだ。それは大きく三つに分類される。一つ目は、基礎年金の費用負担の一元化である。基礎年金の給付は全国民共通であるが、費用負担は国民年金加入者と、厚生・共済の被用者年金加入者との間では方法が異なる（第1章）。これを加入制度にかかわらず統一しようというものである。二つ目は、官民格差是正のため、厚生年金と共済年金を一緒にしようというもの（被用者年金一元化）である。三つ目は、一つ目と二つ目の同時達成である。07年の通常国会に政府・与党が提出した被用者年金一元化法案は、二つ目のパターンであり、これに対して民主党が主張しているのは、三つ目のパターン「すべての一元化」である。

もう一点、「一元化」は制度体系論としては重要であるものの、少子高齢化が進む中で賦課方式の年金財政をいかに維持していくかという課題にはあまり関係がないことに注意しなければならない。「一元化」は公平感があって言葉の印象は悪くないし、被用者年金一元化だけであれば、国庫負担割合引き上げのための税制改正のような気の重い話もなく比較的楽である。政治にとって、年金改革に取り組んでいる雰囲気を簡単に醸し出すことができる好都合なテーマである。しかし、厚生と共済の官民格差は、85年改正においてかなり解消されており、後述する三階部分の有無などの差はなおあるにしても、年金制度が抱える問題全体から見れば、それほど大きなものではない。むしろ、官民格差に注目が集まることにより、年金制度体系はどうあるべきか、年金財政の持続可能性をいかに高めるかといった本質的な課題から目がそれてしまう恐れすらある。こうした点に注意しながら、ここでは政府・与党による被用者年金一元化法案の中身を見ていこう。

被用者年金の官民格差

もともと厚生年金と共済年金は全く異なる成立過程をたどってきた（第1章）。国共済と地共済は50年代半ば以降、恩給から年金へと衣替えされたものである。その後、官民格差批判を背景に、85年の年金改正によって各共済の制度内容はおおむね厚生年金に揃えられた。

例えば、年金給付額の算出について、厚生年金では全加入期間の賃金の平均額が用いられていたのに対し、85年改正前までの共済年金では退職前一年間の賃金が用いられていた。年功序列型賃金体系のもとでは、退職前の賃金を基準にした共済年金の方が、厚生年金に比べて給付が多くなる。85年改正で共済年金は厚生年金の方法に合わせることにした。

それでも官民格差は残っている。まず、厚生年金には存在しない三階部分の給付が共済年金にはある。「職域相当部分」と呼ばれているものであり、二階部分の20％の給付が行われる（図表１‐２参照）。

次に、保険料率が異なる。三階部分に要する保険料率を除いた一階と二階にかかる保険料率で比較すると、厚生年金が14・642％であるのに対し（２００７年４月時点）、国共済、地共済、私学共済は、それぞれ13・6％、13・0％、10・2％と厚生年金よりも低くなっている。将来的にも、厚生年金保険料率は18・30％となるのに対し、各共済は16％台が想定されている。

さらに、遺族年金を受給できる親族の範囲が厚生年金よりも広かったり（転給制度）、年金を受給しながら働いて給与所得を得た場合の年金減額のルールが、厚生年金と共済年金で異なったりしている。

肝心の三階部分の廃止については玉虫色

法案のポイントは三つある。一つは、共済年金加入者は現在、厚生年金保険法の適用除外規定を受け、そのうえで共済年金法の適用を受けているが、今後は厚生年金法の適用を受けることである。二つ目は段階的ながらも保険料率を厚生年金保険料率に近づけていくことである。最終的には、共済年金加入者も厚生年金加入者と同じ保険料率において保険料を負担することになる。三つ目は三階部分「職域相当部分」をいったん廃止するとしている点である。ただこれについては、廃止後に新たな制度を設けるとしている。全体的には、85年改正をさらに前進させる内容になっていると言えよう。

ただ、疑問点が残る。まず三階部分の取り扱いである。法案では、職域相当部分を廃止するとしながらも、新たな職域年金を設けるとしている。これは事実上の温存であろう。二つ目は事務組織の扱いである。共済年金はまとまった一つの組織ではなく、例えば、地共済には公立学校共済、警察共済など68の共済組合があり、それぞれに事務組織がある。これらの事務組織には、国共済２０６名、地共済３１９２名、私学共済２０５名の職員がいる（注11）。厚生年金に一元化するのであれば、こうした事務組織も、本来、社会保険庁に一本化して簡素化できるはずだが、事務組織は温存されることになっている。

三つ目は共済年金と厚生年金の財政の完全な一元化は行われないことだ。二つ目に述べた通り、温存された事務組織は、これまで通り、保険料を徴収し、一階や二階部分に充てられる積立金も含めて運用し、給付もする。徴収した保険料をそっくりそのまま、年金特別会計厚生年金勘定に持ち寄るのではなく、ある算出式に基づいて各事務組織が拠出金として拠出する一方で、給付原資は交付金として年金特別会計厚生年金勘定から受け取る。一元化というのであれば、一階や二階部分に充てられるべき積立金を年金特別会計厚生年金勘定に移管し、そこで、既存の厚生年金積立金と一緒に運用するのが自然であろう。

このように、今回の法案は85年改正をさらに推し進める内容だが、官民格差の象徴である三階部分

（注11）第24回社会保障審議会年金数理部会（２００６年３月23日）資料７－５被用者年金一元化に関する論点整理（参考資料）23ページ（http://www.mhlw.go.jp/shingi/2006/03/dl/s0319-1g05-10.pdf）なお、これより後の審議会資料等では、人数が削除されている。

については玉虫色のままであり、多くの人員を抱える共済年金の事務組織も存続させるなど、疑問が残る内容となっている。

4 その他の課題

筋の通らない在職老齢年金

厚生年金には、在職老齢年金という仕組みがある。名称だけを見ると、年金をもらいながらも働いている人に対し、あたかもボーナスとして年金が給付されるようだが、実際は逆だ。厚生年金受給資格のある人が働いて給与を得ると、厚生年金の一部あるいは全部が支給されなくなるのである。

65歳未満と65歳以上では、減額ルールが異なっている。65歳以上のルールでは、厚生年金の本来の受給額が月10万円の人の場合、給与が38万円を超えると、つまり、本来の年金と給与の合計額が月48万円を超えると年金が減額される。減額は48万円超過分の2分の1なので、本来の年金額が10万円、給与が58万円の計68万円のケースでは、厚生年金は全額支給停止になる。

こうした在職老齢年金の制度は、年金財政から見ればありがたい。２００５年度の実績では、厚生年金の受給権者２５１１万人のうち１９５万人が、受給権者へ給付されるべき年金総額25兆３４３５億円のうち1兆２５０１億円が支給停止になっている（注12）。

こうした在職老齢年金には、多くの批判が集まっている。まず、高齢になって働くことが年金制度上、ペナルティーになっていることである。特に、人口減少社会においては、労働供給の促進が重要課題であることを考えると、極めて大きな問題である。次に、拠出と給付の対応関係が明確な社会保険という政府の掲げるセールスポイントにも反している。拠出と給付の対応関係が明確なら、高齢になって働こうが働くまいが、拠出実績に応じた年金給付をすべきである。厚生労働省は税方式の年金では所得水準による給付制限がされやすいというが（例えば、前出の舛添臨時議員提出資料）、これは説得力に欠ける。厚生労働省の言うところの現行の社会保険方式であっても、在職老齢年金によって、所得税制などよりよほど厳しい給付制限が行われているからだ。

本来、高所得の高齢者に対して給付抑制をするにしても、税制を用いて実質的な給付抑制をすべきであろう。具体的な方法については、第8章で述べたい。

保険料賦課上限の引き上げは好ましいか

厚生年金の保険料が賦課される給与や賞与には上限があるが、その上限の引き上げが今後の年金改革論議の俎上に上がる可能性がある。今の厚生年金制度では、給与額そのものに保険料率が掛けられる訳ではない。給与が9万3000〜10万1000円の等級の場合には標準報酬は9万8000円、給与が10万1000〜10万7000円の等級では標準報酬は10万4000円といった具合に、それぞ

（注12）第29回社会保障審議会年金数理部会、資料1「平成一七年度財政状況　厚生年金保険」

（図表4-6）厚生年金、標準報酬月額ごと人数分布

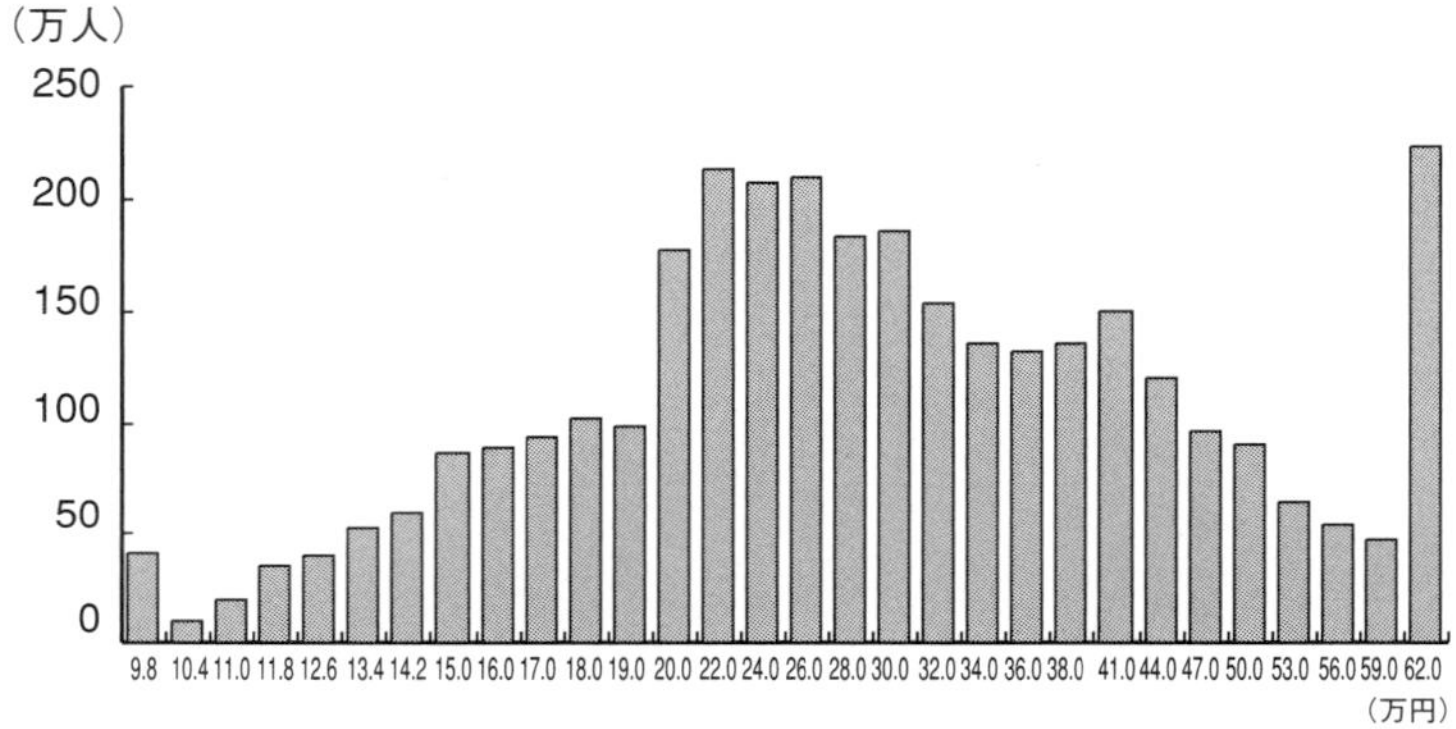

（資料）第29回社会保障審議会年金数理部会資料『平成17年度財政状況—厚生年金保険—』より筆者作成

れの等級ごとに標準報酬月額が定められており、標準報酬月額に保険料率が掛けられる（注13）。

厚生年金は９万８０００円から62万円まで30段階の標準報酬月額があり、給与が60万５０００円を超えると、どんなに給与が高くても62万円として保険料が計算される。

標準報酬ごとの人数の分布を見ると（図表４‐６）、厚生年金被保険者３３０２万人中、約７％の２２３万人が62万円の標準報酬にいる。健康保険では、１２１万円まで上限が引き上がっていることもあり、今後、厚生年金についても検討される可能性が高い。

ただ、この問題は世代間、世代内の公平という観点から考える必要がある。上限の引き上げは所得再分配の提供者側を増やすことになるが、現役世代の賃金に限定す

（注13）賞与については、１回１５０万円を上限に賞与額そのものに保険料率が掛けられる。ただし、賞与額の１０００円未満は切り捨て。

れば、世代間の公平を欠く。また、国民年金制度加入者との間で、世代内の不公平が拡大する。

国民年金制度加入者と厚生年金制度加入者との間には、同額の基礎年金の給付を受ける場合でも、費用負担額が異なるという水平的不公平があることは第1章で述べた通りだ。高額所得層の場合、厚生年金制度加入者の負担は、同じ所得の国民年金制度加入者に比べて重い。標準報酬月額の上限を引き上げると、さらにこの不公平が拡大することになるだろう。単に標準報酬月額の上限を引き上げる前に、複数の事業所から給与を得ている人に対し、各事業所において漏れることなく保険料を掛けるよう徴収方法を改めることも不可欠である。

第5章

国民のための執行機関改革

1 執行機関改革の本来の目的は何か

社保庁改革法成立にかかわらず議論継続を

宙に浮いた年金記録5000万件の大騒動の中、2007年6月の通常国会で、日本年金機構法いわゆる社会保険庁改革法（社保庁改革法）が成立し、社会保険庁は健康保険部門を分離したうえで、2010年1月、日本年金機構に衣替えされることになった。社会保険庁は年間予算約2900億円、職員約1万7000人を擁し、厚生年金、国民年金、政府管掌健康保険（政管健保）の執行を行う厚生労働省の外局である。

2007年7月の参議院選挙期間中、当時の安倍晋三首相は、この社保庁改革法をもって「社会保険庁を廃止・解体6分割する」と叫び続けた。さらには、「社会保険庁のゴミを一掃する」とまで口にするようになった。安倍前首相にとって、政権の足を引っ張る社会保険庁が、とにかく憎かったのかもしれない。その心中は察せられたが、社会保険庁の廃止・解体6分割の具体的な内容も、改革の本来の目的、すなわち、年金制度を低コストで安定的に運営していくことなどとの因果関係も、国民から見てほとんど分からずじまいであった。

社保庁改革とは、結局のところ、それぞれ別の思惑を抱える与党と厚生労働省の妥協の産物だったのではないか。与党は不祥事が相次ぐ社会保険庁に対し「廃止・解体6分割」などの激しい言葉をぶつけることによって、国民向けに勧善懲悪の図式をアピールした。一方、厚生労働省は強い批判を受けながらも、民主党の「内国歳入庁構想」など各方面から主張される税と社会保険料の一括徴収案を退けて、社会保険庁を独立した組織として存続させることに成功した。置き去りになったのは、主役であるはずの国民だ。

07年6月の社保庁改革法成立にかかわらず、執行機関の改革について原点に立ち返って議論し直すことが必要である。内国歳入庁構想を提言する民主党が07年7月の参議院選挙で参院第一党の座を獲得したこともあり、執行機関のあり方については、今後も主要な争点の一つになっていくであろう。

改革本来の目的（1）――執行の強化

執行機関の改革の本来の目的は何だろうか。国民のための改革であれば、当然掲げられるべき項目を整理していこう。

まず執行の強化が挙げられる。社会保険庁は年金だけでも、厚生年金や国民年金の適用から始まって、保険料の徴収、記録・管理、給付といった一連の業務を担っている。当然のことながら、こうした業務が確実に実施されなければならない。

ところが、現状は芳しくない。厚生年金の適用については、本来なら適用されているべき事業所の約3割が未適用になっていることが、2006年9月の総務省の調査によって明らかにされている（第4章）。また、国民年金第一号被保険者の保険料納付率は、近年回復しつつあるとはいえ、06年度

（図表5-1）国民年金保険料納付率

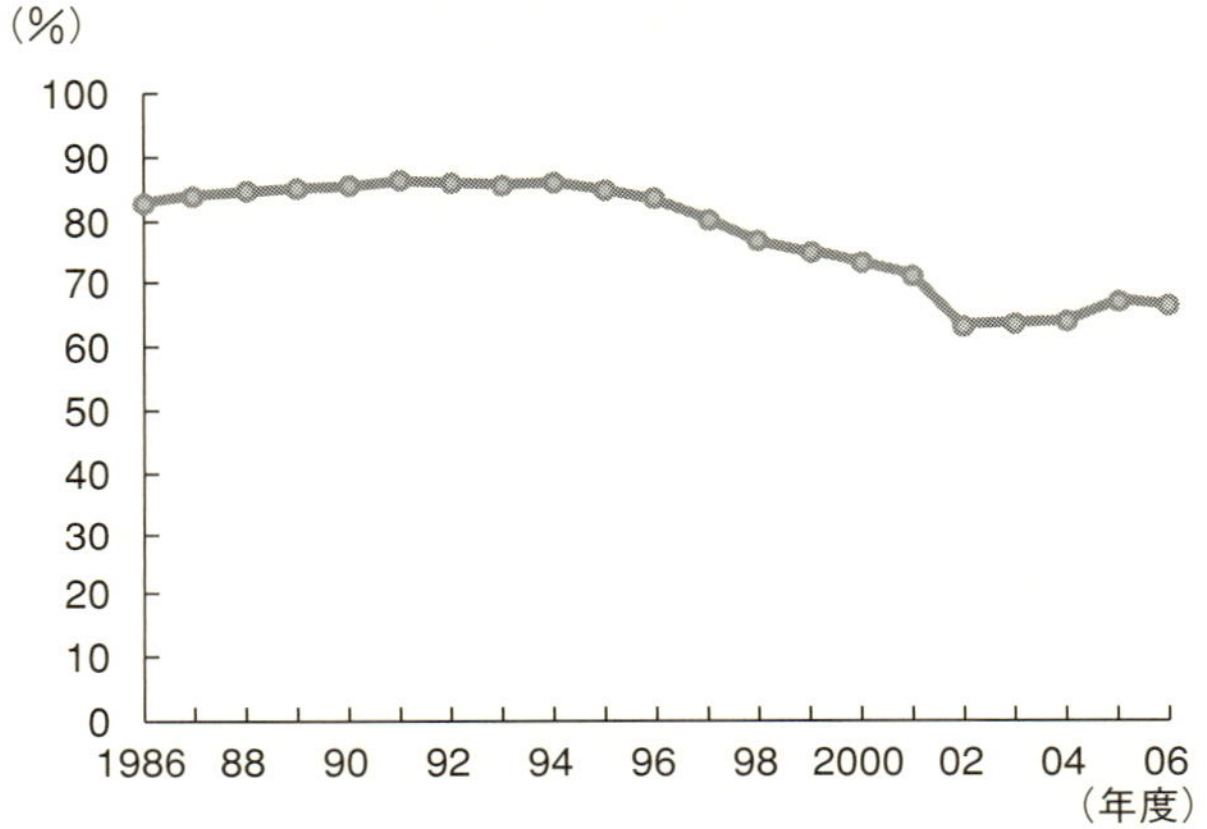

（資料）第5回社会保障審議会年金部会（資料5）のデータより筆者作成

は66・3%と依然60%台に低迷している（図表5-1）。しかも、この納付率は割り引いて見る必要がある。理由は、第一に、社会保険庁が対象者としてその存在を把握している2132万人のうち、保険料免除320万人や特例者・猶予者208万人を除いた狭い範囲での統計に過ぎないからである。実際に年間を通じて保険料を支払っているのは、2132万人の半数程度にとどまる。いわゆる国民年金の空洞化である。

第二に、異常に高い行政コストに支えられた数値であることが挙げられる。2004年12月に公表された総務省の調査によれば（注1）、国民年金保険料徴収の専門職員である国民年金推進員（非常勤の国家公務員）一人当たりの人件費257万円に対して、一人当たりの年間保険料収納額は585万円であったと言う。

（注1）総務省（2004年12月3日）『年金に関する行政評価・監視―国民年金業務を中心として―〈評価・監視結果に基づく第2次勧告〉』。

そこまでコストをかけたうえでの納付率60％台とは一体何だろうか。納付率は本来コスト対比で評価されるべきものだ。

加えて、これまでは疑われることもなかった記録・管理についても、宙に浮いた５０００万件の年金記録問題の表面化によって、極めてずさんに行われてきたことが明らかになっている。なお、この５０００万件は、本来、同一人物の保険料納付記録であるにもかかわらず、社会保険庁のコンピュータのデータベース上では、同一人物の記録として認識されていない件数である。

改革本来の目的（２）——国民側のコストを含めたトータルコストの抑制

執行強化はコストを抑えながら達成されなければならない。このコストには、行政費用はもちろんのこと、国民側が納税や社会保険料の納付に要する金銭的・時間的コストを合わせて考える必要がある。こうした国民側が負うコストを、納税協力費用（Tax Compliance Cost）という。米国の経済学者ジョエル・スレムロッドらの言葉を借りると、納税協力費用に比べれば行政費用など氷山の一角に過ぎない（Slemrod, Bakija［２００４］）。納税協力費用には、例えば、税理士や社会保険労務士への委託手数料、企業の人事部の人件費、日々の納税事務や税務調査への対応にかかる時間、確定申告のために領収書を保管し確定申告書を作成する時間、税務会計用のパソコンやそのソフトといった物件費などが該当する。

日本では、国税や地方税に関する納税事務だけでなく、社会保険に関する事務手続きだけでも色々ある。まず、雇用主は新規に事業所を設立すれば、社会保険の適用届けを社会保険庁に提出し、その後、月々、従業員の給与と賞与から社会保険料を天引きし、そこに事業主負担を加えて、社会保険庁に納めなければならない。例えば、パートタイム労働者の厚生年金への適用拡大を目指した一元化法案が可決し施行されれば、法律上細かな基準が複数設けられているため、雇用主は従業員の労働時間、給与、勤務期間、総従業員数の4点をきちんと管理する必要が生じる（第4章）。

厚生年金保険法などの法律に霞ヶ関の官僚が細かな基準を書き込むことはいくらでもできるが、実際に付き合わされる雇用主は、その分、本業に充てられるお金と時間が削られる。雇用主はこのようなルーティンの負担に加え、当局の調査なども受けなければならない。こうした後ろ向きのお金や時間は何の付加価値も生み出さない。それどころか、雇用主が納税協力費用を嫌うことによって、労働需要が減少したり、正規労働者からパートタイム労働者へと雇用形態が歪められたりする懸念もある。雇用主にとっての負担は、社会保険料の事業主負担という金銭的負担だけではないのだ。

納税協力費用の規模について、例えば、米国政府は自らきちんと推計している（米国では連邦税、社会保障税ともに内国歳入庁＝ＩＲＳが徴収）。結果はスレムロッドらの言葉通りである。税務行政費用が徴収税額の０・５％であるのに対し、納税協力費用はその約11〜19倍に当たる同６・２〜10・７％に達している（図表５‐２）。日本の税務行政費用は、筆者の集計によれば、約２兆円である（西沢［２００６］）。この数字に、米国の推計を単純に援用すれば、日本の納税協力費用は20兆円から40兆円規模に達していることになる。

（図表5-2）納税協力費用の推計例
米国IRS（内国歳入庁）の徴収にかかる分

（10億USドル、％）

		徴収税額、費用	対徴収税額比
徴収税額		1,732.7	(100.0)
税務行政費用		9.5	(0.5)
納税協力費用	個人	67.0 ～ 100.0	(3.9 ～ 5.8)
	法人	40.0 ～ 85.0	(2.3 ～ 4.9)
	計	107.0 ～ 185.0	(6.2 ～ 10.7)

（資料）以下より筆者作成。IRS『*Internal Revenue Service Databook 2002*』,OMB『*Budget of the United States Government*』,GAO『*Summary of Estimates of the Costs of the Federal Tax System*』

政府は、国民に対し、このような納税協力費用を課していることを罪深く感じ、執行機関改革に際しては、行政費用はもちろんのこと納税協力費用の抑制を強力に進めなければならない。

改革本来の目的（３）――国民の利便性向上

納税協力費用の抑制と関連するが、社会保険の事務手続き全般を国民から見て分かりやすく、便利なものに変えていく必要もある。例えば、国民年金には経済的理由などにより保険料の支払いが困難な場合には、保険料の一部または全部の免除が受けられる制度がある。だが、この申請手続きの仕組みは国民本位であるとは思えない（図表５‐３）。われわれが免除申請書を提出する場合、まず市区町村の窓口がそれを受け付ける。その後、申請書に市区町村が所得額などを書き加え、社会保険庁に送る。社会保険庁がそれを見て免除の可否を決めるが、社会保険庁で特段新しい情報が付け加えられる訳ではない。にもかかわらず、前出の総務省の調査によれば、申請から可否決定まで１ヵ月以上を要する場合もあるという。それならば、市区町村で一貫して手続きを済ませる方が効率的であろう。

（図表5-3）国民年金保険料免除手続きの流れ

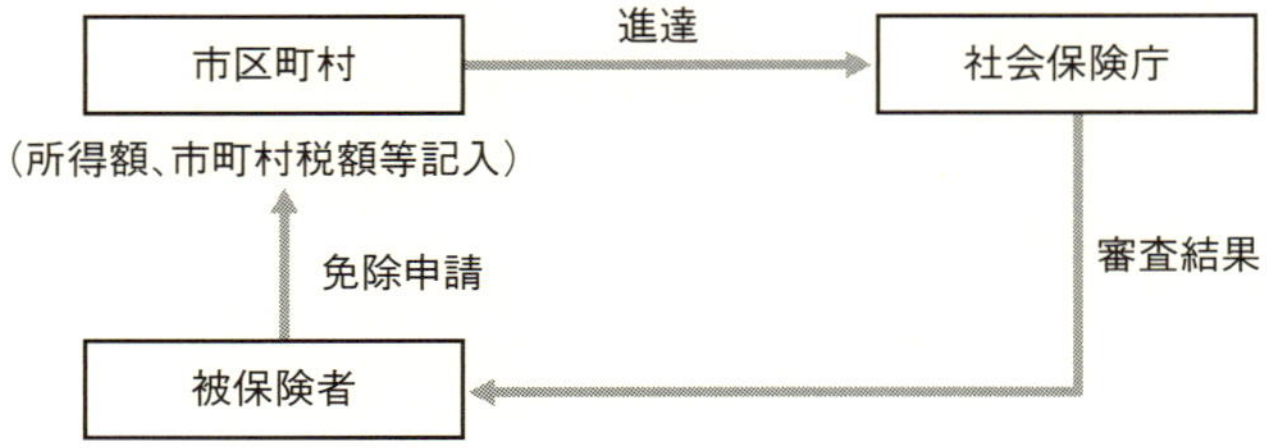

（資料）筆者作成

個人所得税の確定申告の際に実施する社会保険料控除の手続きにも無駄な部分が多い。支払った国民年金保険料について、社会保険料控除を受けるには、所得税の確定申告書に社会保険庁から送られてきた証明書を添付して税務署に送らなければならない。国の機関である社会保険庁から送られてきた書類を国民が受け取って、また国の別の機関である税務署に送り返すのである。冗談のような話だ。仮に、社会保険料と国税が一括徴収されていれば、こうした無駄はもとより存在しない。

改革本来の目的（４）——制度と執行のバランス確保

これは社会保険庁改革に限ったことではないが、執行機関の改革では、制度と執行のバランスを確保することが不可欠である。崇高な理想を盛り込んだ法律を作ったとしても、それをきちんと執行するには、執行機関にヒト・モノ・カネを手当てするか、あるいは、予算制約からそうした手当てが叶わない場合には、理想をある程度犠牲にしてでも法律を簡素なものに書き換えなければならない。

例えば、日本は拠出原則による国民皆年金制をとっている。しかし、これはもともと理論的に無理のある制度である。拠出原則とは、社会保険料を支払うことによって、その対価として給付を受けるという原則である。拠出原則を貫くには、無所得者、低所得者からも相応の保険料を徴収しなければならないが、それは容易ではない。しかも、国民年金保険料は低所得層に負担の重い定額制であるからなおさらである。国民年金保険料の納付率が60％台に低迷しているのは、社会保険庁の執行にももちろん問題はあろうが、制度そのものにも無理があることを認識しておく必要がある。

被用者年金一元化法案によるパートタイム労働者の厚生年金適用拡大（第４章）についても、実際の執行は極めて困難であろう。パートタイム労働者を厚生年金に加入させるか否かの基準として、週労働時間、給与水準、勤務期間などの条件がある。これを事業主が厳密に履行しているかどうかをチェックするのは容易なことではない。まして雇用形態の実態は政府が想定するより複雑である。米国のＩＲＳの事例（第４章）のように、雇用主が給与支払い時に所得税とともに社会保険料を源泉徴収するといった、税と社会保険の垣根を超えた徴収強化が検討されなければならない。

改革本来の目的（５）――情報の収集と有効活用

行政機関が収集した個人および法人の所得、資産、家族構成などの情報を一元的に管理して税制や社会保障制度の運営に生かすことも重要だ。例えば、法人税の課税や個人所得税の源泉徴収のために税務当局が集める、法人の毎期の売上高・利益のデータ、毎月の給与支払い額、源泉徴収した個人所得税額などは、厚生年金保険料の徴収にとっても非常に有効な情報となるはずだ。例えば、収集した情報によって法人の業績悪化のシグナルを発見できるようになれば、厚生年金保険料の支払いに関して早い段階から企業との相談を始めたり、強制徴収に踏み切ることが可能になるだろう。

2 スローガン先行の社保庁改革

叫ばれ続けた廃止・解体6分割も実は2分割に過ぎない

社保庁改革法は廃止・解体6分割という強烈なスローガンとは裏腹に、実態は社会保険庁の年金部門と健康保険部門への2分割に過ぎない。そもそも、年金制度と健康保険制度の運営が必要な以上、実際には廃止などあり得ない。そのうえ、分割とは言っても旧国鉄や旧電電公社などとは異なり、地域分割したり、民営化される訳ではない。既存の事業者との競争にさらされることも、投資家のガバナンスを受けることもない。

六つとカウントされているもののうち、年金部門を引き継ぐ日本年金機構と健康保険部門を引き継ぐ全国健康保険協会を除く四つは、いずれも既存の行政機関や民間事業者である。しかも、四つのうち三つは、すでに社会保険の運営に深く関与している。

一つが厚生労働省、二つ目が同省の地方組織である地方厚生局、そして三つ目が社会保険労務士や債権回収業者などの民間事業者である。厚生労働省と地方厚生局は、もともと社会保険を所管しているのであって、分割でも何でもない。民間事業者について補足すれば、社会保険労務士は企業に対して、従来から厚生年金の適用事業所となるための適用勧奨業務を行っている。また、債権回収業者は個人に対して、保険料の納付督促業務などを行っている。結局、社保庁改革法で変わるのは、日本年金機構から民間事業者に委託する業務の範囲や量だけだ。

なお、市区町村も社会保険庁から約300億円の業務委託費を受け、国民年金の加入申込書や保険料免除申請書の受け付け、年金相談業務などをしている。現在でこそ、このように受託範囲は狭まっているが、2001年以前は約900億円の委託費を受けて適用と保険料徴収を実施していた。かつての方が業務委託はむしろ大規模だったのである。

六つのうち残り一つ、国税庁だけが新顔である。だが、社保庁改革法で定められた内容では、やはり分割とは言えない。第一に、業務委託の範囲は悪質滞納者に対する強制徴収に限られている。そもそも、日本年金機構は被保険者や適用事業所の所得・資産を直接把握しておらず、滞納者の悪質性をすばやく正確に判断するのは難しいだろう。それは、雇用者の年金受給権が確保されにくいことを意味している。

第二に、委託するかしないかの判断は日本年金機構に任されており、日本年金機構が委託しないと言えばそれまでだ。第三に、スピード面でも懸念がある。社保庁改革法の想定する委託ルートは日本年金機構→厚生労働大臣→財務大臣→国税庁長官という迂遠なルートであり、こうしたルートで時間を費やしているうちに、滞納者の資産状況が劣化したり、あるいは資産隠しなどが行われる可能性が高い。本来、強制徴収は刻一刻を争うものである。

非公務員化すれば規律は回復するのか

社保庁改革に与えられたもう一つのスローガンである職員の非公務員化についても、日本年金機構は公法人であって、そもそも民間ではないうえに、人件費は引き続き一般財源が原資であり、職員の身分が公務員ではなくなることと規律回復との因果関係は必ずしも明確ではない。公務員のままだと規律が維持できないのであれば、国税庁職員や市区町村の職員など他の公務員も非公務員化しないとつじつまが合わない。

このように、社保庁改革は実際には廃止でも解体6分割でもなく、意義の不明確な年金部門と健康保険部門への2分割に過ぎない。非公務員化といっても民間人になる訳ではない。7月の参議院選挙が終わった2007年9月、舛添厚生労働大臣は閣議後の記者会見において、廃止・解体6分割は選挙用のスローガンであって、実際は2分割であったと次のように訂正している（注2）。

「（前略）それから皆さん方に今聞きますが、社会保険庁解体6分割、6つ言ってください。厚生労働省の専門の記者の方でもすぐに言えません。というのは、その言い方が間違っているからで。普通、国鉄分割民営化、JR北海道からJR西日本まで地域別だからさっと分かる。それから新幹線保有機

（注2）厚生労働省ホームページ（http://www.mhlw.go.jp/kaiken/daijin/2007/09/k0921.html）。

構とか。ただ、これはもういっぺん私は、実を言うと、解体6分割という言葉は、変えてもっと分かりやすく説明すべきだと思っています。そして、この解体6分割という言葉、これは本当に申し訳ないのですけれども、選挙が近いとこういうことが起こるので、何かスローガンはないかということで、解体6分割、これ良いなということで、私たち政治家の責任で決めたのですけど（後略）」

こうした正直な告白からも、真に国民の立場に立った執行機関改革が不可欠であることが再確認される。

3 税と社会保険料を一括徴収する先進諸外国

諸外国との比較のための分析手順

社会保険料と税との一括徴収は、行政費用や納税協力費用を抑制しながら、厚生年金の適用強化、国民年金保険料の納付率アップなど執行機関の改革本来の目的を達成するための極めて有力な選択肢である。

実際、社会保険料と税の一括徴収は、古くは、戦後日本の税制の礎を築いた1949年の『シャウプ使節団日本税制報告書』いわゆる『シャウプ勧告』でも勧告されており、すでに多くの先進国で実施されている。ところが、04年の年金改正法成立以降の社会保険庁改革の議論において、政府はこうした諸外国の状況をほとんど見ることもなく、社会保険料と税との一体徴収の選択肢を退け続けてきた。ここでは諸外国と日本とを比較してみよう。

対象としたのは、G7とスウェーデンの計8ヵ国である。比較の手順は大きく次の二つのステップに分けられる。まず、OECDの歳入統計（Revenue Statistics）を用いて、一般政府を構成する三つないし四つの政府部門間での課税ベースの重なり具合を調べる。一般政府とは、日本や英国のような単一国家の場合は中央政府、地方政府、社会保障基金政府の3部門から構成される。米国やドイツのような連邦国家の場合には、ここに州政府が加わり4部門になる。

中央政府は国のことで、会計としては国の一般会計や一部の特別会計を指す。地方政府とは、日本で言えば、都道府県や市町村といった地方自治体である。社会保障基金政府とは、日本で言えば、年金特別会計、健康保険組合、市町村の国民健康保険特別会計と介護保険特別会計、共済組合などが該当する。社会保障基金政府とはあまり聞き慣れないが、こうした特別会計や組合などを一つの政府と捉えたものである。

次に、徴収機関の実態を調べる。例えば、中央政府と地方政府がともに個人所得を課税ベースにしながら、別々に徴収しているのであれば、非効率であると見当を付けることができる。一括で徴収していれば効率的と判断できる。なお、課税ベースは個人所得、法人所得、社会保険料（被保険者と事業主）、一般消費、個別消費、資産、その他の八つに分けている。個別消費に対する税はガソリン税や酒税のように、個別の財やサービスにかかる消費税のことであり、一般消費に対する税は財やサービスの区別なく賦課される、日本の消費税や欧州の付加価値税（VAT）あるいは売上税のような税の

（図表5-4）政府部門ごとの税収・課税ベース

（兆円、%）

課税ベース	中央政府	地方政府	社会保障基金	課税ベース計
所得課税	26.5 (20.3)	15.4 (11.8)		41.9 (32.0)
うち個人	15.1 (11.5)	8.2 (6.3)		23.3 (17.8)
うち法人	11.4 (8.7)	7.2 (5.5)		18.7 (14.2)
社会保険料			49.4 (37.7)	49.4 (37.7)
うち被保険者			26.9 (20.5)	26.9 (20.5)
うち事業主			22.5 (17.1)	22.5 (17.1)
消費課税	19.0 (14.5)	7.3 (5.5)		26.2 (20.0)
うち一般消費課税	10.0 (7.6)	2.6 (2.0)		12.6 (9.6)
うち個別消費課税等	9.0 (6.9)	4.7 (3.6)		13.7 (10.4)
資産課税等	2.6 (2.0)	10.5 (8.0)		13.1 (10.0)
その他		0.3 (0.3)		0.3 (0.3)
各政府計	48.1 (36.7)	33.5 (25.6)	49.4 (37.7)	131.0 (100.0)

（資料）OECD『*Revenue Statistics 1965-2005*』におけるTax Revenues by Subsectors of General Governmentより筆者作成

（注1）日本の2004年度の数値。括弧内は、総税収（社会保険料も広義に税に含める）に占める割合。

（注2）四捨五入により、金額・%の合計は一致しない場合がある。

ことである。

課税ベースが重複しながら徴収がバラバラな日本

このような分析手順のもと、まず日本の状況を整理すると図表５－４の通りになる。中央政府と地方政府との間で、個人と法人の所得、一般消費、個別消費の課税ベースが重複しているのが分かる。社会保障基金政府の課税ベースは社会保険料に分類されているが、実際にはほとんどが所得であり、中央政府や地方政府と重複している。

こうした課税ベースの重複にもかかわらず、消費税を除いて、徴収はそれぞれの政府部門によって個別に実施されている（図表５－５）。中央政府には財務省の外局である国税庁、地方支分部局である税関があり、国税庁と税関は国

（図表5-5）各徴収機関による徴収額（2005年度）

（兆円、%）

徴収機関		徴収額			
		合計	中央政府分	地方政府分	社会保障基金分
国税庁		48.0 (33.8)	45.9 (32.3)	2.1 (1.4)	
税関		6.8 (4.8)	6.3 (4.5)	0.5 (0.4)	
地方自治体		39.4 (27.7)		34.3 (24.1)	5.1 (3.6)
社会保険庁		28.8 (20.3)			28.8 (20.3)
労働局		4.0 (2.8)			4.0 (2.8)
組合管掌健康保険 1,584組合		6.4 (4.5)			6.4 (4.5)
共済組合	国家公務員共済組合連合会 地方公務員共済組合（69組合） 日本私立学校振興・共済事業団	8.6 (6.1)			8.6 (6.1)
合計		142.0 (100.0)	52.3 (36.8)	36.9 (25.9)	52.9 (37.2)

（資料）以下の資料より筆者作成。国税庁『国税庁統計年報書（2005年度版）』、地方財政調査研究会『地方財政統計年報2007年版』（05年度決算分）、国立社会保障・人口問題研究所『2005年度社会保障給付費』

（注）四捨五入により、合計は一致しない場合がある。

税である消費税に加え、都道府県税である地方消費税を徴収している。これが政府部門をまたがる唯一の一括徴収の例である。

他の徴収は全くバラバラになっている。地方政府でもあり、国民健康保険と介護保険の運営主体として社会保障基金政府でもある地方自治体は、地方消費税以外の地方税、および国民健康保険料と介護保険料を徴収している。社会保険庁、労働局、組合管掌健康保険、共済組合といった社会保障基金政府は、それぞれ社会保険料を徴収している。

課税ベースの重複が少なく、一括徴収も進んでいるスウェーデンと英国

政府部門ごとに課税ベースの重複が少ない順に諸外国の状況を見て行こう。課税ベースの棲み分けが徹底しているのは、スウェーデ

（図表5-6）諸外国の政府部門ごとの税収・課税ベース（その1）

課税ベース		スウェーデン 中央	地方	社会保障	計	英国 中央	地方	社会保障	計
所得	個人	-1.0	32.6		31.6	28.9			28.9
	法人	6.3			6.3	8.2			8.2
社会保険料	被保険者	0.3		5.8	6.1			8.5	8.5
	事業主	17.0		5.6	22.6			10.5	10.5
消費	一般	18.0			18.0	19.2			19.2
	個別	6.9			6.9	11.3			11.3
資産		3.2			3.2	7.3	4.9		12.1
その他		5.3			5.3	1.3			1.3
各政府計		56.0	32.6	11.4	100.0	76.2	4.9	18.9	100.0

（%）

（資料）図表5-4に同じ
（注1）2004年の数値。総税収（社会保険料も広義に税に含める）に占める割合。
（注2）四捨五入により、合計は一致しない場合がある。

ンと英国である（図表5-6）。スウェーデンでは、地方政府の課税ベースは個人所得のみである。加えて、国税、地方税、社会保険料のすべてが中央政府の機関である租税庁（Tax Agency）によって一括徴収されている。

英国も、課税ベースの棲み分けが徹底しているうえに、国税および社会保険料の徴収が歳入・関税庁（HM Revenue & Customs）によって一括徴収されている。英国の一括徴収は近年進められてきたものである。1999年、従来社会保険料を徴収してきた保険料庁（Contribution Agency）が、歳入・関税庁の前身である内国歳入庁（Inland Revenue）に統合された。その目的には、1節で述べた納税協力費用の抑制、二つの徴収機関の持つ経験や技術の共有などがあった。

統合の前年、内国歳入庁と社会保障省が外部の専門家に委託した納税協力費用の実態調査の結果が公表されている。そこでは、国税と社会保険料がバラバラに徴収されていることに、源泉徴収義務者である雇用主は強い不満を抱いていること、源泉徴収事務にかかる雇用主の納税協力費用は税額の１・３％に相当し、規模の小さい雇用主ほど雇用者一人当たりの納税協力費用が高くなることが明らかにされた。

英国でも、前出の米国同様、納税協力費用の実態を調査し、それを軽減するために、既存の行政組織の枠組みにこだわらず改革を断行したのである。日本とは大きな差がある。ちなみに英国では一般財源を中心に賄われている医療を除き、年金、雇用、家族向け手当などの社会保険は古くから国民保険（National Insurance）として一本化されている。

社会保障制度の成り立ちが異なるフランスとドイツ

課税ベースの重複が少ない順で言えば、次はフランスと米国だが、米国のかわりに、ドイツを先に持ってこよう（図表５‐７）。フランスは中央政府と社会保障基金政府との間では徴収の集約が進んでいないが、中央政府と地方政府間、社会保障基金政府内においては集約が進んでいる。まず、中央政府と地方政府では、課税ベースがおおむね棲み分けられているうえに、地方税の主要な税目については中央政府が徴収している。次に、社会保険料については、全国１２０ヵ所に設けられている保険料徴収組合（URSSAF）が徴収を担当する。なお、社会保障基金政府による徴収が、税とは別に行われている背景には、社会保障制度形成の歴史が関係していると考えられる。

先に述べたスウェーデン、英国、後に述べる米国、カナダ、イタリアに共通するのは、全国民共通

（図表5-7）諸外国の政府部門ごとの税収・課税ベース（その2）

（%）

課税ベース		フランス 中央	地方	社会保障	計	ドイツ 連邦	州	地方	社会保障	計
所得	個人	7.7		9.4	17.1	10.0	9.1	3.8		23.0
	法人	6.4		0.0	6.4	1.3	1.4	1.8		4.5
社会保険料	被保険者	0.7		11.2	11.8				21.0	21.0
	事業主	0.1		25.2	25.3				20.0	20.0
消費	一般	16.4		0.5	16.8	8.6	8.7	0.4		17.6
	個別	6.3	1.4	0.4	8.0	9.8	0.4	0.0		10.3
資産		1.9	5.7		7.6		1.2	1.3		2.5
その他		2.8	4.0	0.2	6.9	0.0	1.0	0.1		1.1
各政府計		42.2	11.1	46.7	100.0	29.7	21.8	7.4	41.0	100.0

（資料）図表5-4に同じ
（注1）2004年の数値。総税収（社会保険料も広義に税に含める）に占める割合。
（注2）四捨五入により、合計は一致しない場合がある。

の制度を持つことである。これに対し、フランスやドイツでは、職域ごとに自発的に生まれた組織を、国が公的制度として取り込む形で社会保障制度が形成されてきたのである。

ドイツでは、フランスと同様、税と社会保険料の徴収は別になっているが、それぞれの中での徴収については集約されている。税については、個人および法人の所得課税と売上税（日本の消費税に相当）は、「共同税」として州が徴収したうえで、連邦、州、地方政府間で、あらかじめ定められた配分比率に基づいて分配される。

社会保険料については、年金、医療、失業などすべての社会保険料を医療保険の保険者である「疾病金庫」が徴収する。疾病金庫とは、連邦、州および地方政府のいずれからも独立した法人であり、地区、企業、職業などを単位として全国に約４００弱が存在する。その起源は社会保険が成立する以前から、商人・手工業者・職人・鉱夫・工場労働者などによって作られていた様々な共済金庫にまでさかのぼるという。日本の社会保険庁や労働局のように国の機関が別個に存在する訳ではない。むしろ、その実態は日本の健康保険組合（そもそもドイツの疾病金庫法を範としている）が、医療保険料を徴収するのと同時に年金保険料や労働保険料を徴収しているといったイメージの方が近いと言える。

米国、カナダ、イタリアも一括徴収

米国では、政府部門間で課税ベースに重複部分を持ちながら、おおむね棲み分けがされている（図表5-8）。ただ、連邦国家であることを考えると、重複部分があることはむしろ自然なことでもある。米国はOECD諸国の中で、連邦・中央政府レベルの一般消費税を持たない唯一の国である。連邦政府はもっぱら個人と法人の所得を課税ベースとしている。州政府は個人と法人の所得および一般と個別の消費を、地方政府は資産を課税ベースの主体としている。

このように、課税ベースがおおむね棲み分けられていることに加え、第4章でも述べた通り、連邦政府と社会保障基金政府との間で一括徴収が行われている。米国における社会保障制度は、連邦レベルで実施される年金および医療（メディケア、メディケイド。高齢者および低所得者に限定）と州レベルで実施される失業保険に大別され、このうち年金と医療にかかる社会保険料（米国では社会保障税）は、連邦税とともに内国歳入庁によって徴収されている。

米国同様に連邦国家であるカナダは、比較対象国の中では課税ベースの重複が目立つ。ただ、税、

（図表5-8）諸外国の政府部門ごとの税収・課税ベース（その3）

米国／カナダ（%）

課税ベース		米国 連邦	米国 州	米国 地方	米国 社会保障	米国 計	カナダ 連邦	カナダ 州	カナダ 地方	カナダ 社会保障	カナダ 計
所得	個人	27.2	6.9	0.7		34.7	22.0	13.0			35.1
	法人	7.3	1.2	0.1		8.7	7.0	3.2			10.3
社会保険料	被保険者				12.9	12.9	1.7	0.4		4.5	6.6
	事業主				13.3	13.3	2.4	2.1		4.1	8.5
消費	一般		6.8	1.7		8.5	7.6	7.4	0.0		15.0
	個別	3.2	3.2	0.7		7.1	3.1	6.4	0.0		9.5
資産		0.8	0.6	10.6		12.0		2.1	8.1		10.2
その他		0.0	1.8	0.9		2.8	1.1	3.3	0.4		4.9
各政府計		38.5	20.6	14.7	26.3	100.0	44.9	37.9	8.6	8.6	100.0

イタリア（%）

課税ベース		中央	地方	社会保障	計
所得	個人	22.3	3.1		25.5
	法人	6.6	0.3		6.9
社会保険料	被保険者			9.2	9.2
	事業主			21.2	21.2
消費	一般	13.5	0.8		14.3
	個別	7.4	2.2		9.5
資産		3.7	2.4		6.1
その他		-0.6	7.9		7.3
各政府計		52.9	16.7	30.4	100.0

（資料）図表5-4に同じ
（注1）2004年の数値。総税収（社会保険料も広義に税に含める）に占める割合。
（注2）四捨五入により、合計は一致しない場合がある。

社会保険料ともに徴収集約の工夫はなされている。まず、税については連邦政府と多くの州との間で一括徴収する契約が結ばれ、契約を結んだ州の州税についてはカナダ歳入庁（Canada Revenue Agency）で連邦税とともに一括徴収する。具体的には、法人所得課税についてはカナダ全10州のうち7州で、個人所得課税については9州で、一般消費課税については3州で契約を締結している。次に、社会保障基金政府についても、カナダ歳入庁は全国民共通の年金であるＣＰＰ（Canada Pension Plan）の保険料および雇用保険の保険料を徴収している。

日本でも一括徴収を

このように、諸外国と日本とを比較すると、日本は政府部門間での課税ベースの重複が極めて多く、全国民共通の社会保障制度を持ちながら、政府部門間での一括徴収がほとんど実施されていない特異な状況であることが分かる。

日本が真に取り組んでいくべきは、社保庁職員の遵法意識や規律回復といった初歩的レベルの問題ではなく、中央政府、地方政府、社会保障基金政府の徴収体制を横断的に再構築し、執行機関改革の本来の目的を達成することにあろう。

税と社会保険料の一括徴収試案

最後に、試案を述べておこう。なお、本来であれば、政府部門間で課税ベースの重複している税目については、税そのものを整理統合していくのが先決であるが、議論を簡素化するために、ここでは税制や社会保障制度そのものは変えないことを前提とする。

まず、個人所得税、個人住民税、個人事業税、社会保険庁や労働局が徴収している社会保険料については、国税庁で一括徴収する。個人住民税や厚生年金保険料などの社会保険料については、米国と同様に個人所得税と合わせて給与の支払い時点で源泉徴収する（第4章、第8章）。

こうすれば、雇用主の納税協力費用も大幅に軽減され、執行強化も期待できる。また、第4章2節で触れた低所得層や複数事業所勤務の所得を含め、すべての所得情報が国税庁に集約されることにより、これらの情報を使ったきめ細かな所得再分配政策への土台ができる。例えば、欧米で普及し、近年、日本でも各方面から提案されるようになってきた還付付き税額控除（Refundable Tax Credit）を導入する場合には、こうした税務行政を築いておくことが必要である。

ただ、年金保険料のうち国民年金保険料については、年金制度改革と合わせた検討が必要だ。現行制度のままであれば、徴収を国税庁ではなく市区町村に戻すことも有力な選択肢と考えられるためである（注3）。市区町村は国民健康保険制度と介護保険制度の保険者として、国民健康保険料と介護保険料を徴収している。国民健康保険料や介護保険料は共に自営業者を対象者に含んでおり、国民年金と対象層が近く、一括徴収した場合の相乗効果が期待できる。国民にとっても、窓口が並んでいる方が

（注3）基礎年金の財源を全額消費税とする税方式ならば、国民年金保険料の徴収問題は軽減される。

便利であろう。加えて、市区町村は２００１年度まで国民年金保険料の徴収業務を社会保険庁から受託していたため、徴収ノウハウを蓄積している。

次に、法人所得を課税ベースとする税目については、すべて国税庁に徴収を集約する。もともと法人住民税（所得割）は法人税額を課税ベースとしており、法人税と徴収機関を分けていると、行政費用や納税協力費用が重複する。

さらに、個別消費課税についても、地方政府による個別消費税等はすでに実施済みの地方消費税と同様に、国税庁への集約を目指すべきであろう。一方、資産課税については、中央政府と地方政府との課税ベースの重複は少なく、固定資産税を主要な税目とする地方政府に徴収ノウハウが蓄積されているため、引き続き地方政府が徴収するのがよいだろう。

以上の試案を実施すると、地方自治体は徴収業務を大幅に縮小して日本の総税収の１割強を徴収するだけになる一方で、国税庁は日本の総税収の約７割を徴収するようになる。これは、一見大胆に思えるかもしれないが、日本と同じ単一国家であるスウェーデンの租税庁や英国の関税・歳入庁の徴収比率はもっと高く、連邦国家である米国やカナダの歳入庁並みになるだけだ。社会保険庁と労働局は徴収から完全に撤退し、保険料納付記録の管理、保険給付などの業務に特化することになる。

「税か社会保険か」といった制度体系論ばかりが年金改革の議論の対象ではない。執行機関の改革も年金改革の極めて重要な要素である。しかも、制度体系論とは異なり価値観が入り込む余地が少なく、国民の意見が大きく割れることもないだろう。納税協力費用の抑制や執行の強化などは国民に利益をもたらす。制度体系の議論に偏重することなく、執行機関の改革を推し進めていくことが大切だ。

第6章

日本には手の届かないスウェーデンの年金制度

スウェーデンの年金制度は非常に魅力的であり、学ぶべき点は極めて多い。しかし、日本への導入となると、残念ながら、そのハードルは高い。スウェーデンの年金制度は、同国の比較的高い出生率をはじめ、労働政策、子育て支援策、大胆に移民を受け入れる人口政策、徹底した税務行政などを前提として、はじめて成り立っているからだ。

1 スウェーデンの年金制度

旧制度では基礎年金をベースに付加年金を上乗せ

スウェーデンは1999年から新しい年金制度をスタートさせているが、ここではまず、それ以前の年金制度を整理しておこう。旧制度は基礎年金（FP）と付加年金（ATP）の二階建てを骨格とし、二階部分の付加年金がない人や少ない人に対しては、補足年金が加算されていた（図表6－1）。

基礎年金は事業主だけが負担する保険料を財源の基本とし、不足部分を中央政府の一般財源で賄っていた。40年以上のスウェーデン国内居住、あるいは、30年以上の付加年金への加入があれば満額給付されていた。この事業主負担は保険料というより実質的には年金目的税であると言える。これに対し付加年金は事業主と本人の双方が保険料を負担し、給付額は30年加入のうち、最も所得が高かった15年間の所得をもとに算出されていた。

このような制度で欠点とされたのは主に次の2点である（Edward Palmer［2000］）。一つは、

（図表6-1）スウェーデンの旧年金制度

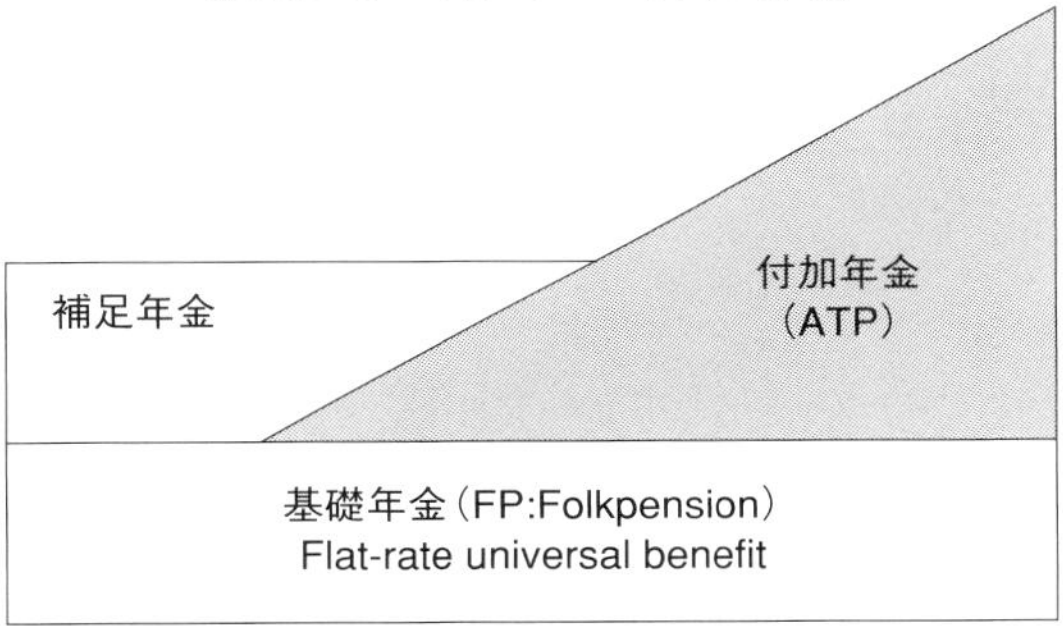

（資料）井上誠一［2003］280ページの図4-1を筆者が改変

あらかじめ給付水準（benefit）を決めておき（define）、それを賄えるように保険料負担の水準を合わせていく「給付建て」（Defined-benefit）の設計であるため、経済の低迷や少子高齢化の進行により、負担額が増加していくということである。そこで、新制度では保険料率を先に18・５０％に固定し、それに給付を合わせる「拠出建て」（Defined-contributions）の設計とした。

もう一つの欠点は、30年間のうち最も所得の高かった15年間をピックアップして給付額を決める方法のため、所得稼得パターンによって不合理な得失が生じてしまうことである。例えば、15年間だけ高所得を稼ぎ、後は無職でいた人の方が、コツコツと30年間稼ぎ続けた人よりも、生涯の所得は同じであっても年金給付が多くなる。これは合理的とは言えない。

新制度では所得比例年金を基本に、保証年金で補てん

新制度では所得比例年金（Income-related pension）を基本にし、年金給付がない人や少ない人には保証年金（Guaranteed

（図表6-2）スウェーデンの年金給付体系（老齢年金のみ）

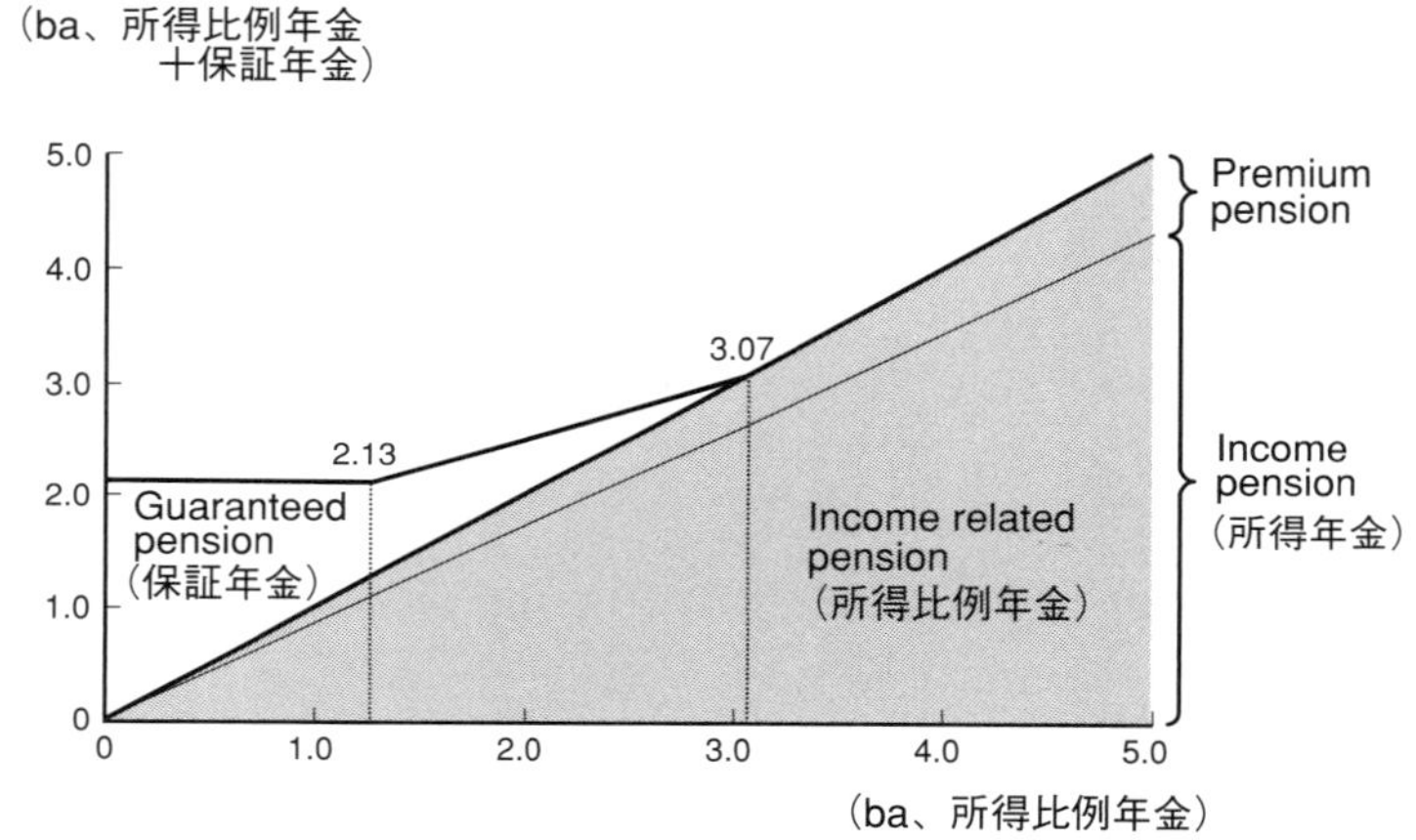

（資料）Swedish Social Insurance Agency『*Orange Report - Annual Report of the Swedish Pension System 2006*』19ページの図表をもとに筆者作成
（注1）ba=price-related base amount 2006年は39,700SEK。
（注2）単身の場合。

pension）で補てんする体系にした（図表6－2）。ここに掲げたグラフを簡単にした模式図は、日本の新聞などでもたびたび紹介されている。雇用者だけではなく自営業者を含む全国民が加入する、いわゆる一元化された年金制度という点は旧制度と同じである。

所得比例年金は「所得年金」（Income pension）と「プレミアム・ペンション」の二つから構成されている。所得年金の財政方式は賦課方式であり、保険料率は16・0％である。一方、プレミアム・ペンションの財政方式は積立方式であり、保険料率は2・5％である。いずれも個人勘定形式であり、あたかも銀行に預金するかのように、毎回の保険料支払い額が政府内に設けられた国民一人ひとりの勘定に記録されていく。

所得比例年金の給付額は個人勘定の残高に比例して決まる。したがって、現役時に十分な所得が得られなかった人は、所得比例年金が低額になる。拠出と給付の関係が明確な所得比例年金は、半面、低所得者にとって過酷な側面を持っているのである。

そこで、所得比例年金の給付額が少ない人に対しては、中央政府の一般財源により保証年金が給付される。保証年金の給付条件は単身か夫婦世帯かによって異なり、単身の場合は、所得比例年金額が３・０７ベース・アマウント（ｂａ）未満の人が対象となる。ｂａは物価基準額（price-related base-amountの略）であり、２００６年時点で１ｂａ＝３万９７００ＳＥＫ（スウェーデンクローナ）と定められている。３・０７ｂａは日本円で換算すると約２１５万円になる（注１）。これはスウェーデンの平均賃金の約50％の水準に当たる。

所得比例年金が１・２６ｂａ未満の人には、所得比例年金と保証年金を合計して２・１３ｂａになるように保証年金が補てんされる。１・２６ｂａ以上３・０７ｂａ未満の人には、所得比例年金が多いほど補てん率は下がるものの、保証年金が補てんされる。

ちなみに２・１３ｂａは、保証年金にも所得税が課税されるスウェーデンにおいて、課税後の額が旧制度の基礎年金（ＦＰ）と補足年金の合計額と同水準になるように設計されている。こうした給付

（注１）１ＳＥＫ＝17・66円で換算。

基準に加え、保証年金を満額受給するためにはスウェーデン国内に40年間以上居住している必要がある（注２）。

ｂａが物価スライドであることにも留意したい。３・０７や２・１３といった基準自体はそのままにして、１ｂａに相当する金額が毎年の物価に応じて変わっていくのである。一方、所得比例年金のうち所得年金は賃金スライド、プレミアム・ペンションは金融資産の収益率で運営される。一般的に物価上昇率は賃金上昇率や金融資産の収益率より低いことから、保証年金は所得比例年金に比べ、時間の経過とともに相対的規模が小さくなっていく。

障害・遺族年金は老齢年金と別建て

ここで説明している所得比例年金と保証年金は、ともに老齢年金（Old-age pension）である。一般に年金には、リスクの発生原因別に老齢年金、遺族年金、障害年金の三つがある。老齢年金と障害年金は、老齢や障害により所得稼得能力が低下・喪失するか、あるいは所得稼得の機会が減少・消滅することに対する所得保障である。遺族年金は一家の大黒柱が亡くなった後の残された遺族に対する所得保障である。

（注２）夫婦世帯の場合の保証年金の額は以下の通り。所得比例年金が１・１４までの人は、所得比例年金と保証年金の合計が１・９０ｂａになるまで保証年金が補てんされる。保証年金は、所得比例年金が２・７２ｂａの人まで給付される。

日本で「年金」と言うと、大抵は老齢年金が想定されるが、実際には雇用主と雇用者が支払う14・996％（07年９月に14・642％から０・354％引き上げられた）の厚生年金保険料により、基礎年金拠出金のほか、老齢厚生年金、遺族厚生年金、障害厚生年金までもが賄われている。米国の公的年金である「ＯＡＳＤＩ」も、Old-age Survivor Disability Insuranceの頭文字をつなぎ合わせており、まさに老齢・遺族・障害保険になっている。これに対しスウェーデンの年金は、これら三つのリスクごとに別々の制度となっており、ここで取り上げているのは老齢年金のみである。スウェーデンでは、障害年金や遺族年金については別途保険料を徴収し、年金給付をしている。

日本では、単身世帯であっても、当人に必要のない第三号被保険者分や遺族年金分の費用負担が年金保険料として求められるのに対し、このようなスウェーデンの制度は、単身か夫婦かといった世帯形態の相違に対して公平である。

あたかも銀行預金のような個人勘定

所得比例年金のうち、所得年金の個人勘定について具体例を用いて説明しておこう（図表６‐３）。なお、以下の数値例はEdward Palmer［２０００］に基づいている。

２０００年に22歳で働き始め、２０３８年の60歳まで働き続ける人を想定する。年間所得は２万７０６１ドルでスタートし、毎年２・０％上昇していく。この人は２０００年には、所得年金の保険料として、所得に16・０％を掛けた４３３０ドルを政府に納める。政府には、この人の名義の個人勘定

(図表6-3)スウェーデン個人勘定のイメージ

(ドル、%、歳)

年	年齢	年間所得(伸び率) A	保険料率 B	支払保険料(年間) C (＝A×B÷100)	個人勘定残高	平均余命(男女平均)	年金額
2000	22	27,061	16.0	4,330	4,330 (d)	—	—
2001	23	27,602 (2.0)	16.0	4,416 (e)	8,833 (f)	—	—
2002	24	28,154 (2.0)	16.0	4,505	13,514	—	—
2003	25	28,717 (2.0)	16.0	4,595	18,379	—	—
⋮	⋮	⋮	⋮	⋮	⋮	—	—
2037	59	56,305 (2.0)	16.0	9,009	342,334	—	—
2038	60	57,431 (2.0)	16.0	9,189	358,369 (g)	—	—
2039	61	—		—	—	24.24 (h)	14,784 (i)
2040	62	—		—	—		15,080
2041	63	—		—	—		15,382
⋮	⋮	—		—	—		⋮

22歳になった時点で保険加入、61歳で受給開始のケース

(例) 23歳時の年末個人勘定残高
4,330(d)×1.02＋4,416(e)＝8,833(f)
個人勘定の残高にみなし運用利回りで利息がつき、さらに、2001年度に支払った保険料額が記録される。

(例) 61歳受給開始の場合の年金額
358,369(g)÷24.24(h)＝14,784(i)
個人勘定残高を男女の平均余命で割る。

(資料) Edward Palmer [2000] を筆者が加筆修正
(注1) みなし運用利回りを2.0%と想定。
(注2) 図表では簡単化のため、賃金スライドをあらかじめ織り込むために平均余命より小さな値で割って年金額を決める「フロントローディング」(190ページ) は省略した。
(注3) 金額は四捨五入による。

があり、そこに4330ドルが残高として記録される。

ただ、賦課方式を原則としているため、この残高が金融資産として運用される訳ではない。そこで、この残高に対しては一人当たり賃金上昇率の実績値を「利回り」とみなして利子を付けていく（みなし運用利回り）。すると2001年の個人勘定残高は、4330ドルに2・0％の利息を加え、さらに、この年の支払保険料4416ドルを足した8833ドルになる。このようにして、個人勘定に残高が蓄積されていく。一人当たり賃金上昇率を利回りとすることは、賃金スライドと同様の効果を持つ。

スウェーデンでは61歳から年金を受給できる。この人も61歳から受給を始めるとしよう。2038年末の個人勘定には35万8369ドルが記録されているので、この記録に基づいて年金給付額が決定される。具体的には、その時点（2038年末）で推計されている男女を合わせた年金受給開始年齢（この場合61歳）人口の平均余命をもとに「除数」を決め、この除数で個人勘定の残高を割った、1万4784ドルを年金受給額とする。なお、61歳時の除数は暫定であり、65歳時に確定する。

給付額算出の除数に込められた三つの工夫

除数には三つの工夫が施されている。一つは、年金財政にとっての大きな見込み違いが発生しにくいということである。除数に用いられる平均余命の推計は、すでに年金受給開始年齢に達している人のものである。そのため、実績も推計値から大きくは外れにくく、仮に外れても年金財政に対する影響はそれほど大きくはならない。

一方、日本ではゼロ歳時の平均余命（平均寿命）を使っている。04年の年金改正の際に、02年1月の将来推計人口を使って平均寿命は男81・0歳、女89・2歳としたが、06年12月の新しい将来推計人口によると、平均寿命は男83・7歳、女90・3歳に伸びている。その分、財源不足になってしまう（この財源不足分はマクロ経済スライドの適用期間延長で解消せざるを得ない、第3章）。

二つ目は、男女を合わせた全員の平均余命を使うことである。日本に限らず、スウェーデンでも、女性の方が男性より平均余命が長い。また、一般に女性は男性に比べ平均賃金が低く、就労期間も出産や育児などで制約を受ける。このため、所得比例年金の勘定残高を積み上げていくと、女性は男性に比べ不利になる。ただでさえ男性より平均的に少ない個人勘定残高を、女性の長い平均余命で割れば、年金受給額はさらに少なくなってしまう。こうした状況を少しでも緩和するために、男女を合わせた全員の平均余命を用いる。

三つ目は、除数を平均余命より小さくすることによって、給付開始後の既裁定年金に賃金スライドの効果をあらかじめ織り込んでおくことである。具体的には実質賃金上昇率を暫定的に1・6％と見込み、年金給付開始時の計算に使う除数をその分だけ小さくする。年金給付開始後は、毎年、物価上昇率および実際の実質賃金上昇率（両者を合わせれば名目賃金上昇率）と、すでに織り込み済みの1・6％の差に応じて、年金給付額を変えていく。これはフロントローディングと呼ばれている。

以上が、所得比例年金のうち所得年金の仕組みである。もう一つのプレミアム・ペンションについては、401kのように自らが金融資産を選択して運用することになる。

自動収支均衡装置は緊急避難用

このように、スウェーデンの所得年金では、新規裁定年金にも既裁定年金にも賃金スライドがある。日本では、2000年改正によって既裁定年金は賃金スライドから物価スライドに変更になり、さらに04年改正のマクロ経済スライド導入により、新規裁定の賃金スライドや既裁定の物価スライドという原則さえも、長期間にわたり棚上げされることとなった（第3章）。スウェーデンの所得年金は日本に比べて恵まれた給付になっている。

ただ、スウェーデンの所得年金も賦課方式を原則に財政運営されているため、将来の経済状況や人口動態によっては賃金スライドが続けられなくなる場合があり得る。そこで、経済や人口の前提がスウェーデン政府の見通し通りにならず、年金財政の支出が収入に比べ過大になった場合には、個人勘定残高に一人当たり賃金上昇率分の利子を付けていることや既裁定年金の賃金スライドについては、一定期間停止して年金財政の健全性を回復することにした。

こうした「停止措置」は国民に受けが悪い。したがって政治家も嫌がる。そこでスウェーデンでは、法改正プロセスを経ずに、年金財政の健全性を測る指標だけを見て、事前に定めた一定基準を下回れば、自動的に停止措置が発動される仕組みにした。これが自動収支均衡装置（automatic balance mechanism）である。年金財政が政治に左右されるリスクを遮断したのである。なお、年金財政の健全性を測る指標は「保険料収入×回転期間（注3）＋積立金残高」を「過去期間分の給付の現在価値の和」で割った値であり、「バランス比率」と呼ばれる。これが1を上回っていれば年金財政が健全と見なされ、これが1を下回った時には、自動収支均衡装置が発動される。

もっとも、自動収支均衡措置は基本的には発動が予定されていない。あくまで、緊急避難的なものであり、はじめから発動を必要としている日本のマクロ経済スライドとは大きく異なる。

所得比例年金に保証年金向けを上回る一般財源

老齢年金を構成する所得年金、プレミアム・ペンション、保証年金について２００５年の収入と支出の内訳を見てみよう（図表６‐４）。

所得年金とプレミアム・ペンションの主な収入は保険料である。この中に中央政府の支払う保険料も含まれている。所得年金の場合、保険料収入１７９６億ＳＥＫのうち、中央政府分は２６５億ＳＥＫ。プレミアム・ペンションの場合、同様に２３８億ＳＥＫのうち36億ＳＥＫである。中央政府分は計３０１億ＳＥＫに及ぶ。「中央政府が保険料を支払う」ということに違和感を持つ読者もいると思うので補足しておきたい。一つは失業、育児、介護休業中などの理由で所得が途絶えている人に対する、中央政府による保険料の事業主負担分の肩代わりである。これらの人は失業給付などの社会保険給付の中から自己負担分だけを支払えばよい。もう一つは主に疾病中の人に対する、中央政府による自己負担分と事業主負担分双方の肩代わりである。

（注３）回転期間（ターンオーバー・デュレーション）。将来も人口構成が変わらないことを前提に算出した、年金保険料を支払う年数の平均。これを今年の保険料収入に掛け、将来収入を近似する。

（図表6-4）老齢年金（Old-age pension）の収支構造と規模（2005年）

（億SEK）

収支構造／給付種類	収入				支出			収支
	保険料 Con-tributions	法定政府支出 Statutory Govt. funding	その他	合計	給付（ウェイト）%	行政費用	合計	
所得年金 To/from AP fund	1,796		1,146	2,942	1,691（88.2）	20	1,712	1,230
（うち中央政府）	（265）							
プレミアム・ペンション Premium Pension Scheme	238			238	1（0.1）	3	4	－
（うち中央政府）	（36）							
保証年金 To/from National Budget	114	111		225	224（11.7）	0	225	－
合計	2,147	111	1,146	3,404	1,917（100.0）	23	1,940	－

（資料）Swedish Social Insurance Agency『*Social Insurance in Sweden 2006*』147ページ、同『*Annual Report of The Swedish Pension System 2006*』58ページより筆者作成

（注1）雇用主が負担する保険料のうち、課税所得の上限を超える部分は中央政府の収入となる（実質租税）。保証年金の収入の保険料114億SEKは、この中央政府収入が充てられているとみられる。

（注2）所得年金には、旧制度の給付であるATPを含む。

（注3）四捨五入により、合計は一致しない場合がある。

なお、所得年金の保険料はＡＰファンド（スウェーデンの年金運用基金）という基金で受け払いがなされている。このＡＰファンドにはバッファーとして積立金が存在し、その運用益は「その他」に計上されている。

一方、保証年金の収入２２５億ＳＥＫの内訳は法定政府支出と保険料であり、金額はほぼ半々になっている。法定政府支出とは、中央政府からの拠出、すなわち一般財源である。一方、保険料とは、所得比例年金の保険料の事業主負担分のうち、一定額を超える部分はＡＰファンドに繰り入れられず、中央政府を経由してそのまま保証年金の財源になる。もっとも、この保険料も中央政府を経由しているので、２２５

億ＳＥＫの全部を中央政府からの支払いと見ていいだろう。

日本において、スウェーデンの年金制度が紹介される際、所得比例年金の財源は保険料で賄われ、保証年金は税（一般財源）で賄われると言われることが多いが、実際には所得比例年金に中央政府の支払う保険料３０１億ＳＥＫが入っており、その規模は保証年金への拠出２２５億ＳＥＫを上回っている。所得比例年金に対する一般財源投入の方が、保証年金に対するものより多いのである。スウェーデンの年金制度を導入すれば、即座に一般財源が節約できる訳ではない。

保証年金の規模縮小を目指す好ましい誘因

所得年金の支出は老齢年金全体の88・2％を占めている（図表６‐４）。所得年金の給付には、旧制度の付加年金（ＡＴＰ）も含まれている。プレミアム・ペンションは積立方式であるため、本格的に給付が始まっていないと見られる。注目すべきは保証年金が相対的に小さいことであり、老齢年金合計の11・７％に過ぎない。旧制度から新制度への移行過程であることを考慮しても、所得比例年金の給付規模９に対し、保証年金は１程度でしかない。あくまで保証年金は所得比例年金の補てんなのである。しかも、所得比例年金（所得年金とプレミアム・ペンション）の給付額は賃金上昇率や金融資産の収益率で引き上げられていくのに対し、保証年金は物価スライドにとどめられているため、老齢年金の中での保証年金の相対的規模はさらに縮小していく可能性が高い。

加えて、次のようなことが言える。説明のために一つの模式図を作った（図表６‐５）。図の上段に

（図表6-5）現役時の所得分布と保証年金への需要

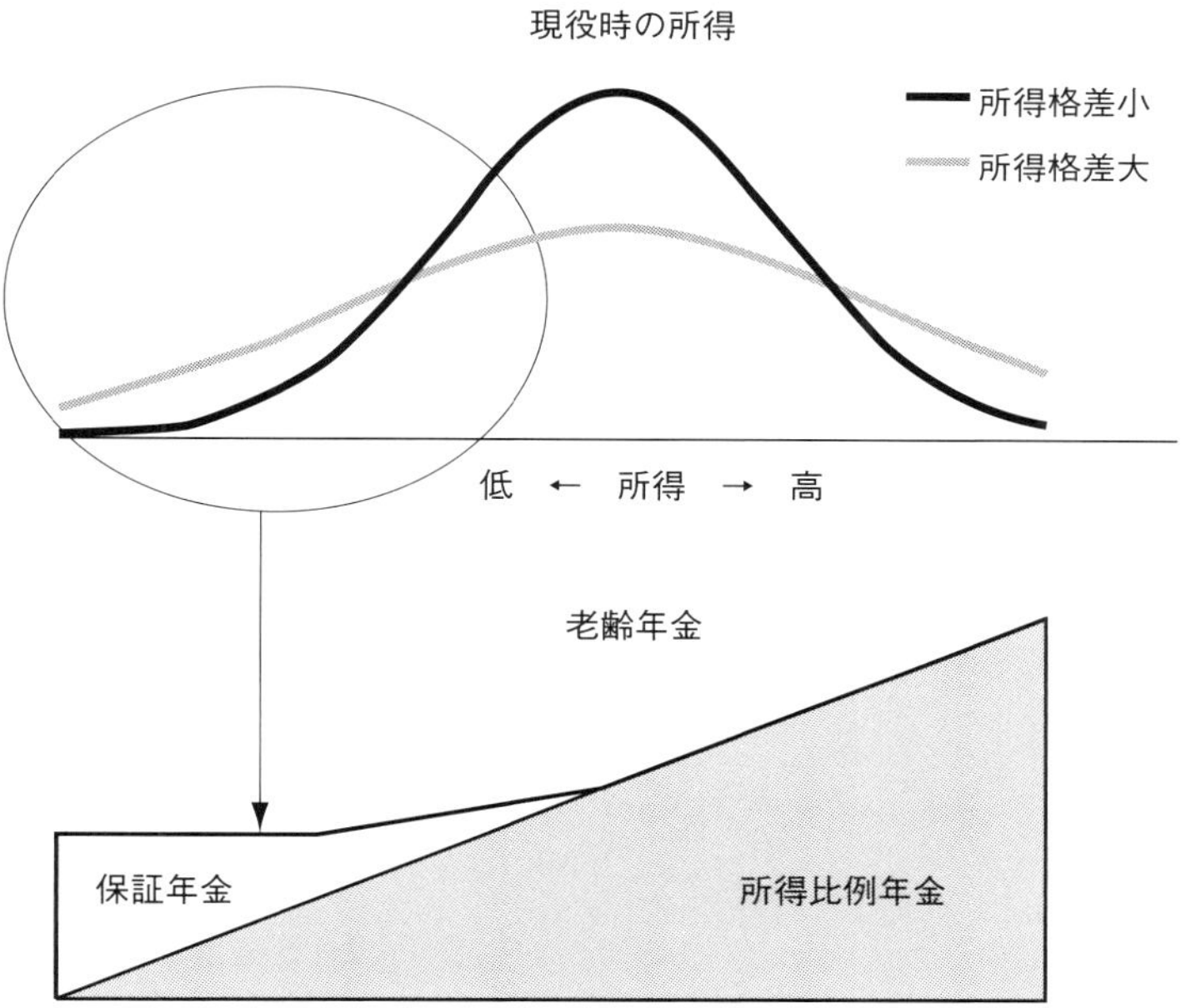

（資料）筆者作成

描いてあるのは、現役の所得分布を二つのパターンで示したものであり、下段は老齢年金の給付体系である。所得分布の2本の曲線は、いずれも同じ平均値でありながら、分布（山の高さと裾野の厚さ）が異なっている。山の頂上が低い曲線は、所得の散らばりが大きく低所得層の人数も多い。いわば格差社会だ。この場合、将来の保証年金の需要は増えてしまう。反対に、山の頂上が高い曲線では多くの人が平均前後にいて、裾野が薄く低所得層が少ない。格差のあまりない社会だ。この場合、将来の保証年金の需要は減ることになる。

すると、現役の低所得層を減らせば、将来の保証年金に対する需要は減っていくことになる。そのためには、まず、労働市場の整備が重要だ。失業が少なく、男女間の賃金格差も小さく、出産・育児が女性の就労にとってペナルティーにならない社会であることが望まれる。また、現役層の所得水準を上げたり、中央政府が保険料を肩替わりする仕組みを作って、できるだけ所得比例年金の個人勘定の記録を積み上げていくことも重要である。こうした施策が織り込まれている点についても、スウェーデンの年金制度は良くできていると言える。

2 ハードルが高い日本への導入

前提条件あってのスウェーデンの年金制度

スウェーデンの年金制度は非常に論理的であり、理解しやすい。日本のように、「年金保険料」を使って世代内や世代間での大規模な所得再分配が行われることもあまりない。まさに、年金保険料の名前にふさわしい拠出と給付の関係になっている。一般財源の充当方法も合理的である。保証年金の存在によって、無年金や極端な低年金もなくなる。スウェーデンの年金制度を理想的だと提唱する人が多いのもうなずける。

だが、こうした年金制度が無条件に成り立っている訳ではない。例えば、新規裁定年金のみならず既裁定年金にまで賃金スライドを適用するには、人口の安定的推移が大前提となる。所得比例年金を徹底するには、男女間格差の小さい労働市場でなければならないし、女性が出産や育児などで就業が中断されても、その間の所得が保証され、職場復帰もスムーズにできなければならない。徴税体制がしっかりしていないと、仮に自営業者の中で、所得を少なく申告して保証年金を多くもらおうとする人が出てきてもそれを排除することができない。このように、スウェーデンの年金制度を日本に導入する場合には、いくつもの前提条件が必要となる。

高い出生率と純移民の人口増への寄与

１９８５年以降のスウェーデンの合計特殊出生率（以下、出生率）と人口増加数の前年比を見てみよう（図表６‐６）。出生率は１９９０年の２・１４人をピークに低下したが、１９９９年の１・５０人を底に持ち直して、２００５年には１・７７人まで回復している。日本の出生率がおよそ40年間低下し続けて２００６年に１・３２人となっているのとは対照的である。

（図表6-6）スウェーデンの人口増加数と合計特殊出生率の推移
（1985年〜2005年）

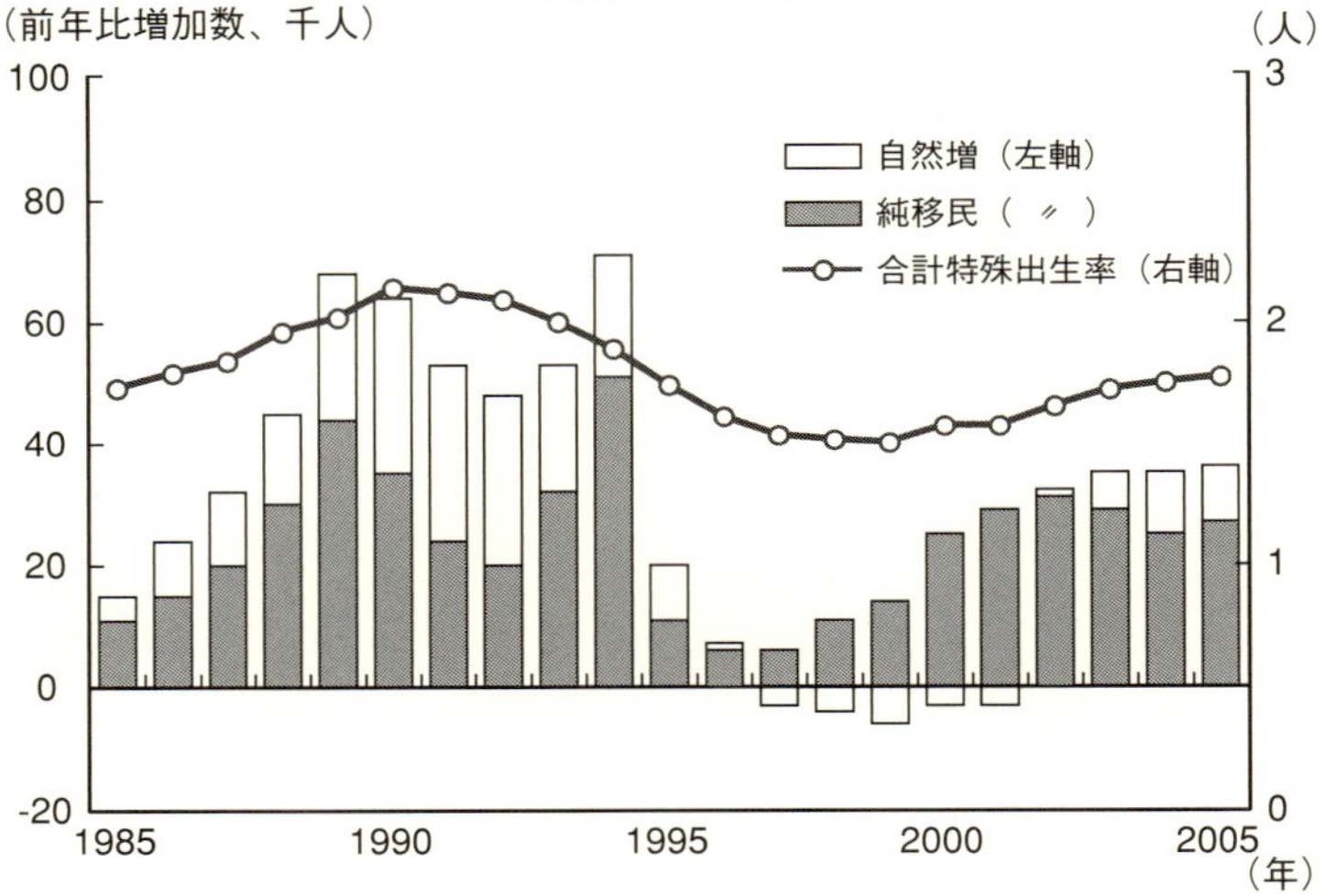

（資料）国立社会保障・人口問題研究所『人口統計資料集2007年版』、OECD『*Labour Force Statistics 1985-2005 : 2006 Edition*』より筆者作成

また、スウェーデンの人口増加要因のほとんどが純移民である。第2章1節で述べたように、この点も日本と全く異なる。こうした実績を受けて、スウェーデン政府は将来の年金財政の前提として、出生率1・85人、毎年の純移民2万3000人を想定している。仮に、人口動態が全く異なる日本でスウェーデンのような賦課方式の個人勘定の年金を導入しても、極めて低い利回りしか国民に提示することができないだろう。

未就学児を持つ母親の高い就業率

所得に比例して保険料を支払い、それに応じて年金給付を受けるには（言い換えれば、拠出原則を徹底するには）、当然のことながら所得を稼げる環境が整っていなくてはならない。そのためには、出産や育児で就業を中断される女性が労働市場で不利になってはいけない。ＯＥＣＤの『*Society at a Glance* ２００５年版』に興味深い各国比較が掲載されている（図表6-7）。

6歳未満の子ども、すなわち未就学児を持つ母親の就業率を１９９０年と２００２年の2時点で比較している。まず、スウェーデンでは、90年に85％、02年に78％と低下しているが、ＯＥＣＤ諸国の中ではトップクラスに位置している。一方、日本は90年に37％、02年に35％と、ＯＥＣＤ諸国の中でも最低クラスであり、さらに90年から02年にかけて低下している。

この状況で、スウェーデンの年金制度を導入すると、中央政府の一般財源による所得比例年金保険料の肩代わりが大規模に発生するか、あるいは、保証年金の受給者に女性が集中することになる。いずれにしても労働市場の不備を一般財源でカバーする必要が生じてしまう。

勤労世代への手厚い所得保障

仮に労働市場が改善されたとしても、なお、女性は出産時に就業を中断せざるを得ないし、特に日本では家庭内労働も女性に偏ってしまいがちである。所得比例年金を貫くのであれば、出産や育児などを考慮した所得保障や年金制度上の措置がなければ、所得比例年金はやはり過酷なものとなる。そこでスウェーデンでは、失業、育児などの理由で所得が途絶えている人に対して、前述のように中央政府が保険料の事業主負担分を肩代わりする仕組みなどがある。

現役時の所得保障全般について、ＯＥＣＤの『*Society at a Glance* ２００５年版』のデータを参照

（図表6-7）6歳未満の子どもを持つ母親の就業率

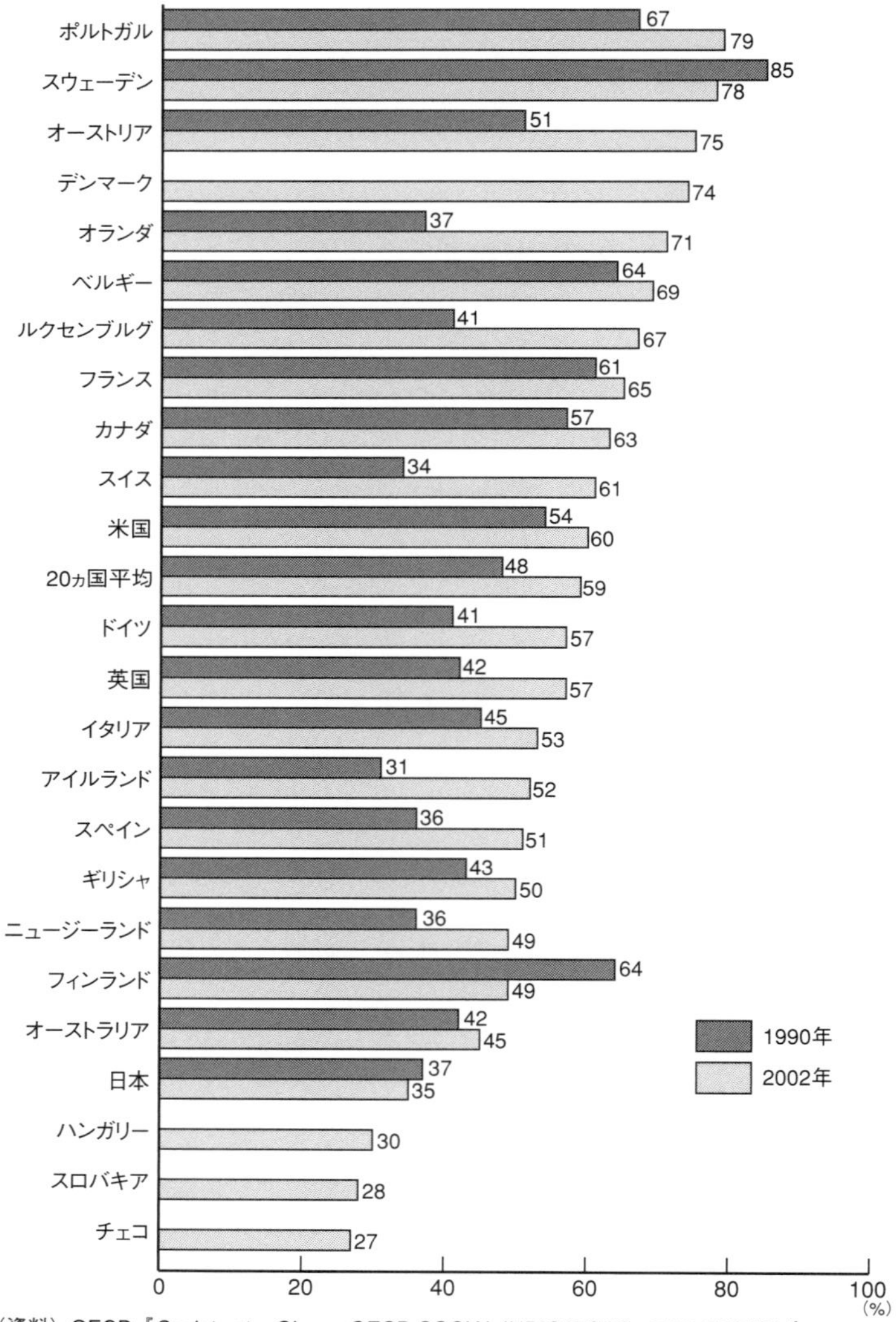

（資料）OECD『*Society at a Glance OECD SOCIAL INDICATORS : 2005 EDITION*』

（図表6-8）公的支出の対GDP比（2001年）

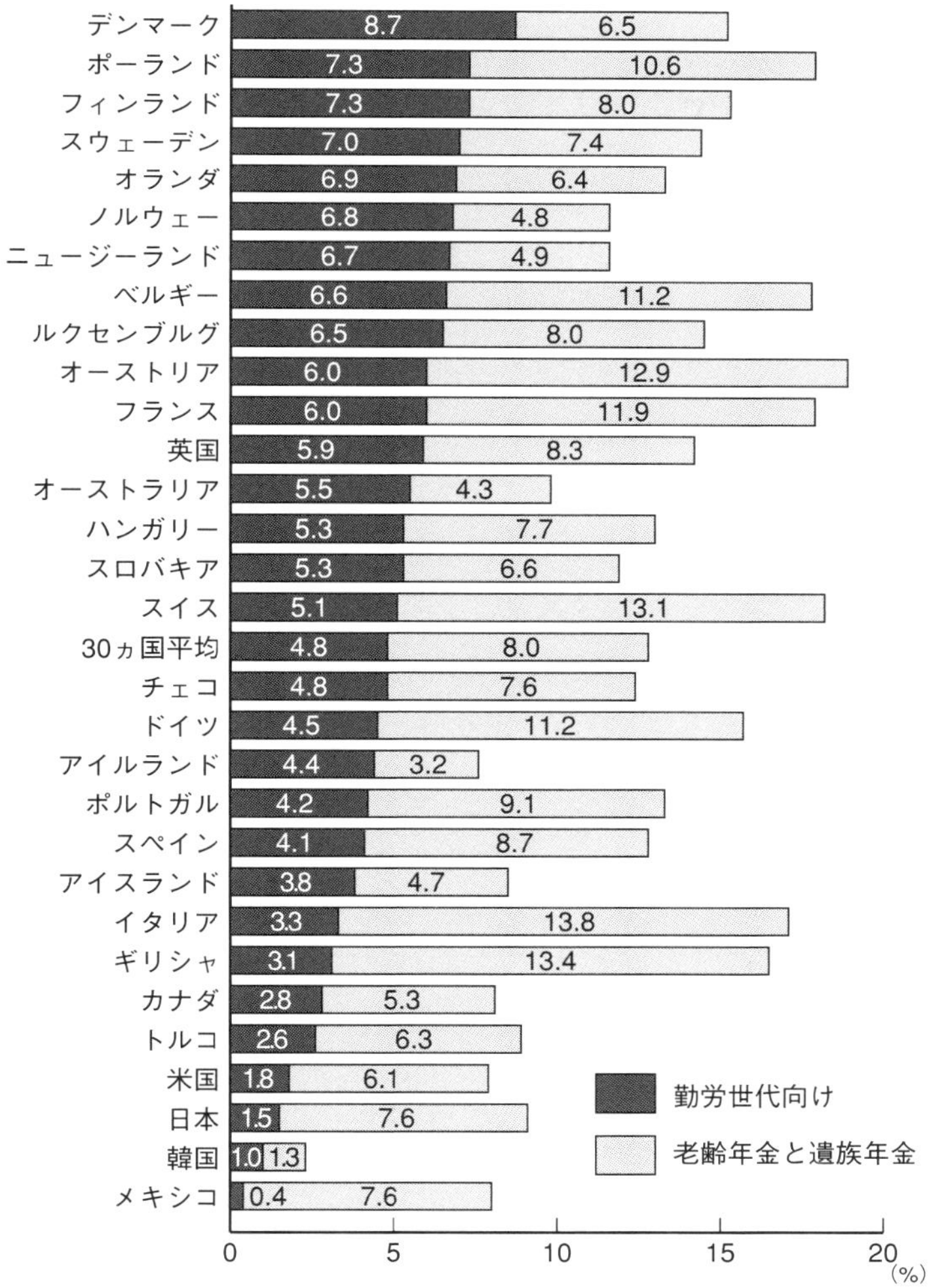

（資料）OECD『*Society at a Glance OECD SOCIAL INDICATORS : 2005 EDITION*』

してみよう（図表6‐8）。公的所得保障を勤労世代向け、老齢年金・遺族年金に分けて、対GDP比をOECD諸国で比較してある。スウェーデンは勤労世代向け所得保障が対GDP比7・0％、老齢年金と遺族年金は同7・4％とほぼ半々で、勤労世代に手厚い所得保障が行われている。日本では1・5％、7・6％と圧倒的に老齢年金と遺族年金に偏っている。

税務行政の徹底

所得比例を前提にするならば、税務当局による所得の正確な捕捉が重要である。もっとも、所得税が源泉徴収される給与所得と異なり、自営業者の事業所得を政府が正確に捕捉するのは容易ではない。日本でも、昔からクロヨンあるいはトーゴーサンと言われている問題である。クロヨンとは、給与所得の所得捕捉率は9割であるのに対し、営業所得は6割、農林漁業所得は4割にとどまると言われることに由来している。

もし、スウェーデンの自営業主が所得を過少に税務当局に申告し、所得比例年金の個人勘定残高が少なくなり、その結果として税を財源とする保証年金を受け取るとすれば、雇用者は不公平感を感じるであろう。これは、制度の根幹を揺るがすことになる。

こうした事態を防ぐには、税務行政がしっかりしている必要がある。スウェーデンでは、第5章で見た通り、年金などの社会保険料は国税と合わせて租税庁（Tax Agency）が徴収している。次のようなデータを見ると、その徹底ぶりを垣間見ることができる。

まず、租税庁に対して、日本でいう確定申告書を送付した個人納税者数だ。２００５年に７１０万人となっている。スウェーデンの15歳以上人口は７５０万人であるから、ほぼ全員が提出していることになる。日本では、給与所得者で確定申告をする人は高額所得者や複数先から所得を得ている人など少数であり、自営業者でも所得申告をする人は全自営業者数の３割程度に過ぎない。課税最低限に達しないため、所得を申告していないのである。

第二に納税者番号の存在である。納税者番号を付番し、就業や金融取引など日常生活の中で定着させ、その情報を税務当局が把握することにより、様々な所得を正確に捕捉しようと努めている。確定申告についても、租税庁から納税者に送られてくる申告用紙に、前年の所得などが事前に記載されている。それに誤りがなければ、納税者はサインして送り返すだけである。日本では、納税者番号が議論の俎上に上ることはあっても、導入されていない。

第三に、租税庁の職員数である。スウェーデンの全人口は９００万人だが、租税庁職員は１万０３１８人もいる。なんと納税者９００人に租税庁職員１人の割合であり、この職員１人が担当する納税者の名前をすべて覚えることも無理ではなかろう。日本では、人口１億３０００万人に対して、国税庁職員は５万６２３９人に過ぎない。

徴収の徹底ぶりは税務当局の査察事件による実刑の多さにも表れている。スウェーデンでは２００５年に２６３人が脱税で実刑判決を受けているが、日本ではたかだか14人に過ぎない。スウェーデンは脱税を行う人を徹底して刑務所に入れている国とも言える。

第四に、1960年以降の電子記録化された所得記録の存在である。この記録があることによって、旧制度から新制度へ比較的短期間で移行できたと言われている。日本にスウェーデンの年金制度を導入するのであれば、これから記録を蓄積していかなければならない。

3 所得を課税ベースとする年金一元化に潜む問題

雇用者と自営業者を同じ土俵に乗せるには

スウェーデンと同様、「所得」を負担額決定の基準とする全国民共通の年金制度を持っている国には、他に米国や英国（第7章）などがある。日本は、基礎年金部分の給付については全国民共通となっているにもかかわらず、負担方法と水準は厚生、国民、共済各制度バラバラであるといういびつな状況にある（第1章）。こうした状況には問題が多く、負担面においてもスウェーデンや米国のように「所得」を課税ベースとして共通化すべきとの提案もある（注4）。

ここで問題となるのが、雇用者と自営業者の「所得」を同じ土俵に乗せていくことが可能なのか、また、それは好ましいことなのかということである。所得の性質、所得分布、所得稼得期間の順に検討していこう。

（注4）例えば、牛丸、飯山、吉田［2004］、神野、井出編［2006］など。

（図表6-9）就業形態別所得分布

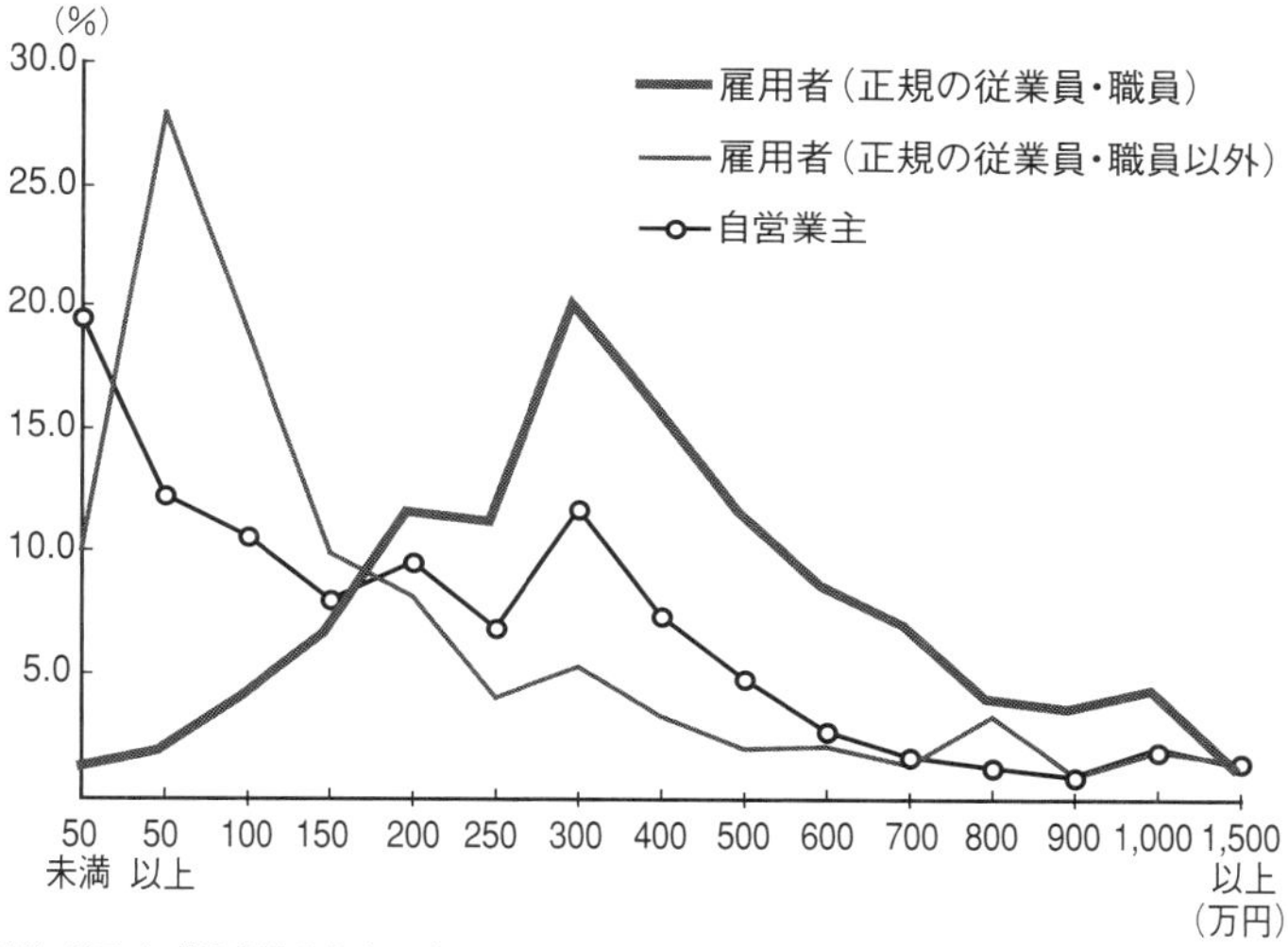

（資料）総務省『就業構造基本調査』平成14年版より筆者作成
（注）自営業主の所得は、営業利益（売上高から仕入高、原材料費、人件費、消耗品費などの必要経費を差し引いた額）。

まず、所得の性質についてだが、雇用者の所得は主に給与収入であり、これは労働所得である。一方、自営業者の事業所得は資本所得と労働所得のミックスである。同列には論じにくい。スウェーデン政府は、この点に配慮し税制上の一定の基準に従って、事業所得を資本所得と労働所得に分割し、労働所得だけを対象に年金保険料を課している（清水時彦氏の調査による、清水［２００７］）。ハイレベルな課税方法だ。

次に所得分布を見てみよう（図表６-９）。日本では、雇用者（正規）の所得分布は３００万円以上４００万円未満をピークに富士山型の分布を形成している。自営業主は50万円未満に20％弱の人が集中し、以降、所得が高い層へと右肩下がりになっている。仮に、こうした所得分布のまま、スウェー

（図表6-10）自営業主と雇用者の年齢分布

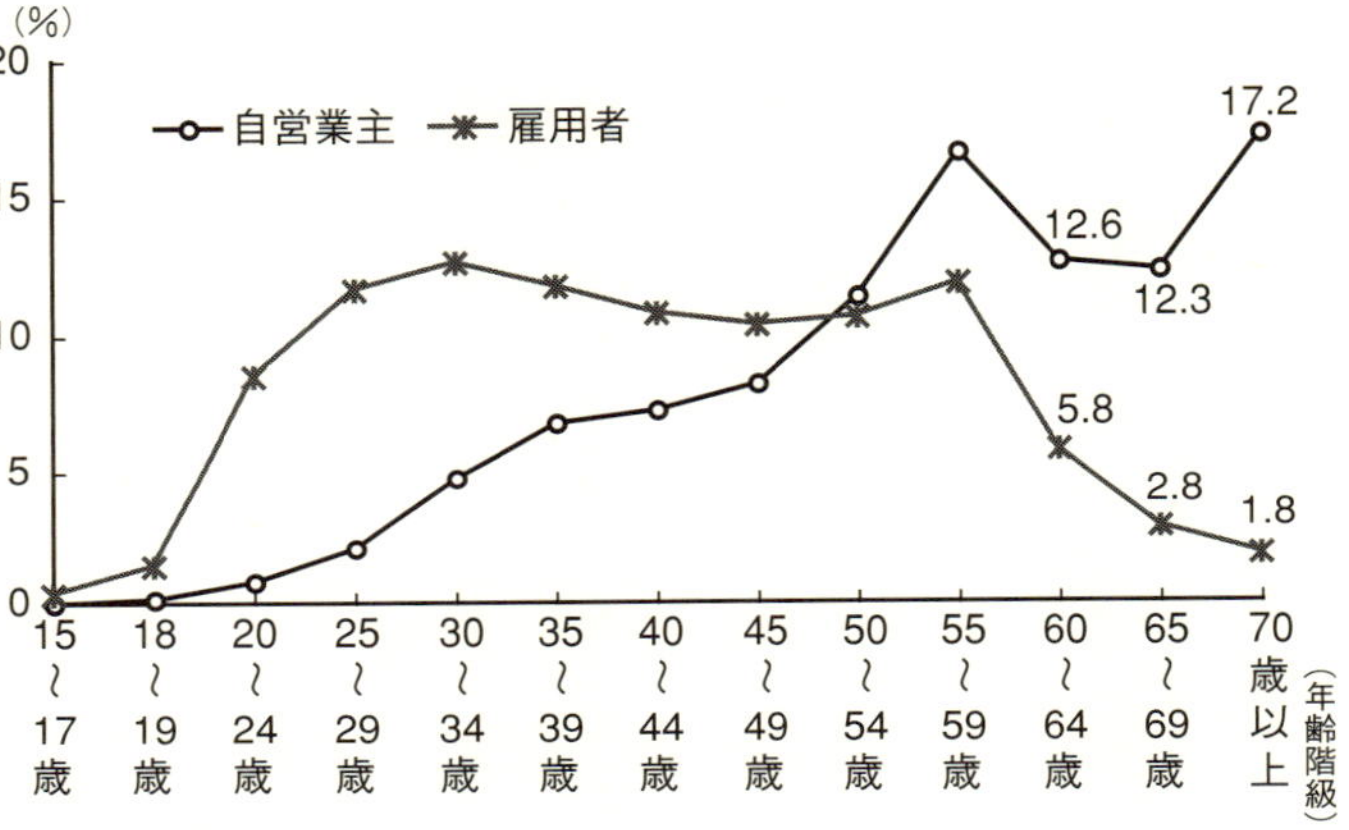

（資料）総務省『労働力調査（平成18年平均）』より筆者作成

デン型の年金制度を導入すれば、保証年金受給者に自営業者が集中してしまいかねない。

さらに年齢分布をもとに所得稼得期間を調べる（図表６-10）。雇用者と自営業主の年齢分布を見ると、雇用者は高校卒業年に当たる18～19歳からウェイトが高まり、55～59歳までほぼ横ばいで推移した後、60～64歳以降に急にウェイトが落ちる。60歳以上は雇用者全体の10・４％に過ぎない。一方、自営業主は55～59歳以降が高台になっている。60歳以上は全体の42・１％を占める。

この年齢分布から、大きく次の二つのことが言える。一つは、自営業者は雇用者に比べて、生涯における所得稼得期間が長いということである。図表６-９の単年度所得だけを見て、自営業者は雇用者に比べて低所得者が多いと言っても、生涯所得で見れば自営業者と雇用者の差が縮まる可能性が高い。スウェーデンの年金制度が適用されれば、自営業者は60歳くらいまでの相対的に低い所得によって所得比例年金額が決まり、それに基づいて税金から保証年金が給付されることになる。これは公平なこととは言えないだろう。

もう一つは、自営業者の多くは60歳以上でも所得を得ており、年金に対するニーズは雇用者ほど高くないということである。このように、日本の状況を考えると、単年度の所得を共通の尺度として、自営業主と雇用者を一律に扱う年金制度を設計することが、容易なのか、良いことなのか、疑問が湧いてくる。

単年度所得で負担を決めるのは公平か

単年度所得で所得を計測することが適切か否かは租税論でも重要な論点の一つになっている。次の数値例で確認しよう（図表6‐11）。

同じ生涯所得1億8300万円で、生涯における所得稼得パターンの異なるA、B、C3人がいたとする。ここでは遺産や贈与については想定しない（注5）。Aには20歳から80歳まで毎年300万円の所得がある。Bは20歳から59歳まで毎年約458（457・50）万円稼ぎ、60歳からは無収入になる。Cは20歳に1億円稼ぎ、21歳から59歳まで毎年約213（212・82）万円稼ぐ。

課税最低限を仮に300万円とすると、A、B、Cの所得税負担はそれぞれゼロ、948万円、4

（注5）遺産や贈与が存在し、それが軽課であるならば、ここでの数値は全面的には成り立たない。

（図表6-11）生涯において所得稼得パターンの異なる数値例

（万円）

年齢	ケースA 年収300万円を 20歳～80歳まで稼得		ケースB 年収458万円を 20歳～59歳まで稼得		ケースC 20歳で年収1億円を稼得、 以降59歳まで年収213万円を稼得	
	年収（所得）	所得税・住民税	年収	所得税・住民税	年収	所得税・住民税
20	300	0	458	24	10,000	4,570
21	300	0	458	24	213	0
⋮	⋮	⋮	⋮	⋮	⋮	⋮
57	300	0	458	24	213	0
58	300	0	458	24	213	0
59	300	0	458	24	213	0
60	300	0				
⋮	⋮	⋮				
79	300	0				
80	300	0				
合計	18,300	0	18,300	948	18,300	4,570

（資料）筆者計算（四捨五入により、合計は一致しない場合がある）
（注）生涯所得は、いずれのケースも1億8,300万円、課税最低限300万円と仮定。

５７０万円となり、Ｃが一番多くの税を払う。課税最低限と累進税率のためである。このように生涯所得が同じなのに、所得稼得パターンによって大きく税負担が異なってくるのは、あまり公平とは言えない。

もし、所得税ではなく消費税であれば、こうした生涯ベースの不公平は生じない。３人の税収合計５５１８万円を政府が得るには、３人が所得をすべて消費すると仮定して、約10％の消費税率にすればよい。３人とも約１８３０万円の消費税負担となる。すなわち、消費税を通じて、生涯所得に対して課税していることとなる。

課税最低限もなく累進税率でもない比例税率の社会保険料の場合はどうなるのか。社会保険料には通常、年齢に上限がある。保険の加入期間を一律に、例えば59歳までの現役時に限るとすれば、Aが有利になり、BやCは不利になる。

実態解明も十分ではない所得捕捉の問題

クロヨン（あるいはトーゴーサン）問題は古くからの税制上の問題だ。国民年金保険料がいまだに定額負担であるのも、この問題が原因の一つと説明されている。

クロヨンについて定量的に調べようとしたのが、石弘光放送大学長（元政府税制調査会会長、一橋大学名誉教授）の1981年の研究である。この研究は、それまで感覚的にクロヨンと言われてきたことが、おおむね実証できることを示した（図表6-12）。その後に続く諸研究でも、ほぼ同様の結論が導かれている（注6）。このようにクロヨン問題が解消されたという信頼に足る研究は見当たらないし、米国などと異なり、日本では政府自身による実態調査もない。米国では会計検査院（GAO＝General Accounting Office）［1997］が実態調査を行い、給与所得、資本所得、事業所得それぞれの捕捉率を99・1％、92・8％、67・7％と公表している。スウェーデンの租税庁［2007］は年次報告書において「Tax errors and tax evasion」という1章を設け、民間研究者による捕捉率の推計結果を紹介するとともに、政府の行った調査結果を開示し、これらを比較分析、多面的な実態把握をしている。

（注6）最近のものとしては経済産業省［2001］、大田、坪内、辻［2003］がある。これらは、図表6-12の諸結果とは異なり、クロヨンが相当程度解消された可能性を示唆している。もっとも、これらの実証方法を点検すると、方法に難があり、結果もやや信頼しにくい面がある。詳しくは、西沢［2005］。

（図表6-12）所得捕捉率の主な推計

推計者	所得捕捉率の推計結果			
石弘光（1981）	給与所得	98.2%	98.6%	91.3%
	営業所得	65.3%	54.2%	71.0%
	農業所得	28.3%	25.9%	20.9%
		（71年）	（74年）	（77年）
小西砂千夫（1997）	給与所得	101.7%		
	営業所得	46.8%		
	農業所得	24.0%		
		（84年）		
奥野・小西・竹内・照山・吉川（1990）	給与所得	―		
	営業所得	64.4～77.0%		
	農業所得	46.9～57.2%		
	（85年、3ケースに分けて試算された結果の上下限）			
林宏昭（1995）	給与所得	101.3%	99.4%	101.4%
	営業所得	52.5%	58.6%	61.7%
	農業所得	13.3%	14.3%	20.7%
		（79年）	（82年）	（87年）

（資料）石［1981］、小西［1997］、奥野他［1990］、林［1995］より筆者作成
（注）括弧内は推計対象年。

クロヨンに対して、サラリーマンが強い不満を抱いていることを強く印象付ける出来事もあった。政府税制調査会が2005年6月に『個人所得課税に関する論点整理』という報告書を公表した。給与所得控除の縮小などサラリーマンにとって厳しい内容を含んだものであったうえに、税調会長が「サラリーマンに頑張って貰う」と発言したことも加わり、サラリーマンの反発を招いたのである。

クロヨン問題を感覚的なものにとどまらせておくのではなく、政府自らが実態を調べ、改善を図っていく必要がある。そうしなければ、所得税か消費税かといった税目の選択が

適切になされず、税制のみならず年金をはじめとする社会保障制度の設計にも重大な支障をきたすことになる。

消費税を再考する

このように考えていくと、基礎年金の費用負担について、所得、より正確に言えば単年度所得を課税ベースとする一元化よりも、消費を課税ベースとする間接税である「消費税」によって一元化する方が有力な選択肢と言えるのではないだろうか。その原型は、１９７７年の社会保障制度審議会の二階建て年金構想の「基本年金」（第1章）にすでにある。基礎年金の財源を消費税で賄う方法については、第8章でさらに検討する。

第7章

英国、カナダの年金制度
——所得保障の中の年金

1 基礎年金と生活保護の遠い距離

一階が基礎年金だけの日本は年金制度体系の少数派

ＯＥＣＤは『*Pensions at a Glance* ２００７年版』の中で、加盟30ヵ国の年金制度を類型化している。まず、制度を大きく一階（First tier）と二階（Second tier）に分け、一階は全国民を普遍的にカバーした所得再分配的な部分、二階は強制保険部分と位置づけている。第1章で紹介した幻の二階建て年金構想の「基本年金」と「社会保険年金」は、まさにこの分類に当てはまる。

次にＯＥＣＤは、一階を資力テスト付き給付（Resource tested）、基礎的給付（Basic）、最低給付（Minimum）の三つに分類し、二階を公的年金（Public）と私的年金（Private）の二つに分類している。

一階に焦点を絞ってみると（図表７‐１）、第6章で考察したスウェーデンの「保証年金」は最低給付に分類される。ＯＥＣＤによれば、最低給付とは年金受給額が事前に政府の定めた基準を下回らないように実施される給付であり、その給付額を決める際に考慮される条件は、基礎的給付（Basic）や二階部分など本来の年金受給額だけであり、他の所得や資産を持っていても、それが最低給付額に影響を与えることはない。他に所得や資産があっても、最低給付を受け取ってよいのである。この点は第6章で見た通りである。最低給付を採用している国はＯＥＣＤ加盟30ヵ国中、スウェーデンをはじめ16ヵ国ある（他の分類との重複あり）。

（図表7-1）OECD諸国の公的年金一階部分の類型

	最低給付（Minimum）	資力テスト付き給付（Resource tested）	基礎的給付（Basic）
オーストラリア		○	
オーストリア		○	
ベルギー	○	○	
カナダ		○	○
チェコ	○	○	○
デンマーク		○	○
フィンランド	○		
フランス	○	○	
ドイツ		○	
ギリシャ	○	○	
ハンガリー			
アイスランド		○	○
アイルランド		○	○
イタリア		○	
日本			○
韓国			○
ルクセンブルグ	○	○	○
メキシコ	○		○
オランダ			○
ニュージーランド			○
ノルウェー	○		○
ポーランド	○		
ポルトガル	○		
スロバキア	○		
スペイン	○		
スウェーデン	○		
スイス	○	○	
トルコ	○		
英国	○	○	○
米国		○	

（資料）OECD『*Pensions at a Glance 2007*』Table I.1より抜粋

最低給付と似ているものとして、資力テスト付き給付という分類がある。最低給付と資力テスト付き給付の目的は同じで、いずれも年金受給額だけでは政府の定めた基準を下回る場合に行われる給付である。異なるのは給付額の決定方法である。最低給付の給付額は、基礎的給付など本来の年金受給額に基づいて決まる。これに対し、資力テスト付き給付の場合には、給付額を決める際に年金受給額に加えて他の所得や資産が考慮される。資力テスト付き給付を採用している国は30ヵ国中16ヵ国ある(他の分類との重複あり)。とりわけ、G７諸国では日本を除く6ヵ国が資力テスト付き給付を採用している。

さらに、保証給付や資力テスト付き給付とは、違うタイプのものとして基礎的給付がある。ＯＥＣＤの定義によれば、すべての退職者に給付され、給付額は就業期間とは関連付けられるが、就業中の賃金とは無関係である。基礎的給付が採用されている国は、日本を含む13ヵ国ある(もっとも、フィクションである日本の基礎年金を本当に基礎的給付に分類できるのかは疑問である)。

基礎的給付の場合には、単独で一階を構成するというより、英国やカナダのように複数の給付が組み合わされているケースの方が多い。基礎的給付を採用している13ヵ国中、最低給付や資力テスト付き給付との組み合わせで一階を構成している国は9ヵ国。他方、基礎的給付だけで一階を形成しているのは、日本、韓国、オランダ、ニュージーランドの4ヵ国に過ぎない。しかも、オランダとニュージーランドの2ヵ国は、基礎的給付が最低給付の機能を持っていることを考えると、日本と韓国は少数派に属していると言ってよい。

ニュージーランドの公的年金は、20歳以降ニュージーランドに10年居住（うち5年は50歳以上が条件）すれば、65歳から給付される。単身の場合には月１３４６・６ニュージーランドドル、夫婦世帯の場合には一人当たり１０２２・８ニュージーランドドル（２００７年）が給付される。日本円に換算して、それぞれ12万円弱、９万円弱になる（注１）。

オランダの公的年金は、オランダに住んでいるか、あるいは、国外に住んでいてもオランダで働いて納税していれば、その期間が加入期間にカウントされる。個人所得税の課税対象所得をもとに計算した保険料を全額自己負担で課せられるが、保険料納付額と給付額は関係ないため（あくまで加入期間比例給付）、保険料といっても実質的には目的税である。15歳から64歳までの50年間の加入期間があれば、65歳から満額給付を受けることができる。１年不足するごとに給付額は２％カットされる。満額給付額は単身で月９７０・００ユーロ、夫婦世帯の場合には一人当たり６６７・５５ユーロ（２００７年）である。日本円に換算して、それぞれ16万円弱、11万円弱になる（注２）。

日本が年金制度体系で少数派になっている背景として、主に二つの点が指摘できる。一つは、税制と社会保障を全く別物として、別々に議論してきたことである。そのため、様々な弊害が生じている。例えば、政府が国民から「保険料」として費用を徴収しながら、それがいつの間にか「税」のように使われ、その費用が本来持つべき論理性が低下している。もう一つは、資力テスト付き給付の究極の

（注１）１ニュージーランドドル＝86・５円。
（注２）１ユーロ＝１６２・７円。

姿は生活保護だが、生活保護と年金を全く別のものとして扱ってきたことである。

バラバラに議論される年金と生活保護

年金と生活保護は所得保障という共通の目的を持ちながら、日本では全く別個のものとして扱われてきた。厚生労働大臣の諮問機関である社会保障審議会の２００４年９月の会合において、貝塚啓明会長（東京大学名誉教授）は次のように述べている。「生活保護の制度というのは今までほとんど議論されたことがないんですね。（厚生労働省）援護局の所管なんですよね。社会保障の制度は外側に寝ていた感じがあった。しかし今や世の中が変わってくると、生活保護の制度というのは下支え的なものとして重要な役割を持つと同時に、そのレベルをどうするかというのは難しい問題ですが、そういう時代に入ったというのが私の個人的な印象です」（注３）。

生活保護と他の社会保障制度が別個に取り扱われてきた原因の一つは、貝塚会長の発言中にもあるように、そもそも厚生労働省が年金と生活保護を切り離して捉えてきたことにある。例えば、同省の資料では次のように述べられている。「公的年金制度（現役時代の収入に見合った保険料の納付実績に応じた年金を、受給時の個々の生活状況に関わりなく一律に支給）と生活保護制度（資産等を活用してもなお最低限度の生活を営めないときに、その不足する部分に限ってのみ税を財源として支給）は、

（注３）第15回社会保障審議会。議事録は厚生労働省ホームページ（http://www.mhlw.go.jp/shingi/）。

その趣旨・目的が異なり、その水準を単純に比較することはできない」(注4)。

しかし、こうした主張は、OECDが『*Pensions at a Glance* 2007年版』の中で、資力テスト付き給付を年金制度の一階部分の一類型と位置付けていることを見ると、どうも世界共通の考え方ではないようだ。何よりこうした主張は、腑に落ちない。年金、とりわけ高齢期の基礎的な支出を賄うことを目的としている基礎年金は、その目的が生活保護と近接している。この一点だけを考えても、両者は一体的に議論されていいはずだ。

厚生労働省の見解にかかわらず、基礎年金を中心に年金と生活保護の関連について議論を掘り下げていくことが、年金改革の議論では不可欠である。そもそも、公的年金や生活保護は、所詮、人が作った制度に過ぎない。制度横断的に改革すれば、既存の行政の枠組みが崩されることとなり、官僚は嫌がるかもしれないが、既存の制度の役割が固定化される必然性など全くない。経済や社会が変化していく中で、国民の幸せに最も適した制度体系があれば、それに作り変えればよいだけのはずである。

生活保護制度の概要

老齢基礎年金と比較するために、生活保護について高齢者に着目しつつ簡単に説明しておこう。まず、生活保護の目的は「生活に現に困窮している国民に、その困窮の程度に応じ必要な保護を行い、

(注4) 第1回社会保障審議会福祉部会生活保護制度の在り方に関する専門委員会資料。

その最低限度の生活を保障するとともに、その自立の助長を図ること」と定められている。（注５）。給付費は２００７年度で約２兆６０００億円（予算ベース）であり、国が４分の３を、地方自治体が残りの４分の１を負担している。申請や給付などの行政事務は地方自治体が担当する。

生活保護を受けている高齢者世帯は時系列で見て増加し続けている（図表７-２）。１９７５年度には、生活保護を受けている総世帯数70万４７８５世帯のうち、高齢者世帯は31・４％の22万１２４１世帯であった。しかし、２００４年度には生活保護世帯99万７１４９世帯のうち、高齢者世帯は半数に迫る46・７％、46万５６８０世帯に増えている。これは日本の全高齢者世帯（注６）の６％近くに当たる。

さらに、生活保護を受けるに足るような貧困世帯すべてが生活保護を受けている訳ではない点にも注意が必要である。駒村康平慶応義塾大学教授によれば、このような世帯のうち生活保護を受けている割合である捕捉率は20～25％程度に過ぎず、生活保護の定める最低所得水準以下の世帯の多くが、生活保護制度を利用していないという（駒村［２００５］）。駒村教授の研究に従えば、６％というのは極めて小さい数値であり、本来は生活保護を受けてもいい人がもっと多くいることになる。

生活保護の目的に記された最低限度の生活にかかる費用とは、生活扶助に加えて、必要に応じて給

（注５）第１回社会保障審議会福祉部会生活保護制度の在り方に関する専門委員会資料。
（注６）高齢者世帯とは、65歳以上の者のみで構成するか、あるいは、これに18歳未満の未婚の者が加わった世帯と定義されている。２００４年度で７８７万４千世帯（出所は、国立社会保障・人口問題研究所編『人口統計資料集２００７年版』）。

（図表7-2）生活保護世帯数の推移

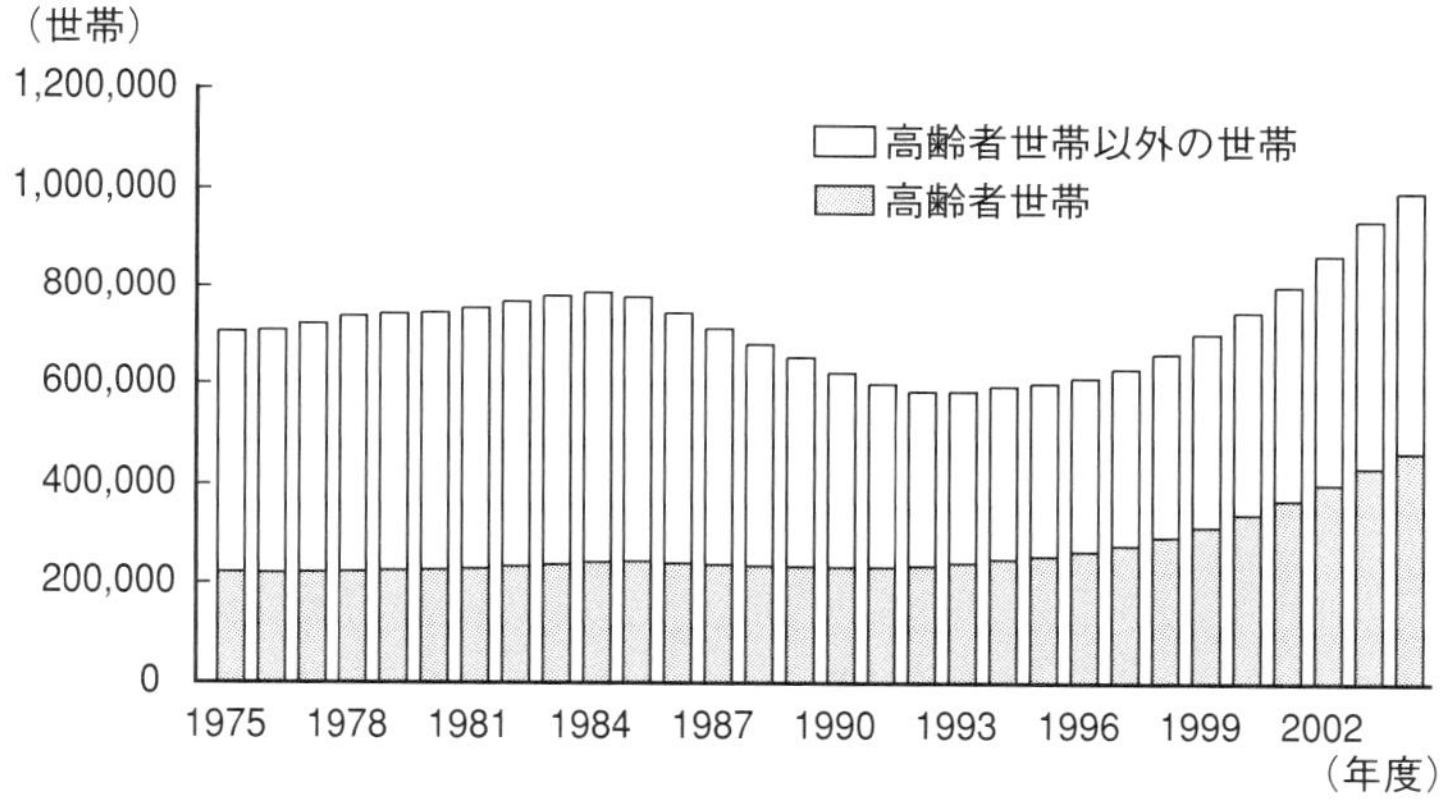

（資料）国立社会保障・人口問題研究所『「生活保護」に関する公的統計データ一覧』より筆者作成
（注）高齢者世帯以外の世帯とは、母子世帯、疾病者世帯、障害者世帯、その他。

付される教育、住宅、医療、介護、出産、生業、葬祭の7つの扶助、合計8つの扶助を指す。生活扶助は衣食など日常生活に必要な、基本的かつ経常的な経費である。

生活保護の給付額は保護を受ける人の居住地域、年齢、世帯形態によって異なる。例えば、68歳の単身世帯の生活扶助は、東京都区部等で月額8万0820円、地方郡部等では6万2640円である。夫婦世帯（68歳、65歳）では、東京都区部等で12万1940円、地方郡部等では9万4500円である（注7）。家賃あるいは地代を支払っている場合には、これに住宅扶助が上乗せされ、医療費がかかった場合には、その都度、医療扶助が給付される。

給付を受けるには、原則として本人が福祉事務所に申請する。給付に際しては、預貯金、保険、不動

（注7）東京都区部等は1級地-1、地方郡部等は3級地-2。

産等の資力調査を受けなければならない。また、扶養義務者による扶養の可否、社会保障給付、就労可能性の調査が行われる。土地と家屋については、利用価値と処分価値を比較して、利用価値の方が大きい場合は保有が認められる。預貯金は原則として収入に認定されるが、家計上の繰越金程度、具体的には最低生活費の5割程度は保有を認められている。

このように、資産、能力その他あらゆるものを活用し、なおかつ最低限度の生活費に不足する場合には、その部分のみを補てんするのが生活保護の役割とされている。これは生活保護の「補足性の原理」と言われる。保護が適用されると、世帯の実態に応じて、年2回から12回の訪問調査が行われる。そのうえ、本人に収入・資産等の届出が義務付けられ、自立の可能性のある人には、自立に向けた支援が実施される。

基礎年金と生活保護の不整合

日本の生活保護と基礎年金との間には、次のような三つの整合性の欠如が指摘できる。第一に給付水準である。基礎年金は満額であっても生活保護の生活扶助に見劣りする。年金は保険料として納付し、納付した人が高齢者になって受け取るものである（拠出原則）。年金受給額が生活保護の生活扶助より見劣りすれば、年金保険料を納付するインセンティブが削がれてしまう。これは年金制度運営の根幹に関わる問題である。

また、基礎年金が真の基礎年金ではなく、均一給付年金に過ぎないのであれば、給付水準もさほど問われないだろうが、「基礎年金」と名付けられている以上、生活保護の生活扶助より低いことは合理的ではない。そもそも、せっかく国民皆年金のもとで基礎年金が存在しているのだから、本来はほぼすべての高齢者が生活保護の生活扶助を受けなくても済むようになっているのが望ましい姿である。

第二に、生活保護の「補足性の原理」の存在がある。この原理は政府の財政面から言えば、財源の節約に役立つように見える。だが、現役時にコツコツと年金保険料を納めたり、貯金をしていても、いざ生活保護を受ける段になると、そうした努力は一切考慮されないのでは、現役時の保険料納付意欲や貯蓄意欲が削がれてしまう。これも年金制度の円滑な運営の根幹に関わる問題と言える。

第三に、基礎年金・生活保護の財源構成と国・地方の役割の違いがある。基礎年金は全額を国が抱えているのに対し、生活保護は国が４分の３、地方自治体が４分の１を負担する。この結果、国の政策である公的年金で未納・未加入が増加し、年金給付水準の切り下げなどによって無年金者や低年金者が増えると、その財政的なツケは生活保護費の増加を通じて、国のみならず地方にも及ぶ構図になっている。

例えば、国民年金保険料の未納率がなかなか改善せず、将来、無年金者や低年金者が増え、生活保護に対する財政需要が高まったとする。地方自治体にしてみれば、「２００２年に国民年金保険料の徴収が市区町村から社会保険庁に移って以降、納付率の低迷が深刻化した。それは国の責任なのに、そのツケを地方が負うのか⁉」と言いたくなるであろう。

2 日本と対照的な英国の議論

「ベヴァリジ報告」の発想

英国に目を転じると、日本の状況と極めて対照的である。戦後、欧米における社会保障制度設計の礎となった（注8）1942年公表の社会保障制度改革案『ベヴァリジ報告』、および、ブレア労働党政権による近年の年金改革に、それが顕著に表れている。

まず、『ベヴァリジ報告』から見ていこう。正式名は『社会保険および関連サービス』である。同報告では、生活保護と年金との関連が核心的課題の一つとされた。英国には、『ベヴァリジ報告』に基づいて1946年に国民保険（National Insurance）（注9）が導入される前から、生活に困窮した人に対する国民扶助（生活保護）の制度があった。ところが、国民扶助を受けるためには、現在でも多くの国でそうであるように、資力調査を受けなければならなかった。資力調査には汚名（スティグマ）がつきまとい、それを嫌うために本来であれば国民扶助を受けるほど困窮していながら、国民扶助を受けない人が多数発生するなど、制度が十分に機能せず、貧困が解消されないという事態に陥っていた。

（注8）『平成11年版厚生白書』の表現。
（注9）国民保険は、年金のみならず、医療を除く殆どの社会保険給付を包括する全国民共通の社会保険である。自営業者は、年金の二階部分には加入しない。

このような事態を解消するために、『ベヴァリジ報告』では資力調査を受けなくても、老齢など一定の給付要件を満たせば、正々堂々と給付を受けることのできる国民保険の仕組みが提案された。正々堂々と給付を受ける根拠として、所得にかかわらず定額の保険料を負担することが国民に求められた。一方、給付額は生活に最低限必要な額でなければならないとされた。もし、受給額がそれ以下であれば、不足分を国民扶助によって補てんする必要が生じ、資力調査を不要とする当初の目的が達成されないためである（注10）。

国民保険と生活保護の相対的な関係が重視されているということと、国民が保険料を支払って得られる国民保険の給付額は生活保護を上回るものでなければならないとしたことの二点が注目に値する。この二点は、日本では基礎年金の給付水準が生活保護の生活扶助よりも見劣りすること、それを当然とする厚生労働省の考え方とは際立った対照をなしている。『ベヴァリジ報告』は均一給付年金ではなく、真に基礎年金を目指そうとしていたのである。

ブレア政権の年金改革（1）——英国の制度概要

１９９７年に政権についたブレア労働党は大規模な年金改革を行った。そこでも年金と生活保護の一体的改革が行われている。英国の年金制度である国民保険は全国民を対象とし、一階部分である国

（注10）給付額はそれ以上でもいけないとされた。

家基礎年金（State Basic Pension）と、二階部分である国家所得比例年金（SERPS＝State Earnings Related Pension System）で構成されていた。財源は国民保険料で、国民は原則所得に応じた定率の保険料を支払う。給付は、国家基礎年金は定額、国家所得比例年金については所得に比例した保険料の拠出実績に基づいていた。

英国の年金制度の特徴を第1章で述べたアベイラビリティーの観点から見ると、HRP（家庭責任保全制度 Home Responsibilities Protection）とコントリビューション・クレジット（Contribution Credit）の二つが重要である。満額の国家基礎年金を受給するには、原則として男性で44年、女性で39年の加入期間が必要とされる（注11）。HRPは育児期間や介護期間を加入期間とみなして、満額受給に必要な加入期間を短縮する措置である。例えば、女性が育児のために10年間就業を中断していれば、その年数を39年間から控除し、残り29年間の就業で満額の年金が受給できるようにするのだ。ただし、控除できる期間は19年を上限とする。一方、コントリビューション・クレジットは疾病・障害による就労不能、失業などの期間を加入期間として算入する制度である。これらはいずれも、国家基礎年金のアベイラビリティーを高める措置である。

また、英国には適用除外（Contract out）の制度がある。適用除外は政府の定める一定要件を満たす企業年金や個人年金への加入者が、国家所得比例年金の適用から除外される制度である。適用除外を

（注11）２００６年5月に公表された新たな年金改革案 Department for Work and Pensions『*Security in retirement : towards a new pension system*』によれば、満額給付に必要な期間は、男女とも30年に短縮される。

受けた人の国民保険料は、国家所得比例年金の適用を受けている人よりも安くなる。

ブレア政権の年金改革（2）――指摘された問題点

ブレア政権は1998年に同政権の年金改革案である『福祉のための新しい契約』（*A New Contract for Welfare : Partnership in Pensions*）というグリーンペーパーを公表した。その中で生活保護を含め、従来の年金制度の問題点を指摘し、改革案を提示した。なお、英国の年金改革では、適用除外の受け皿である企業年金や個人年金の内容・管理・運営の改善についても重点が置かれているが、ここでは国家基礎年金、国家所得比例年金、生活保護に焦点を絞る。

『福祉のための新しい契約』では主に二つの点が問題とされた。一点目は低所得者などの場合に、国家基礎年金と国家所得比例年金の受給額の合計が生活保護の水準を下回ることである。平均賃金の約16％という国家基礎年金の満額給付水準の低さに加え、国家所得比例年金が所得に比例した保険料の拠出実績に基づいて給付される仕組みであるために、低所得者や育児、介護、疾病、障害などの理由で就業を中断せざるを得ない人は、国家基礎年金と国家所得比例年金の合計額が生活保護の水準を下回ることがあった。『ベヴァリジ報告』では国民保険の給付水準は生活に必要な最低限を満たさなければならないとされたが、実際には制度がスタートした時点から、すでにその水準を下回っており、さらにサッチャー保守党政権により国家基礎年金や国家所得比例年金の給付水準が一層引き下げられていたのである。

二点目は生活保護に関するもので、そのうちの一つが「貯蓄の罠」（savings trap）の存在である。従来、英国でも生活保護制度では、貯蓄がペナルティーになっていた。現役時代に国民保険料を支払ったり、貯蓄をしたりしていても、日本の生活保護と同様に「補足性の原理」が存在していたために、現役時代の努力が無になっていたのである。これでは自ら老後に備えて貯蓄しようというインセンティブを阻害してしまう。もう一つは『ベヴァリジ報告』当時からの課題であるが、本来生活保護を受けるほど困窮していながら、汚名（スティグマ）を感じて申請しない人が多数いたことである。

ブレア政権の年金改革（3）——ステート・ペンション・クレジットへの切り替えなど

こうした問題に対して、ブレア労働党政権が提案した改革のポイントは次の三点である。第一は、国家所得比例年金を国家第二年金（Second State Pension）に組み替えることにより、低所得者に対する一階部分と二階部分を合計した給付水準を重点的に引き上げることである（注12）。新しい二階部分の名称から「所得比例」が外されていることからも分かる通り、国家基礎年金と同様に定額給付を行うのがその特徴である（注13）。この結果、低所得者の給付水準が高くなり、低所得者でも保険料を一定期間支払えば、国家基礎年金と国家第二年金を合わせて、生活保護を上回る年金が受給できるようにな

（注12）一階部分と二階部分を合わせて給付水準を引き上げる手法には、制度の簡素さを失うなどの視点から批判もある。Blake［2002］は、一階部分の給付水準を引き上げて最低生活水準にすべきであると主張している。
（注13）ただし、所得比例年金を一挙に定額給付にするのではなく、段階的に定額給付にするとしている。

った（Department of Social Security［１９９８］）。

第二は、生活保護を上回る年金のアベイラビリティーの改善である。改革前には年間所得が政府の定めた基準額（LET＝Low Earnings Threshold）である1万１６００ポンドに満たない人は、所得額に国民保険料率を乗じた金額を保険料として支払い、支払った額に応じた国家所得比例年金しか受給することができなかった。改革後は基準額（ＬＥＴ）に満たない年間所得の人も、基準額（ＬＥＴ）だけ所得があったものとして国家所得比例年金の受給額が計算される。さらに、実際に支払う保険料は、年間所得から政府の定めた一定額を控除し、控除後の金額に保険料率を乗じた金額で済むようになった。累進性を持つ保険料負担構造としたのである。

また、６歳未満の子どもを扶養し児童給付（child benefit）を受けている人、病人や障害者の介護をしてＨＲＰを受けている人などは、全く就業していないか、あるいはＬＥＴに満たない所得でも、ＬＥＴの所得を得て保険料を支払っているものとみなして、国家第二年金が受給できるようになった（注14）。

第三は、生活保護を「ステート・ペンション・クレジット」（State Pension Credit）に組み替えることにより、生活保護制度を現代化することである（図表７－３）。所得扶助（income assistance）という名称であった生活保護を衣替えして作られたステート・ペンション・クレジットでは、それまであ

（注14）Department for Work and Pensions『*Security in retirement : towards a new pension system*』によれば、６歳から12歳に引き上げられる。

（図表7-3）英国のステート・ペンション・クレジット

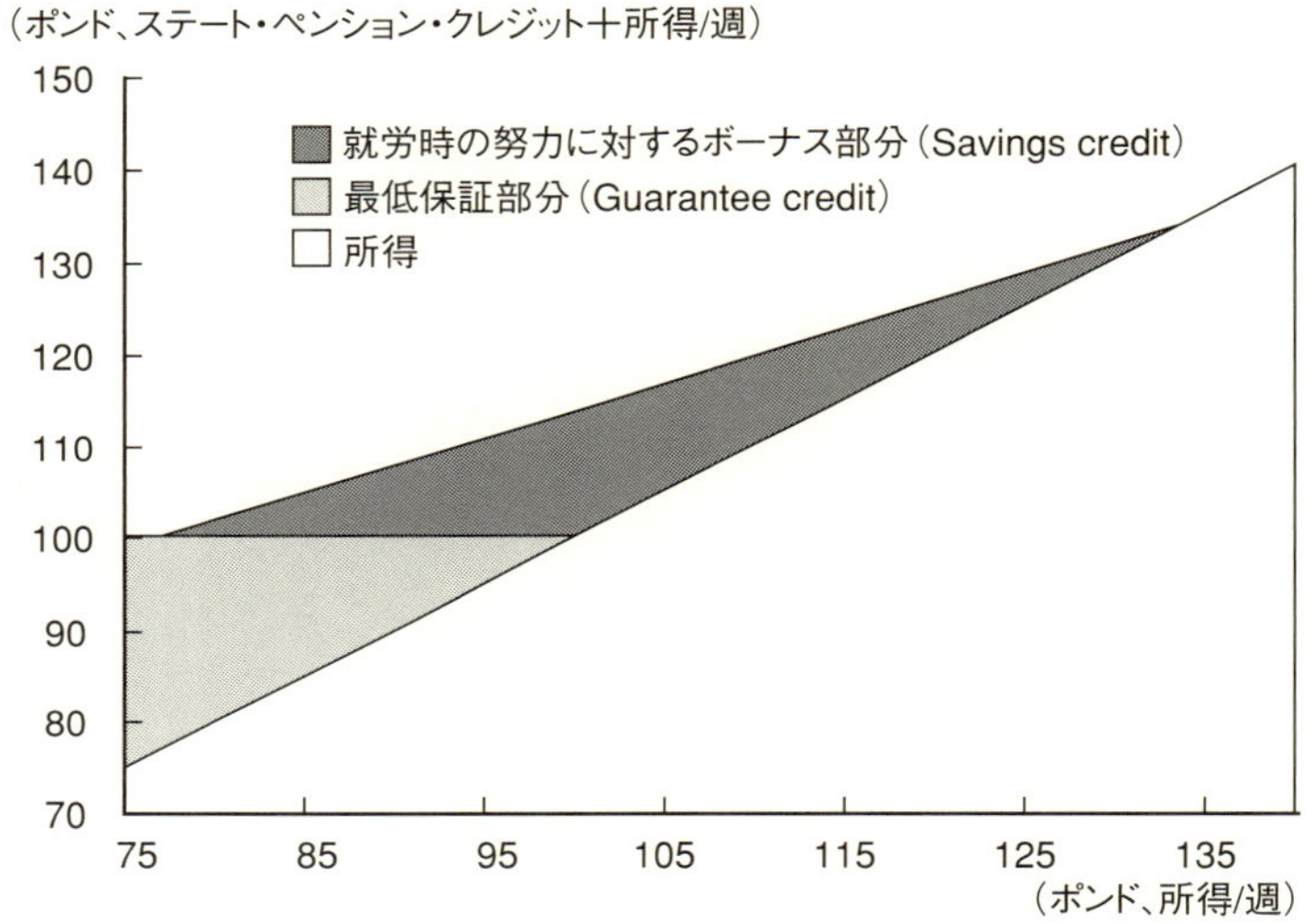

（資料）HMSO（2002）『*Explanatory Notes to State Pension Credit Act*』
（注1）2003年の金額。単身の場合。
（注2）所得には、国家基礎年金、国家第2年金を含む。

った金融資産の保有上限枠が撤廃された。貯金がなくなってやっと適用されるという仕組みを改めたのである。

　また、貯蓄や国民保険料の支払いなどの就労時の努力に対しては、ボーナスを与えることにした。「貯蓄の罠」の改善である。例えば、国家基礎年金の給付額が週77ポンド、保有している預貯金の利息収入が週20ポンド、合計して週97ポンドの所得がある人の場合、改革前であれば、所得扶助の基準額である100ポンドに満たない3ポンドだけが、政府から給付された。金融資産を保有していたため、政府からの給付が20ポンド減らされたことになる。改革後には、金融資産の果実のうち6割は給付対象となり、政府からは3ポンドに加え、12ポンド（＝

20ポンド×60％）が給付される。この人の所得は、受給額92ポンド、利息収入20ポンドを加えた合計112ポンドとなる。

生活保護制度では、受給者はすべての所得と自らが置かれている環境について、継続的に政府に報告する義務があったが、ステート・ペンション・クレジットでは、申請者が申告対象所得を1回報告すれば、原則、5年間は報告が求められないことになった。

また、名称にペンションを付けて、受給時の精神的負担感を和らげ、行政上の窓口も年金と一本化するなど、現代的な制度に変えた（注15）。OECDによる一階部分の三類型で言えば、基礎的給付である国家基礎年金に加え、資力テスト付き給付であるステート・ペンション・クレジットができたのである。

3 カナダの老齢保証プログラム

OASとGIS

一階部分が基礎的給付と資力テスト付き給付で構成されている国として、英国の他にカナダの年金制度を見ていこう。カナダ政府によれば、カナダの老齢保障プログラム（Old Age Security Program）

（注15）この間、最低所得保障（minimum income guarantee）という名称も用いられたが、2003年10月にステート・ペンション・クレジットに名称も制度も改められた。

（図表7-4）カナダのOAS、GISの給付体系

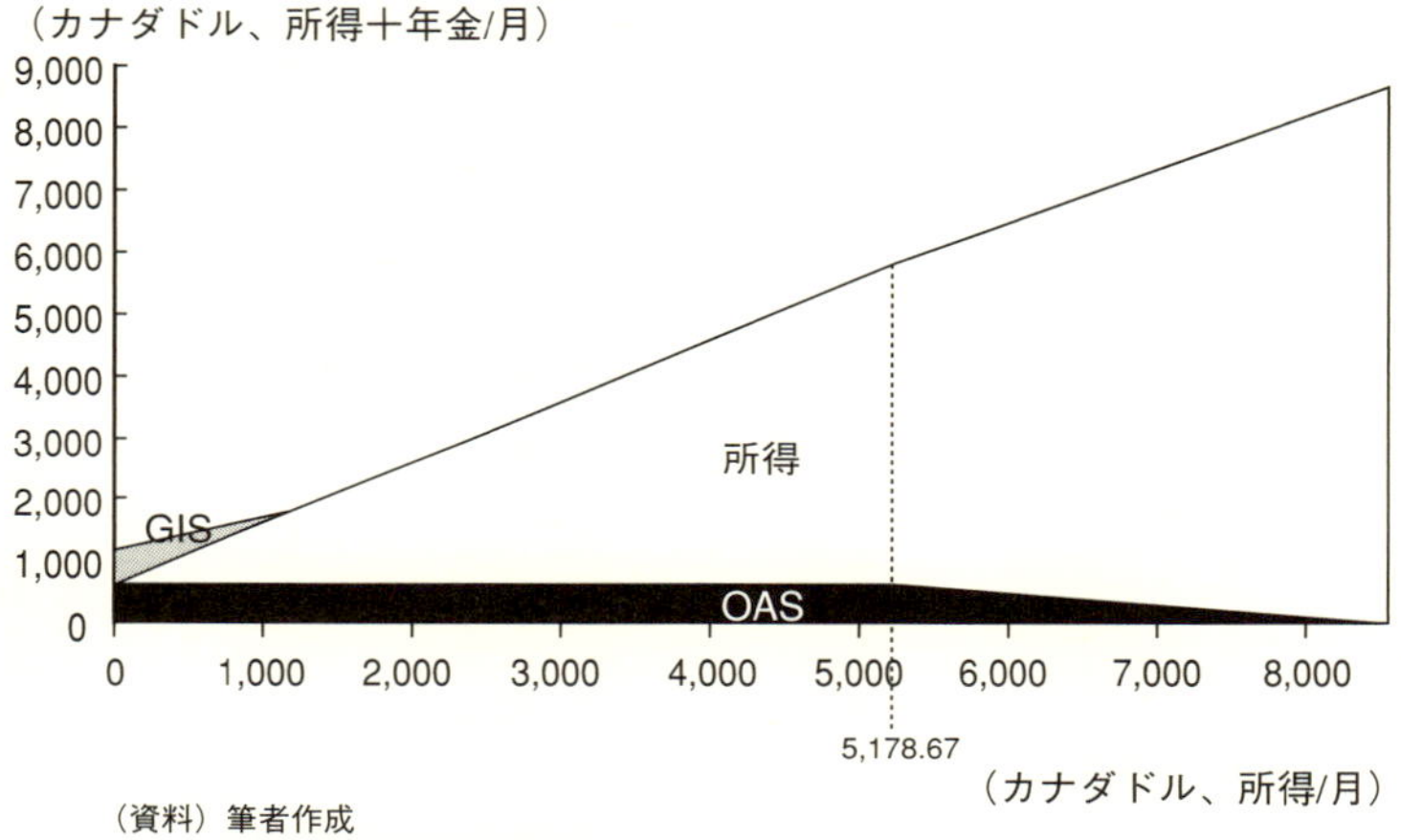

（資料）筆者作成
（注1）単身の場合。2006年の数値。
（注2）所得は年金に限らない。

はＯＡＳ（老齢保障年金 Old Age Security Pension）、ＧＩＳ（補足的保証所得 Guaranteed Income Supplement）、ＯＡＳ受給者の60歳から64歳までの配偶者や未亡人にあてたＳＰＡ（配偶者手当 Spouse's Allowance）の三つで構成されている。他に公的年金には、二階部分としてＣＰＰ（カナダ年金プラン Canada Pension Plan）がある。

給付額の実績は、ＯＡＳが２２０億４３７０万カナダドル、ＧＩＳが64億７６５０万カナダドル、ＳＰＡが４億７２１０万カナダドル、ＣＰＰが２４９億７６８０万カナダドルである（２００５-２００６年）。このように、一階部分の柱となるのはＯＡＳとＧＩＳである。

ＯＡＳはほぼ普遍的に給付される。「ほぼ」と断っている理由は、クローバック（払い戻し）という仕組みにより、高額所得者は年金を払い戻すためである。所得が年間６万２１４４カナダドル

（図表7-5）カナダのOASとGISの給付体系（図表7-4の一部を拡大）

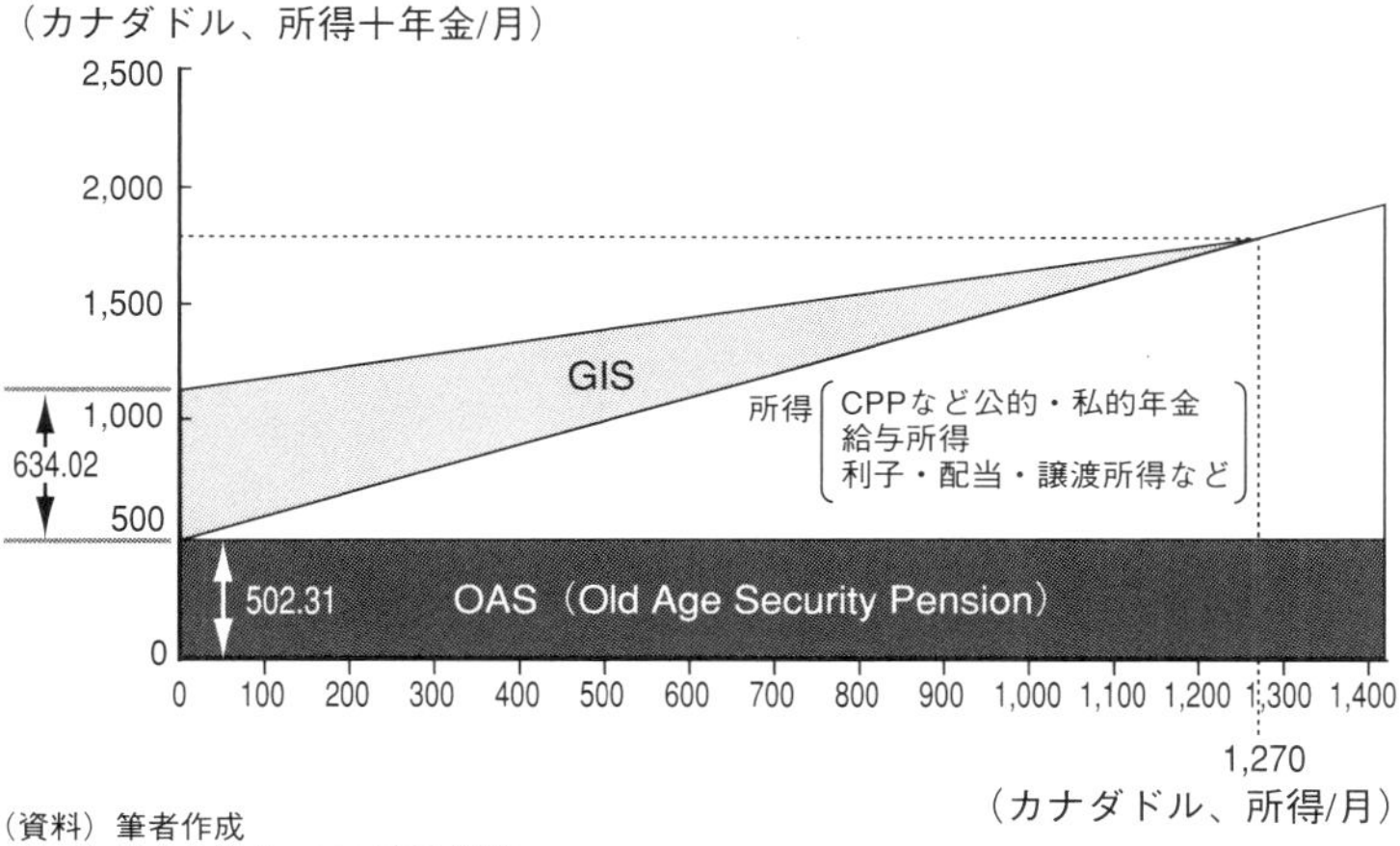

（資料）筆者作成
（注1）単身の場合。2006年の数値。
（注2）CPPとは、Canada Pension Plan、公的年金の二階部分。

（日本円に換算して約６３４万円）、月額にして５１７８・６７カナダドル（同約53万円）を超えると、超えた分の15%を払い戻す（図表７-４）。

ＯＥＣＤ分類ではＯＡＳは一階部分の三分類のうち基礎的給付に該当する。原資は一般財源で、給付水準（四半期に一度改定）自体はそれほど高くなく、満額でも月額５０２・３１カナダドル（同５・１万円）である（07年10-12月）。給付水準は高くないがアベイラビリティーは高い。

ＯＡＳの低い給付水準を補うために、他に所得が全くない、あるいは所得が低いＯＡＳ受給者には、ＧＩＳが上乗せして給付される。ＧＩＳは英国のステート・ペンション・クレジットと同様、ＯＥＣＤ分類で言えば資力テスト付き給付である。スウェーデンの保証年金とは異なり、年金のみならず他の所得なども勘案されて決められる。なお、図表７-５は、ＯＡＳ、ＧＩＳ、所得の関係を分かりやすくするため、図表7‐4の一部を拡大したものである。

ＧＩＳの給付額はＯＡＳとＳＰＡを含まない前年の所得によって決定される。単身世帯と夫婦世帯では給付額が異なり、単身世帯を例にとると、所得ゼロの場合には６３４・０２カナダドル（円換算で約６・５万円）、ＯＡＳと合計で１１３６・３３カナダドルが給付される。ＧＩＳの給付額は所得の上昇につれて減少し、１２７０カナダドル未満（円換算13・０万円）まで支払われる。ここでいう所得にはＣＰＰ、私的年金、給与所得、利子・配当・譲渡益が含まれる。いわば、総合所得である。図表７‐４でＯＡＳとＧＩＳに挟まれている部分がこの所得だ。

ＧＩＳの申請手続きはシンプル、かつ、個人所得税制を活用する形で行われている。初めてＧＩＳを請求する場合はＡ４用紙１枚の申請書に配偶者の有無と昨年の所得の詳細を記入し、カナダ人材開発省（HRDC = Human Resources and Development Canada）に送付する。配偶者の情報が重要なのは、それによってＧＩＳの給付額が異なるためだ。翌年以降は4月末までにカナダ歳入庁宛に、日本でいう確定申告を行うだけである。それをもって、カナダ人材開発省は初回時の申請書の内容を更新し、新しいＧＩＳ給付額を7月までに請求者に手紙で通知する。ただ、婚姻関係に変更があった場合には、受給者はカナダ人材開発省へ連絡しなければならない。

厚生労働省の資料は一面的な紹介

ＯＡＳの財源は年金保険料ではなく一般財源になっている。厚生労働省は基礎年金の財源をすべて

（図表7-6）経済財政諮問会議への提出資料

基礎年金に税方式を採用する主要国の年金制度

○　オーストラリア及びカナダでは、基礎年金受給について所得や保有資産による制限が課されている。
○　海外移住者が年金を受け取る場合、カナダにおいて国内居住要件が20年とされるなど、海外移住者への年金給付は制限される。
○　オーストラリアについては、高齢者の３割が基礎年金を支給されず、受給者の４割が減額支給。
○　ニュージーランドは、少子高齢化による財政圧迫の懸念を受けて、1991年に給付水準の引下げ、年金受給者の所得への課税がなされ、1992年から2001年にかけて支給開始年齢が60歳から65歳に引き上げられた。なお、2007年から任意加入の確定拠出型の上乗せ年金制度が導入された。

	カナダ	オーストラリア	ニュージーランド
受給資格要件	18歳以降、国内に10年以上居住	国内に10年（継続した10年又は継続した5年を含む10年）以上居住	20歳以降、国内に10年以上かつ50歳以降5年以上居住
支給開始年齢	65歳	男性：65歳 女性：63.5歳（2013年までに65歳に引上げ）	65歳
年金額（月額） （満額受給の場合）	476.97加ドル （44,835円）	999.40豪ドル （84,949円）	1,055.60 NZドル （82,865円）
所得や資産による制限の有無	所得による制限あり。 年間62,144加ドル（5,251,168円）以上の所得の15%分に相当する額を年金から減額。	所得及び資産による制限あり。 ［所得による制限（2007年）］ ・2週あたり132豪ドル（10,560円）を超える所得がある場合は減額、1459.25豪ドル（116,740円）を超えれば、不支給。 ［資産による制限（持家ありの場合）］ ・166,750豪ドル（13,340,000円）以上の資産を保有する場合は減額、343,750豪ドル（27,500,000）を超えれば不支給。	所得や資産による制限なし。
海外送金の制限	18歳以降、国内に20年以上居住した者のみ送金	国外に26週を超えて滞在する場合は減額	50%相当を減額
他の公的年金制度の有無	２階あり	２階あり	２階なし

注１：上記は豪の所得及び資産による制限を除き2006年のデータ。年金額、資産や所得の制限における額は、単身者の場合。
注２：為替レートは、日本銀行の基準外国為替相場及び裁定外国為替相場（平成18年上半期）による。

（資料出所）「先進諸国の社会保障②」（小松隆二、塩野谷祐一編　東京大学出版会）、米国社会保障庁「Social Security Programs Throughout the World」、各国政府資料より作成。

（資料）第24回経済財政諮問会議（2007年10月25日）舛添臨時議員提出資料

税に求めるのは好ましくないとの立場から、「基礎年金は全額税で賄うべきだ」という声に対し、カナダの年金制度を批判的な視点から紹介することが多い。

例えば、第4章でも紹介した第24回経済財政諮問会議に舛添要一厚生労働大臣が提出した資料（図表7-6）では、カナダの老齢保障システムは前述の通りOAS、GIS、SPAの三つで構成されているにもかかわらず、GISとSPAには全く触れられていない。そのうえで、OASの給付額（476・97カナダドル、05年7-9月）を円換算した月4万4835円は低額であり、OASは高所得層には給付制限され、もし基礎年金の財源を全額税にすれば、日本でも同様の事態に陥る懸念があると示唆している。しかしながら、これは一面的な引用と言わざるを得ない。少なくともGISはOASと一体的に紹介されるべきであろう。

日本の基礎年金の現況を見ると、満額給付のアベイラビリティーがもともと高くないうえに、04年改正のマクロ経済スライドの導入により、満額給付水準はどんどん切り下げられていく。こうした状況下で、日本は英国やカナダなどが実施している（国家基礎年金やOASなどの）基礎的給付（Basic）と、（ステート・ペンション・クレジットやGISなどの）資力テスト付き給付（Resource tested）を組み合わせて作る「一階部分」から、むしろ学ぶべき点が多い。また、国民負担率（税・社会保険料負担／国民所得）が低い点でも、日本は英国やカナダと共通しており、この点からも年金改革の参考にしやすいはずである。

所得保障政策として一体的に議論せよ

こうして見てくると、年金、特に基礎年金と生活保護は一体的に議論されなければならないことは明らかであろう。その際に重要なポイントを四つ挙げる。

第一に、基礎年金と生活保護の給付水準の相対的な関係の整理がある。英国の『ベヴァリジ報告』の発想は、最低限の生活に必要な給付を資力調査なしに受けられるからこそ、国民は前向きに保険料を支払うということにあった。ブレア労働党政権は、国民の保険料拠出インセンティブに働きかけるべく、一階部分と二階部分を合わせた年金の給付水準を、生活保護を上回る水準に設定した。

一方、日本の場合、年金保険料を40年間支払っても、年金給付額は生活保護の水準より見劣りする。また、生活保護には「貯蓄の罠」が存在し、現役時代の貯蓄や保険料の支払いが無駄になりかねない。これでは、保険料を支払うインセンティブは阻害される。すでに指摘した通り、このことは今日の国民年金の空洞化と無関係ではない。

厚生労働省は、現行の日本の年金制度を「社会保険方式」と呼んでいるが、もし、本当の意味で社会保険方式を標榜するのであれば、基礎年金の給付水準が保険料の自主的納付意欲を起こさせるほど魅力的で（ただし、これは少子高齢化が進む中で賦課方式の年金財政では容易ではない）、かつ、生活保護における「貯蓄の罠」が全面的ではないまでも、ある程度解消される必要がある。

第二に、無年金や低年金で生活が苦しい場合に頼れる公的所得保障は生活保護だけというのではなく、年金と生活保護の中間に位置するような所得保障制度の新設を検討することが必要である。英国にはステート・ペンション・クレジット、カナダにはＧＩＳ、スウェーデンには保証年金（Guaranteed pension）（第6章）がある。米国にも、補足的保障所得（SSI = Supplementary Security Income）があり、ＯＡＳＤＩと同じ社会保障プログラムの中で運営されている。

日本も、もしニュージーランドやオランダに見られるような基礎年金の給付水準とアベイラビリティーを高める方向に進むのが難しいというのであれば、一階部分を基礎的給付と資力テスト付き給付で構成するＯＥＣＤ加盟国多数派の制度体系を検討すべきである。基礎年金がマクロ経済スライドで地盤沈下していく中ではなおさらだ。

第三に、一階部分における世帯単位の考え方の徹底である。諸外国の一階部分の給付には、どこかで世帯単位の給付設計が取り入れられている。これに対し日本の基礎年金では、高齢遺族に対する遺族年金がほとんど機能していない（第1章）。

第四に、徴収機関をはじめとする税制の執行との一体的検討である。カナダのＧＩＳのように手続きの簡易な資力テスト付き給付を導入するには、年金受給者の年金以外の所得や資産が適切に把握されている必要がある。第6章でも述べたが、より良い年金制度を構築していくためには、それを支える前提条件が必要であり、資力テスト付き給付を導入する場合には国税庁のような徴収機関が有力なインフラ候補になる。第4章と第5章では、保険料徴収の面から執行機関の改革の必要性を述べたが、給付面からも執行機関の改革は不可欠である。

第8章

年金改革の方向性

年金に限らず、国の制度が国民から信頼されるには、制度の内容はもちろん、制度成立に至るまでのプロセスが重要である。これまでの年金改正では、この点がないがしろにされてきた。例えば、「2・3倍もらえる年金」「100年安心」「社会保険庁の廃止・解体6分割」などの誇大広告からは、制度改正の内容を真面目に国民に説明しようとする政府・与党の意思が全く感じられず、かえって国民を愚弄するものでしかなかったと言える。

本章では、まず、今後の年金改革のプロセスはどうあるべきかを考え、続いて本書で示した事実や検討内容から自然に導かれる範囲で改革提言をまとめてみた。ただ、筆者の個人的経験に根ざした考え方が排除し切れていない可能性があることは、あらかじめお断りしておきたい。

1 年金をめぐるこれまでの政治と今後の役割

政治に翻弄された財政再計算

04年改正はそれまでの年金改正と同様、「財政再計算」の一環であった。財政再計算とは、5年に一度、最新の将来推計人口と経済の見通しに基づいて年金財政の将来像を計算し、負担と給付について必要な法改正をすることである。5年に一度の実施は予定されたものであり、主として既存制度の枠組みの中で当面の対策が施される。これだけでも実際には困難な作業であるが、制度体系を抜本的に作り変える「改革」ではなく、やはり「改正」に過ぎない。財政再計算の過程を振り返ると、政治が

（図表8-1）04年改正に向けたプロセスと近年の動き

	出来事
2002年　1月	・社会保障審議会年金部会審議開始（16日）
12月	・厚生労働省「年金改革の骨格に関する方向性と論点」公表（6日） …マクロ経済スライド導入、厚生年金保険料率20.0%、所得代替率52%などが骨子
2003年　9月	・坂口力厚生労働大臣試案（5日）
	・社会保障審議会年金部会意見書（12日）
11月	・衆議院選挙（9日）…いわゆるマニフェスト選挙
	・厚生労働省「持続可能で安心できる年金制度の構築に向けて」（17日） …厚生年金保険料率20.0%、所得代替率54.7%など
12月	・与党、年金制度改革の大枠決定（16日） …厚生年金保険料率18.35%、所得代替率50.1%など
2004年　2月	・与党合意（4日）…厚生年金保険料率18.30%、所得代替率50.2%など
4月	・年金改正法案国会審議開始（10日）
5月	・自民、民主、公明の三党合意（6日）
	・年金改正法案、衆議院通過（11日）
6月	・年金改正法可決（5日）
7月	・社会保障の在り方に関する懇談会（7月30日～06年5月26日）…官房長官の懇談会
2005年　4月	・年金制度をはじめとする社会保障制度改革に関する両院合同会議（4月1日～7月29日）
9月	・衆議院選挙（11日）…いわゆる郵政選挙
2006年　12月	・社会保障審議会年金部会審議再開（25日）
2007年　2月	・新人口推計を受け、所得代替率の暫定試算公表（6日）
6月	・社会保険庁改革法成立（30日）
7月	・参議院選挙（29日）
2008年　1月	・社会保障国民会議 第1回会合（29日）

（資料）筆者作成

果たしてきた役割は限定的というより、むしろマイナスであったとすら言える。

04年改正に向けた議論は02年1月、厚生労働大臣の諮問機関「社会保障審議会」の年金部会第1回会合で始まった（図表8-1）。年金部会は03年9月に「意見書」を提出するまで、26回開催された。政治がようやく議論の場に登場し始めたのは、03年11月9日を投票日とした衆議院選挙、いわゆるマニフェスト（政権公約）選挙の頃からである。

この間、02年12月には、厚生労働省は改正案の第1弾「年金改革の骨格に関する方向性と論点」を公表した。この中で初めて保険料水準固定方式とマクロ経済スライドが提案された。ここで想定された厚生年金保険料率は20・0％。のちに04年改正法で定められた18・30％よりまだ高かった。

衆院選直後の03年11月17日、選挙が終わるのを待つかのように厚生労働省は改正案の第2弾「持続可能で安心できる年金制度の構築に向けて」を公表した。所得代替率は人口と経済前提が標準シナリオであれば、最終的に54・7％、悲観シナリオでも50・8％を維持できるとされた（図表8-2）。分かりやすく言えば、「保険料率は20％になれば、それ以上は上げません。給付水準は低下しますが、悪くとも50・8％までには収まります」という内容であり、厚生労働省は、国民に対し「できる範囲の約束」をしようとしたのである。

このように所得代替率の試算結果に幅を持たせたのは、2000年改正までの反省に基づいている。2000年改正までは保険料率も給付水準も一つの数値を「決め打ち」してきた。その決め打ちの数値を5年に一度の改正ごとに修正していたが、こうした修正の繰り返しが年金不信の大きな要因にな

（図表8-2）示された所得代替率見通し

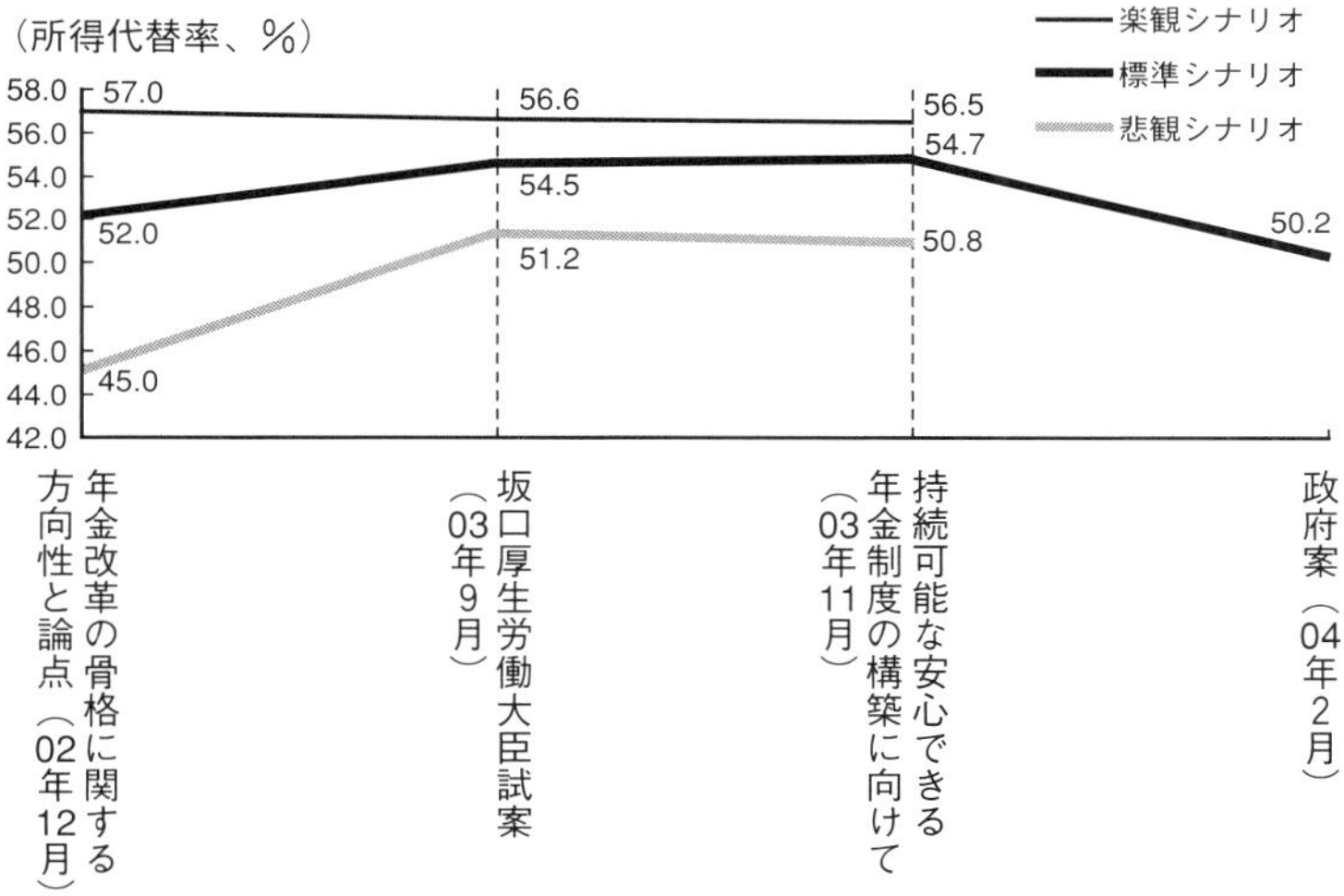

（資料）筆者作成
（注1）標準シナリオは出生率に中位推計を前提。楽観シナリオは高位、悲観シナリオは低位を前提。
（注2）坂口試案と『持続可能な安心できる年金制度の構築に向けて』は経済要因も考慮。

っていると指摘されていた。そこで、幅を持たせたのである。

ここまでの情報提供は国民に対し誠実である。だが03年12月16日、自民党はこれを強引に変えてしまう。連立与党のパートナーである公明党と、親密な関係にある経済界との双方に配慮した結果であろう。公明党はすでに11月の選挙時のマニフェストに「50％は守る」と書き込んでいた。確かに、坂口力厚生労働大臣による試案では、悲観ケースでも所得代替率は51・2％であったから「50％を守る」ということ自体は決して誇張ではない。一方、経済界や経済財政諮問会議はかねてより、厚生年金保険料率を20％よりもさらに引き下げるよう強く要望していた。

自民党は保険料率の引き下げ要望を受け入れて18・35％とする一方で、給付水準に関しては標準ケースである50・1％という一つの数値だけを示し、悲観ケースを示すことはやめた。18・35％の保険料率で悲観ケースにおける所得代替率を示せば、明らかに50％を割り込んでしまい、公明党のマニフェストに反するためであろう。こうして出された12月の与党決定が、後の04年改正の「厚生年金保険料率18・30％、所得代替率50・2％」の原型となった。04年2月の政府案以降は、改正法案審議中も含め、もはや楽観ケースや悲観ケースが示されることはなくなり、標準ケースだけが示されるようになった。政治が04年改正を「ナローパス」、もっと言えば「できない約束」にしてしまったのである。国民に対する誠実な情報提供よりも内輪の事情を優先させたのだ。

04年の年金改正から2年半を経た06年12月、新しい将来推計人口では、04年改正の前提となった前回の02年1月の将来推計人口よりさらに少子高齢化が進む見通しが示された。これをそのまま用いて所得代替率を計算し直せば、（人口推計の中位シナリオでも）50％を大幅に下回るのは確実である（実際に計算すると46・9％、第3章）。そこで、厚生労働省は経済前提を楽観的なものに変え、所得代替率が50％を上回るような試算（51・6％）を作り、07年2月6日に暫定試算として公表した。所得代替率の将来見通しが、このようないわば「嘘の上塗り」となった源流には前述の「できない約束」があある。

一方、自民党は「宙に浮いた年金記録問題」によってピークに達した社会保険庁批判を背景に、官僚バッシングの姿を国民に見せることには積極的だった。この点は、民主党も全く同じである。当時の安倍首相が「社会保険庁のゴミを一掃する」と叫び（第5章）、与党幹部が雇用継続を楯に社保庁職員に夏の賞与一部返上の圧力をかけた。さらに国会議員が社会保険事務所を訪れて、職員に発破をかけている姿をテレビに映し出す。行政の怠惰や不祥事を正すのは政治の役割ではあるが、その一部始終を国民に見せつける必要はない。政治力は本質的な問題解決である「年金制度の改革」で発揮されなければならないはずである。

年金改革のフェーズは政治主導型へ

財政再計算は04年改正を最後に廃止された（第3章）。今後法律上、政府には5年ごとに給付と負担の見直しを行う義務はなくなる（道義上の義務はもちろんある）。04年改正で導入されたマクロ経済スライドによって（まだスタートしていないが、スタートしたならば）年金給付水準は無期限で削られていき、年金財政は放っておけば維持されるからだ。厚生労働省の官僚が政治や国民に分からないような改正案を作り、気づかれないうちに給付水準の抑制や財源確保をする必要はなくなる。

こうなると、今後の年金改革は否が応でも政治主導型でなければ進まない。単なる「改正」ではなく、「改革」であろうとするならなおさらだ。政治家は官僚に圧力をかけたり、バッシングをしている場合ではなくなり、自ら年金制度の現状を的確に把握し、国民の声をくみ取り、必要な改革法案を国会に提出し、本質的議論を尽くさなければならない。それが本来の姿でもある。

少しずつだが、その兆しは見え始めている。03年11月の衆議院選挙では、政党がマニフェストを作成するようになり、マニフェスト選挙の時代に入りつつある。野党は粗削りではあるが現行制度に対する対案を国民に訴えかけるようになってきた。

また、04年5月6日の自民、民主、公明の三党合意に基づき、05年4月以降8回にわたって与野党の議員が一堂に会し「年金制度をはじめとする社会保障制度改革に関する両院合同会議」が開かれた。マニフェストを与野党の「対立型」と分類するならば、両院合同会議は「協調型」ともいえ、画期的な試みであった。ただ、当初07年3月をめどに結論が出されることになっていたが、両院合同会議は05年7月の第8回を最後に立ち消えになったままで、最近は対立一辺倒の構図に強く傾いている感がある。

与野党とも事実を共有し政策を競え

与野党の対立、協調にかかわらず、年金財政と年金制度の現状認識の共有が議論の大前提となる。これなくしては生産的な議論は期待できない。実際、国会での年金論議で基本的な事実認識の違いを応酬している場面が多く見られる。「年金財政の将来推計の経済や人口の前提が楽観的だ」「いや、楽観的ではない」といった入口段階での押し問答を繰り返していては、具体的な制度改革の議論に進むことなどできない。そこで、今後に向け三つ提案したい。

【第1の提案】企業会計のように、公的年金財政についても会計原則を定める。例えば、給付負担倍率の計算方法（第2章）において、99年試算では換算率に金融資産の収益率を用いながら、04年試算では（政治的思惑が根拠か）理由もなく賃金上昇率に変えてしまうといったことは、企業会計原則で言えば継続性の原則に反する。これでは試算の受け手は混乱するばかりである。

企業会計でいう財務書類についても整理し直すべきである。将来の収入と支出のキャッシュフローの現在価値（現価）について、厚生労働省はこれをバランスシートと呼び、積立方式に移行できない困難さを示す材料としてだけ使っている。バランスシートであれば、公的年金の資産と負債の計上基準を議論すべきであるし、政府の長期債務残高との相対的規模把握や一般会計と年金特別会計の連結ベースのバランスシート作成など有効な利用方法があるはずだ。例えば、現在のバランスシートでは資産項目に将来の国庫負担の現在価値の合計額が計上されているが、一般会計と年金特別会計の連結バランスシートを作成すれば、相殺されてしまい資産ではなくなる。一国の中で年金財政の置かれた状況がより的確に見えるようになる。

【第2の提案】年金財政の将来推計に用いる人口と経済の前提を、政治的な影響が及ばない中立的・客観的な過程で決める体制に改める。第2章3節で紹介した米国の受託者6名の体制は大いに参考になる。また、日本銀行の政策委員会なども参考になる。

日銀の審議委員が、選挙が近いために必要性を感じながらも利上げを先延ばしていたのでは、適切な金融政策などできず、結果として国益を損なうことになる。年金財政の将来推計についても、選挙が近いから、あるいは過去に与党が所得代替率50％を約束してしまったからという理由で、官僚が審議会を隠れ蓑に経済前提をコロコロ変えていたのでは、年金財政の実態を見誤るし、国民もかえって不信を募らせる。残念ながら現在はこうした状況だ。

【第3の提案】年金改革を考えるために必要な追加調査を実施する。厚生年金未適用事業所や未加入者、貧困世帯の実態、税務当局による所得捕捉率（Tax Gap）、納税協力費用（Tax Compliance Cost）などについて、不足している情報は何かを洗い出し、必要な調査を実施する。与野党の議論の前に、基本的なデータを揃えて共有する必要がある。

財政面の対応は与野党協調で

このように事実を共有したうえで、与野党はマニフェストなどを通じ、政策を競い合うべきだが、むしろ協調型の方が効果的と思われる分野もある。特に第3章で述べた年金財政への対応では、党派を超えた取り組みが必要だ。増税や給付抑制など国民受けの悪いことを正直に言わなければならないためだ。

昨今、税制改正論議が著しく停滞しているのも国会内の対立構図が原因の一つと考えられる。与党は07年に消費税を含む税制の抜本改革をすると、ここ数年税制改正大綱で繰り返し表明してきた。だが、結局07年に税制の抜本改革はしなかった。対する民主党も２００５年９月の衆議院選挙時のマニフェストでは年金のために消費税率３％引き上げを掲げながら、07年７月の参議院選挙ではそれを引っ込めてしまった。与野党とも、国民受けの悪いことは言わない傾向が強まっている。こうした状況が長引けば、財政状況は悪化するばかりだ。年金財政も同様である。いつ本格的にスタートするか分からないマクロ経済スライドをそのまま放っておけば、財政的なツケを後世代に回すだけである。

2 年金制度はどうあるべきか

年金制度に求められる原則

年金制度に求められる7つの原則を示す。なお、ここで掲げた原則は筆者の判断に基づくものであり、過不足があり得る。

【第1】分かりやすさ。誰にでも分かる制度でなければ永続的な制度とは言えない。特に、①制度の論理的一貫性、②制度全体のキャッシュフロー、といった二つの側面から分かりやすい制度でなければならない。例えば、第三号被保険者や在職老齢年金は、万人が納得するような仕組みではないし、両院合同会議で議員の中からも指摘があったように、国民の多くは国民年金と基礎年金の関係を理解できていないだろう（注1）。

【第2】最低所得保障の確立。国の責任範囲の明確化が不可欠である。とりわけ最低所得保障は国の責任である。現在の生活保護は、保護を受けられるほど困窮していても受けていない世帯が多いと指摘されるうえに、国と地方の責任の所在が曖昧である。一方、もともと給付水準もアベイラビリティ

（注1）年金制度をはじめとする社会保障制度改革に関する両院合同会議（2005年7月22日）福島豊議員の発言「国民年金と基礎年金の関係を理解している人がどれほどいるのか」。

ーも高くない基礎年金は、マクロ経済スライドによってさらに削られていく。これでは国民が老後に不安を感じても無理はない。公的年金と高齢者の生活保護は一体的に改革しなければならない（第7章）。

【第3】水平的公平。所得再分配的であるべき一階部分の財源調達は、公平・中立・簡素という租税原則に照らして設計すべきであり、とりわけ水平的公平が重視されるべきである。同じ負担能力（担税力）の人には同じ負担を求める原則だ。現行の基礎年金拠出金は、この水平的公平を著しく踏み外している（第1章）。現在は所得が同じでも加入する年金制度によって基礎年金に対する負担額が大きく異なる。

【第4】雇用者間の公平。第3とも関連し、同じ雇用者でありながら、厚生年金と国民年金の二つの制度に分断されている状況は早急に解消されなければならない。労働時間、労働期間、賃金、企業規模などにかかわらず、年金制度上は同じ雇用者として扱われるのが本来の姿である。雇用者間に線引きを残す被用者年金一元化法案には大きな欠陥がある。この点に関しても米国の例が重要な示唆を与えてくれる（第4章）。

【第5】世代間の公平。世代間格差が完全に是正できないとしても、少なくともその拡大阻止に向けた努力を継続しなければ、現世代として後世代に対する責務は果たせない。そのためには、世代間格差を定期的かつ正確にモニタリングし、拡大に向かう懸念がある場合には、是正策を速やかに講じられる仕組みを作る必要がある。この時、スウェーデンの自動収支均衡装置（第6章）が大いに参考になる。

【第6】税制や医療、介護など他の政策との整合性。 年金給付の価値は、名目額（グロス）よりも、税と社会保険料を差し引いたネット額の方が実態に則している。第2章で紹介したように、日本の所得代替率はグロスの年金額をネットの所得で割って求めているため、この点が全く把握できない。ネットをネットで割る新しい所得代替率指標を定め、この指標を見ながら税と社会保障を一体的に改革する。

【第7】経済活動への中立性。 年金制度が大規模な所得移転を行っている以上、企業と家計の行動に大きな影響を与える。この影響を極力最小に、できれば、経済活性化に資するように制度設計されることが望まれる。経済活性化は賦課方式の年金財政が持続可能であるためには不可欠である。この観点から、例えば、現役世代に過重な負担のかかる賃金課税である厚生年金保険料や、就業行動を歪める在職老齢年金などは好ましくない。

年金制度体系改革案の全体像

年金改革案は、それぞれ密接に関連する三つの要素で構成されるべきである。一つは賦課方式の年金財政を維持していくための財政面の取り組み（第2・3章）、二つ目は5000万件の宙に浮いた年金記録問題で痛感させられたように執行機関の改革（第4・5章）である。これらについては、それぞれの章で方向性を示してきたので、ここでは、三つ目である年金制度体系について考える（注2）。

本書における改革案には、二つの骨格を置いている（図表8－3）。一つは、やめるにやめられない厚生年金（第2章）は存続させ、厚生年金保険料を既存の個人所得税の源泉徴収の仕組みに乗せて、すべての給与から源泉徴収することである。納付先は社会保険庁ではなく国税庁にする（税と社会保険料の一括徴収）。もう一つの骨格は、基礎年金に独自財源を持たせ、フィクションに過ぎない基礎年金をリアルな基礎年金へ完成させることである。財源は消費税とする。

第1の骨格――すべての給与から厚生年金保険料を源泉徴収

民間給与は日本全体で年間201兆6000億円（2005年）支払われているが、厚生年金保険料の賦課対象（課税ベース）はその74％の148兆7000億円に過ぎない（図表8－4）。差額の52兆9000億円が課税ベースから外れている。その要因は主に四つある。

一つは厚生年金保険料の賦課上限を超える部分である。月給で62万円、一回の賞与で150万円が保険料賦課の上限となっており、これを超えた給与部分は保険料の賦課対象外となる。二つ目はパートタイム労働者への給与であり、「おおむね四分の三」という労働時間基準から外れる人たちが受け取る給与である。三つ目が厚生年金保険法の対象外（年齢70歳以上、従業員5人未満の個人事業所）の給与。四つ目が総務省の指摘する膨大な未適用事業所や未加入者の分である（第4章）。

（注2）このほか、年金積立金の運用のあり方も極めて重要な要素であるが、この点に関しては西沢［2003］で詳しく論じている。また、この課題を重点的に扱った玉木［2004］もある。こちらを参照いただきたい。

（図表8-3）制度体系改革案の全体像

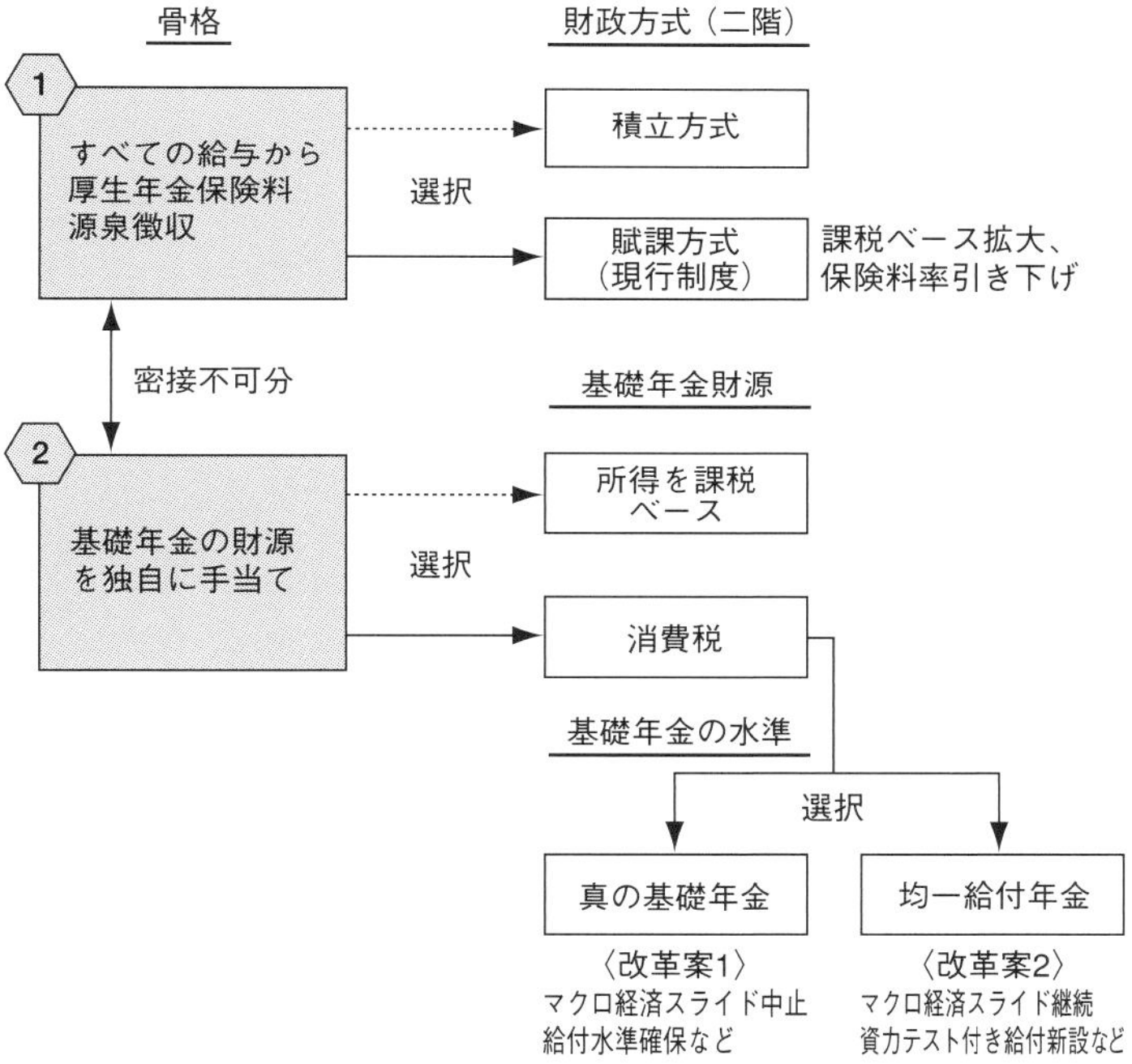

（資料）筆者作成
（注）点線矢印は、本書でとらなかった選択肢。

（図表8-4）民間給与と厚生年金保険料の賦課対象
―現状と改革案―

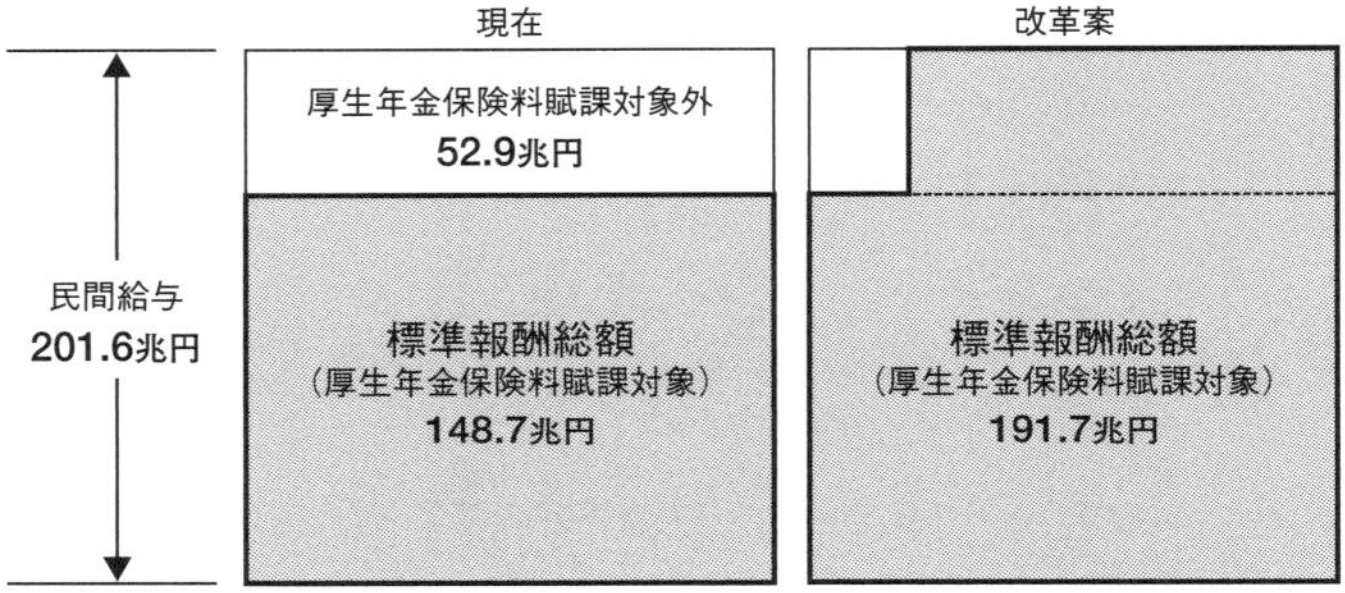

（資料）国税庁『民間給与実態調査（平成17年確報）』、第29回社会保障審議会年金数理部会資料1『平成17年度財政状況―厚生年金保険―』より筆者作成
（注）統計の制約上、民間給与は暦年ベース、厚生年金は年度ベース。

本書が提案する第1骨格「源泉徴収」では、保険料の賦課上限額、労働時間や勤務期間などに関係なく、雇用主から毎月雇用者に給与が支払われる際には、既存の個人所得税の源泉徴収に合わせて、すべての給与から厚生年金保険料を源泉徴収する（ただし70歳以上の雇用者だけは現行通り徴収しない）。雇用主は源泉徴収した本人負担分の保険料に事業主負担分を加え、保険料徴収当局に納める。この方法では、雇用主の判断が入り込む余地はない。ここで保険料徴収当局は国税庁とする。単なる天引きではなく、源泉徴収によって予定納税した後、一年間の過不足を個人所得税とともに確定申告あるいは年末調整（以下、確定申告等）で精算する。この方法は米国にならったものだ。

一つの事業所から給与収入を受け取る正規雇用者にとっては、現行制度とほとんど変わらないが、それ以外の雇用者にとっては現行制度と大きく異なってくる。低所得層やパートタイム労働者など、より広範な雇用者に

（図表8-5）改革案による厚生年金保険料、源泉徴収の例

（千円）

		月々の給与からの源泉徴収保険料	賞与からの源泉徴収保険料（1回分）	源泉徴収保険料計	年末調整 or 確定申告 △は還付
【ケース1】2つの事業所から、それぞれ月49,000円の給与	雇用者A社分	3.67	―	44.08	0
	B社分	3.67	―	44.08	0
	雇用主A社	3.67	―	44.08	0
	雇用主B社	3.67	―	44.08	0
				計 176	計 0
【ケース2】2つの事業所からそれぞれ月50万円の給与、100万円の賞与を年2回	雇用者C社分	37.49	74.98	599.84	△ 208.44
	D社分	37.49	74.98	599.84	△ 208.44
	雇用主C社	37.49	74.98	599.84	△ 208.44
	雇用主D社	37.49	74.98	599.84	△ 208.44
				計 2,399	計　△ 834
【ケース3】1つの事業所から月49,000円の給与収入	雇用者	3.67	―	44.08	81.02
	雇用主	3.67	―	44.08	
				計 88	計 81

（資料）筆者作成（金額は四捨五入による）
（注）　保険料率14.996%、課税上限年間1,044万円（月給62万円、賞与1回150万円を2回分）を想定。

厚生年金が保障されるようになり、所得の高い雇用者からは担税力に応じた保険料徴収が徹底されるようになる（注3）。厚生年金制度で所得再分配が行われることを前提とすると、高所得層からの徴収徹底は年金財政にとってプラスの効果がある。具体的に三つのケースを考えてみよう（図表8 - 5）。

【ケース1】A社とB社の二つの事業所からそれぞれ月4万9000円の給与（合計9万8000円）を受け取っている人のケース。現行制度であれば、厚生年金の適用基準から漏れてしまい、国民年金制度への加入を余儀なくされる。しかし、改革案であれば一

（注3）第2の骨格を実施すると、厚生年金の給付体系は報酬比例のみになる。

つの事業所から月9万8000円の給与を受ける人と全く同様に厚生年金に加入できるようになる。A社、B社それぞれについて、月々雇用者負担分3674円の保険料が源泉徴収され、雇用主負担分の3674円が加算されたうえで国税庁に納められる。国税庁は、それをきちんと名寄せする。確定申告等も不要である。

【ケース2】C社とD社の二つの事業所からそれぞれ月50万円の給与、一回100万円の賞与を年2回受け取る人のケース。現行制度であれば、C社かD社のいずれかの事業所で厚生年金に加入するが、もう一方では加入していない可能性もある。仮にC社だけで加入していると、労使計で年間119万9680円の保険料を支払っただけで済む。改革案ではC社D社の両方で給与と賞与から厚生年金保険料を源泉徴収し（合計239万9360円）、一年間が終わったところで課税上限（現行制度と同じ1044万円と仮定する）を超えた分については、確定申告に応じて国税庁から83万3780円が還付される。それでも本人とC社D社の負担分を合わせて計156万5580円の保険料が支払われることになる。担税力に応じた徴収が可能になる。

【ケース3】一つの事業所から月4万9000円の給与を得ている人のケース。現行制度では、この雇用者は厚生年金に加入できない。改革案では、この人の月々の給与からも厚生年金保険料を源泉徴収する。この場合、現行制度のように基礎年金が独自財源を持たないままでは、この人の確定申告等は次のように複雑かつ困難なものになる。

月4万9000円の給与に対する厚生年金保険料は、労使計でも年間8万8176円と、国民年金保険料の年間負担額16万9200円（1万4100円×12ヵ月）の半分程度にとどまる。この負担額でケース3の人が基礎年金に加えて厚生年金の報酬比例部分まで受け取れば、国民年金加入者との間に著しい水平的不公平が起きる。そこで、ケース3の人からは確定申告等で少なくとも差額8万1024円を追徴するなど何らかの補正措置を講じる必要がある。しかし、国民年金の定額保険料を根拠とした8万1024円という追徴額は、ケース3の人の支払い能力を超えるであろうし、追徴では徴収洩れが発生する懸念も拭えない。この人が翌年も同じ雇用主のもとで働いているとは限らないからだ。これは、特別徴収でしかない個人住民税の徴収においても、市区町村が直面している問題だ。

こうした問題は、第2の骨格「基礎年金の独自財源確保」が実現していれば起こらない。すなわち、厚生年金保険料から基礎年金拠出金部分が切り離され、消費税で基礎年金の財源が独自に手当てされていれば、ケース3の人も日々の消費税を支払うことで、基礎年金の費用を負担することになり、源泉徴収された厚生年金保険料は厚生年金（報酬比例部分）にそのまま充当される。低額でも、断続的にでも給与収入を得れば、それが将来の厚生年金（報酬比例部分）の給付に結び付くのである。このように、第1の骨格「すべての給与から厚生年金保険料の源泉徴収」をスムーズに実現するためにも、第2の骨格「基礎年金の独自財源確保」が極めて重要になる。

厚生年金保険料の源泉徴収の影響をマクロの計数で把握すると、厚生年金保険料の源泉徴収を義務付けられる事業所は、現在の適用事業所164万事業所から、総務省が指摘する本来の適用事業所数233万事業所を上回る386万事業所（源泉徴収義務者、2005年実績）に大幅に増加する。現在は厚生年金保険料の賦課対象外となっている民間給与52兆9000億円のうち、9兆9000億円は賦課上限を超えている部分と推計されるため（図表8－6）、厚生年金保険料の課税ベースは現在の148兆7000億円から約43兆円拡大し、191兆7000億円になると見込まれる（ここでは70歳以上の雇用者の給与分については無視した）。

第1の骨格による雇用主の負担はこうして相殺

厚生年金保険料の課税ベースを拡大し源泉徴収を徹底することにより、雇用主にとっては納税協力費用と保険料の事業主負担の双方が膨らむことになる。とりわけスーパーマーケット・百貨店などの大型小売店やファミリーレストランをはじめとする外食産業といった労働集約型の企業にとっては痛手になる可能性が高い。

そこで、まず、納税協力費用については、第5章で述べた税と社会保険料の一括徴収が生きてくる。個人所得税、個人住民税、社会保険料の一括徴収を進めることにより、納税協力費用を大幅に節減するのである。特に個人住民税を個人所得税とともに源泉徴収し国税庁に納めることによって、雇用主の納税協力費用は大幅に軽減される。この軽減分をもって、厚生年金保険料の源泉徴収による納税協力費用の増加を相殺することが十分に可能であろう。

厚生労働省が日本経団連に対し、企業による国民年金保険料の給与からの天引きを打診して断られたという話を聞いたことがある。天引き自体は有効な施策であるが、現在の状況では、断られても

（図表8-6）厚生年金保険料賦課上限超（推計）

給与階級	一人当たり給与 月給（万円）	一人当たり給与 賞与（１回分）（万円）	人数（万人）	総給与（兆円）	厚生年金保険料賦課上限超（推計）（兆円）
100万円以下	4	0	848	4.4	
200万円以下	11	3	765	10.8	
300万円以下	19	11	807	19.7	
400万円以下	25	22	806	27.7	
500万円以下	31	33	654	28.8	
600万円以下	38	45	456	24.7	
700万円以下	43	62	291	18.5	
800万円以下	49	73	211	15.5	
900万円以下	55	87	138	11.5	
1,000万円以下	61	98	93	8.7	
1,500万円以下	78	116	162	18.9	3.1
2,000万円以下	121	120	34	5.8	2.4
2,500万円以下	171	97	10	2.3	1.3
2,500万円超	297	182	11	4.3	3.1
合計			5,285	201.6	9.9

（資料）国税庁『民間給与実態調査（平成17年確報）』のデータを用いて筆者推計
（注１）網がけ部分が月給62万円超、賞与150万円超の部分。
（注２）数値は四捨五入による。

仕方がない。ただでさえ雇用主は雇用者の個人所得税、個人住民税、各社会保険料を雇用者に代わって別々の徴収機関に納税するという、国民を顧みない行政側の論理に付き合わされ、納税協力費用を不必要に負担させられているからである。

次に、源泉徴収による事業主負担の増加については、基礎年金拠出金の廃止による厚生年金保険料率の引き下げで相殺する。現在の厚生年金保険料率14・996%のうち約5%が基礎年金拠出金部分である。この5%が切り離されれば、厚生年金保険料率は約10%に引き下げられる（注4）。事業主負担分は3兆7000億円（＝148兆7000億円×5%÷2）軽減される。現在の狭く厚い負担から、広く薄い負担へと発想を切り替えるのである。

実際に源泉徴収による課税ベース拡大で増える雇用主負担は2兆1500億円（＝43兆円×10%÷2）であり、軽減分の3兆7000億円より少ない。企業の負担減になるという批判については、事業主負担が減じる分の約4割は利益増になって法人課税の対象になること、消費税率の引き上げでも価格に転嫁できない分が残ることなどを考慮すれば、応えることは可能であろう（注5）。

さらに、英国のように、保険料に個人の所得税と同様の課税最低限を設け、累進的保険料体系とす

（注4）保険料率は04年改正における保険料率の引き上げスケジュールに即して引き上げていき、2017年度には「18・30%マイナス基礎年金拠出金相当分」とする。このことにより04年改正で想定している厚生年金の給付水準とほぼ同水準を保つことが可能になる。

（注5）もっとも、この批判は、感情的に訴えるものであっても、事業主負担の転嫁と帰着を考えるとあまり論理的なものではない。

（図表8-7）英国の社会保険料体系

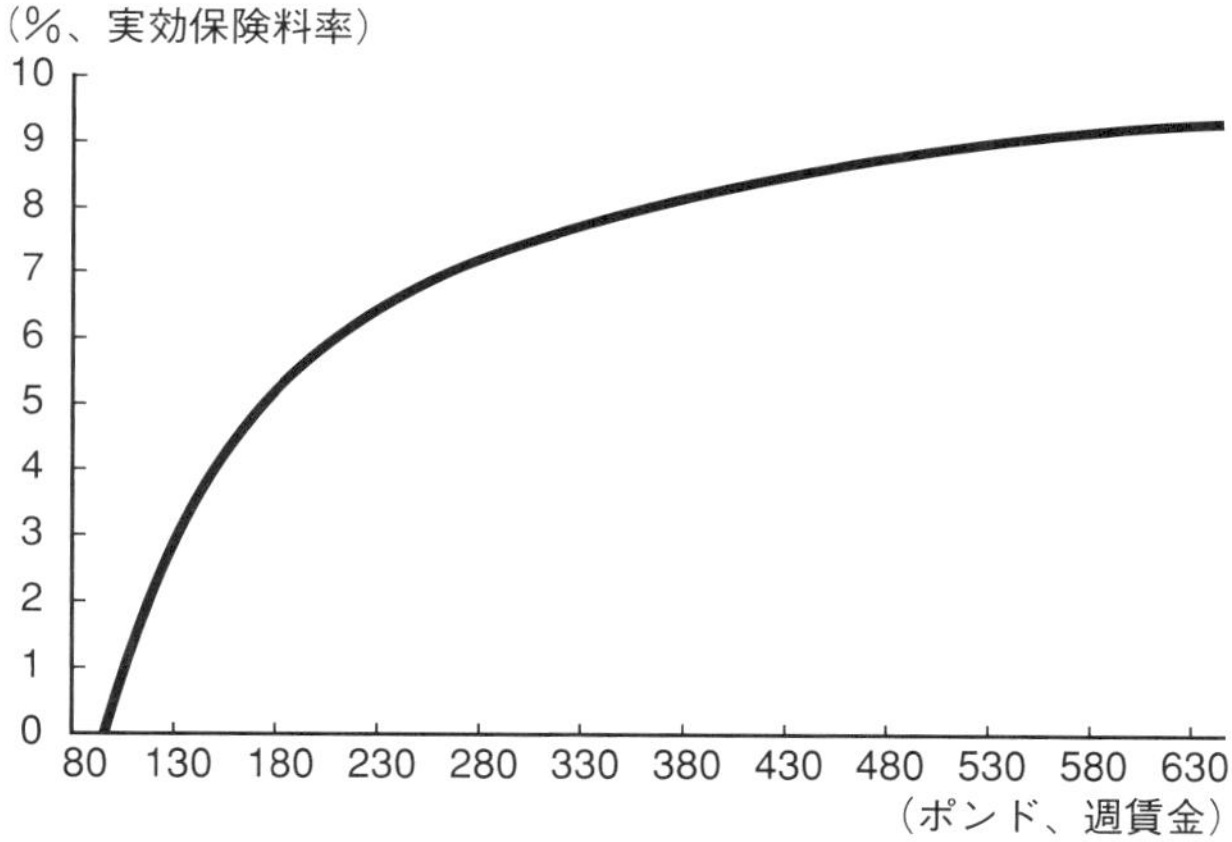

（資料）筆者作成
（注）本人負担分のみのグラフ。2007年の実績。別途事業主負担分がある。
実効保険料率とは、負担額÷賃金。

ることも有力な検討課題となる（第７章）。日本の年金保険料に相当する英国の国民保険料（National Insurance Contribution）には基礎控除が設けられており、単一料率のもとでも累進的保険料体系になっている。本人負担の表面料率は11・０％であるが（注６）、基礎控除97ポンド（週）があることで、例えば週賃金１２０ポンドの人（円換算で月給10万円程度）の場合、実効保険料率はたかだか２・１％に過ぎない（図表８-７）。このように累進的保険料体系に改めれば、低所得の雇用者層はより厚生年金制度に加入しやすくなる。これも、第２の骨格が実現しないと難しい。結局、基礎年金拠出金という仕組みを残したままでは、魅力的な年金制度を実現できないのだ。

（注６）事業主負担は12・８％。

第2の骨格——基礎年金拠出金を廃止し独自財源確保

第1の骨格からの要請もあり、基礎年金拠出金による基礎年金の財源調達を抜本的に改め、基礎年金にふさわしい独自財源を確保する。これが第2の骨格である。独自財源確保、ここまでは大方異論がないだろう。しかし、雇用者、自営業者、専業主婦など全国民共通の年金である基礎年金の財源を税とする時、所得税とするか消費税とするかは、年金改革の議論でも意見が分かれる。1977年の社会保障制度審議会以降の日本での議論や本書の検討などを総合的に踏まえると、筆者の結論としては、所得を課税ベースとして直接徴収する所得税よりも消費税の方が好ましいと考える。

消費税を財源とした場合、消費税は経済的負担者と納税義務者が別の主体である間接徴収のため、国民一人ひとりの拠出記録を残すことはできず（注7）、拠出と給付の対応関係が薄れるという批判がある。確かに一人ひとりの拠出と給付の対応関係は薄れるが、税としての金銭的負担はいぜんとしてあり（注8）、すぐ後に述べるように目的税とすれば、マクロでの結び付きは現在よりも明確にすることができる。小口債権の直接徴収である国民年金保険料の徴収業務の行き詰まりを見ると、消費税のよう

（注7）消費を課税ベースとする直接徴収の税として、理論的には、支出税（expenditure tax）がある。

（注8）例えば、塩野谷祐一元国立社会保障・人口問題研究所所長（一橋大学名誉教授）は次のように述べている［1997］「社会契約論に基づく社会保障制度の理解においては、低所得者が租税から社会保障給付を受けているとしても、彼らは少額であれゼロであれ、定められた納税義務を果たしていることによって当然に国民としての権利を持ち、制度が定める給付を受ける権利を持っている。負担の義務を果たすことなしに給付を受けるものは社会に存在しない」

な間接徴収はむしろ利点と捉えるべきである。そもそも、第７章のＯＥＣＤ諸外国比較からも分かるように、基礎年金に厚生年金（報酬比例部分）と同レベルの拠出原則を求めることがふさわしいとは思えない。

普通税か目的税か

基礎年金拠出金を廃止し基礎年金の財源を消費税で賄う場合、従来通り消費税を（使途を特定しない）普通税にしておくか目的税に変えるかという問題がある。普通税のままであれば、税率引き上げ時に政府が国民向けに「年金に使います」と説明しても、実際には増税による税収は国の一般会計に入る。当然、増税分が年金のためだけに使われる保証はない。また、普通税の場合には、翌年以降、基礎年金給付費の増加に合わせて税率が引き上げられる保証もなく、赤字国債を発行して賄うというモラルの低い財政運営に陥りかねない懸念もある。

目的税にすれば、増税分の税収は基礎年金にしか使われなくなる。その増税分は一般会計ではなく年金特別会計（基礎年金勘定）に入り、そこから、基礎年金の給付に充てられる。消費税を目的税化するメリットは、拠出と給付がマクロで結び付くことである。現在の基礎年金の国庫負担は財政赤字が慢性化している一般会計から年金特別会計への繰り入れとなっており、いわば後世代に借金を押し付けながら年金を給付している。痛税感が伴わず、あたかも基礎年金が安価に運営されているかのような錯覚を招きかねない。国民年金第一号被保険者が明確に負担と認識するのは、国民年金保険料の部分だけである（第3章）。

目的税にして基礎年金の給付に必要な税率をきちんと算出し、課税して財源を調達すれば、現行のように後世代への借金に頼りながら年金を給付するというモラルハザードはなくなる。税率が明示されるため、国民の間で生じた痛税感は基礎年金の給付水準の妥当性を測るための重要な材料にもなる。

目的税化には財政が硬直化するという批判もある。財源は毎年度の予算編成の中で配分すべきであり、あらかじめ目的を定めてしまうと余分な支出が生じかねないというのが論拠である。予算編成が国民の意思を正確に反映していれば妥当な意見だが、現実には、族議員の存在や利益団体と政治との癒着などにより、財源は必ずしも国民の意思を反映して配分されているとは言えない。むしろ目的税化による使途の明確化は有効である。また、諸外国に消費税を目的税とする先例がないという批判もある。この批判に対しては、フランスには課税ベースは所得であるが、CSG（一般社会税）という社会保障目的税がすでに存在している。

本質は公平かつ適切な財源への切り替え

年金の議論においてしばしば持ち出される「社会保険料か税か」という問いは、現在の年金制度が社会保険であるということを前提としているならば、あまり意味がない。なぜなら、今の年金とりわけ基礎年金の財源調達は本来的な社会保険となっていないためだ。第1章で述べた通り、基礎年金拠出金という財政調整の仕組みによって、社会保険のセールスポイントであるはずの拠出と給付の結び付きが不透明になっている。不透明の背後には水平的不公平が隠れている。具体的には、国民年金制度に加入しているか、厚生年金制度に加入しているかによって、同じ基礎年金を受給し、同じ担税力であっても、費用の負担額が大きく異なっているのである。また、厚生年金加入者の間では所得再分配が行われるが、国民年金第1号被保険者の間では保険料を通じた所得再分配はない。国庫負担割合を2分の1に引き上げるため、基礎年金の財源の半分が一般財源になろうとしている。このように「社会保険」と言われても、現状は本来的な社会保険ではない。

加えて、英国の累進的保険料体系の事例をみても、「社会保険料か税か」という二分法的な問いは、国民にとって重要なことではない。英国の国民保険料はもはや個人所得税に近い。要は、既存の制度の枠組みにかかわらず、国民の幸せに最もかなう新しい制度体系があれば、それに変えればいいのだ。税と社会保険料が個別に徴収されていること(第5章)や、年金と生活保護がバラバラに運営されていること(第7章)なども同様である。

「社会保険料か税か」という問いは、現行制度を拠出と給付の結び付きが強い本来的な社会保険にしていくのか、あるいは税を用いて所得再分配を強化していくのかという趣旨であれば、意味を持つ。ただ、そうだとしても、基礎年金はそもそも社会保険に適さない。拠出と給付が強くリンクすると、現役時に所得が低く満足に保険料を支払えなかった人は、老後に十分な基礎年金を受け取れなくなるためだ。果たして「基礎年金」がそれでいいのかという疑問である。真に「基礎年金」であろうとするならば、二階部分とは異なり、所得再分配機能を十分に効かせながら(財源は必然的に租税に近くなる)、ほとんどの人が満額受給できるようにすることが理想となる。言い換えれば、英国の年金政策でも掲げられているように、満額受給のアベイラビリティーが高いことが望まれる。拠出と給付のリンクは二階部分で徹底させればよい。必然的に一階部分の財源は租税で、二階部分は社会保険料となる。

高額所得者への給付抑制のあり方

年金財政が厳しい場合、高額所得の年金受給者に対する給付抑制策の検討が欠かせない。ただ、現行の在職老齢年金制度は拠出と給付の対応原則に反することや、高齢者の就業インセンティブを削ぐことなどから問題が多いことは第4章で述べた通りである。一方、老齢厚生年金は課税されているが、夫が亡くなって遺族厚生年金(夫の年金の4分の3)になると、資力・受給額にかかわらず課税対象所得から外されるといった旧態依然とした制度も残る。

給付抑制策の方向としては、保険料として徴収した限りは年金としていったん給付し、その後に担税力に応じて税負担を求めることになろう。具体的メニューの筆頭に挙げられるのが、公的年金等控除の見直しである。公的年金等控除とは、所得税と個人住民税の課税の際の所得控除の一つである。65歳以上であれば年金収入から最低120万円を差し引くことができる(図表8-8)。控除額は青天井であるうえ、所得控除形式であり高額所得者ほど恩恵が厚い。なにより、年金から控除する根拠が明確ではない。少なくとも青天井をやめ、最低保障額を引き下げることが検討されるべきであろう。

（図表8-8）年金額別の公的年金等控除

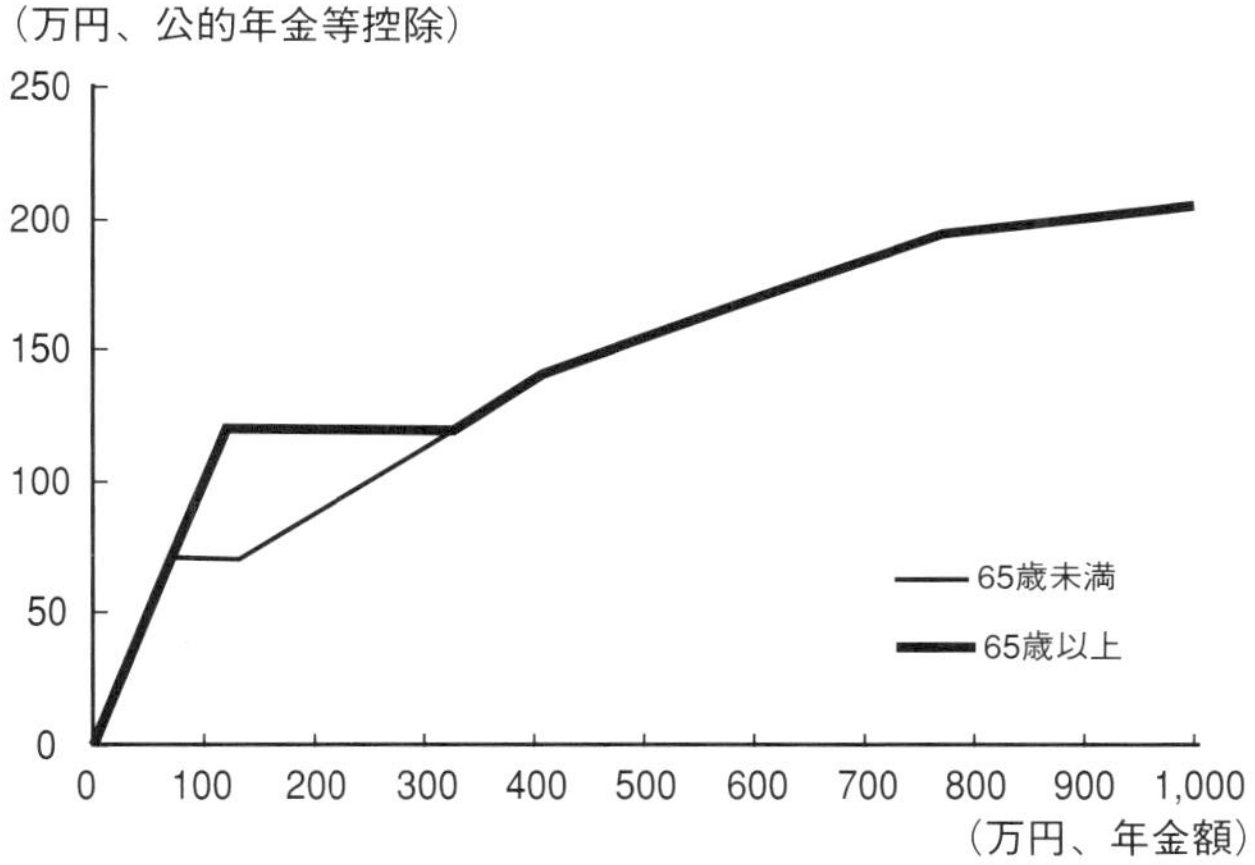

（資料）筆者作成

さらに公的年金等控除そのものを廃止し、基礎控除や扶養控除など人的控除に振り替えていくべきだろう。

次にくるメニューとして消費税と相続税の強化が挙げられる。消費税は支出段階の課税であり、資産の取り崩しを原資とした支出への課税も可能である。租税を用いた実質的な給付抑制に加え、カナダのOASに対するクローバックのような制度もある（第7章）。租税を用いて実質的な給付抑制を図っても税率が上限となる。現在、個人所得課税の最高税率は所得税と住民税を合わせて50％であるから、個人所得課税でどんなに頑張っても50％弱の給付抑制をするのが精一杯だ。しかも50％の税率が適用されている高齢者は人数も限られる。クローバックなどであれば、合理的か否かはともかく、実質的に年金全額を停止するのも可能であり、政府から見て効果的である。日本では、税制と年金の一体的な設計はほとんど行われてこなかったが、給付抑制策を考えるうえでこの一体設計は欠かせない。

3 本書の具体的制度体系案

基礎年金の給付水準をどのように設定するかによって、改革の具体的制度体系には二つの選択肢がある（図表8-3）。第1章で紹介したように、基礎年金の給付水準として、真の基礎年金を目指す考え方と均一給付年金程度にとどめる考え方である。どちらを選ぶかは年金財政の状況や国民の価値観が大きく影響する。本来、基礎年金の給付水準や満額受給のアベイラビリティーについては国民的議論があってしかるべきであるが、04年改正ではこの点が安易に考えられ過ぎていた。

真の基礎年金を目指す（改革案1）

真の基礎年金を目指す案を考えていこう。大枠は社会保障制度審議会の二階建て年金構想とほぼ同じであり、異なるのは基礎年金の財源として所得型付加価値税ではなく、消費型付加価値税である消費税を用いること、既存の国民年金は基礎年金に上乗せするのではなく、そのまま基礎年金にすることである（国民年金という呼称はなくなる）。

基礎年金の給付水準について、仮に現行より引き上げることができなくても、少なくともマクロ経済スライドの適用は直ちに中止し（とは言ってもまだスタートしていないが）、新規裁定年金には賃金スライド、既裁定年金には物価スライドを保証していく必要がある。社会保障制度審議会の基本年金がそうであったように、給付内容は世帯単位とする。例えば、単身者は7万円、夫婦は12万円というように、夫婦2人で生活していれば、規模の利益が働くことを考慮した給付設計とする。65歳以上の人口のうち約半数が夫婦世帯であるから、1人平均月額6万6０００円の給付を行う財源で、ほぼこれが可能である。

一人当たり換算月額6万6０００円を２００6年度の65歳以上人口に掛けると、21兆1０００億円となる（図表8－9）。もっとも、21兆1０００億円の増税になる訳ではない。厚生年金保険料率が5％下がり、国民年金保険料1万4１００円もなくなり、これが租税に振り替わるだけである。しかも21兆1０００億円を全額新たな税で賄う必要がある訳でもない。現行基礎年金でもすでに給付費15兆8０００億円のうち、3分の1プラス1０００分の25（06年度）の5兆7０００億円が一般財源で賄われており、これはすでに手当てされている。

さらに、この改革案では生活保護のうち、高齢者の生活扶助分と推計される4０００億円がほぼなくなるため、これも財源として見込むことができる。このほかにも法人所得課税の増税分として1兆4０００億円、個人所得課税の増税分として3０００億円がある。したがって、21兆1０００億円マイナス7兆8０００億円の13兆3０００億円を新規に税にすればよい計算になる。

これは、消費税率に換算すれば約5・1％である。ちなみに、これは増税分の全額を国税に充てる場合の税率である。現行消費税は税率5％のうち1％は地方消費税であり、残る4％についてもその

（図表8-9）改革案における税額

		改革案1	改革案2 （兆円）	
＋	基礎年金・均一給付年金	21.1	16.0	（改革案1）一人当たり6.6万円/月×65歳以上人口2,660万人 （改革案2）一人当たり5万円/月×65歳以上人口2,660万人
＋	資力テスト付き給付		2.4	一人当たり平均給付額1.5万円/月受給者数1,330万人と仮定
	（計）	21.1	18.4	
―	現行基礎年金の国庫負担分	5.7		給付費15.8兆円の（1/3＋25/1,000）
―	高齢者向け生活扶助減による発生財源	0.4		
―	法人所得課税収増	1.4		厚生年金保険料事業主負担10.8兆円の3分の1が減る分、税引前当期利益増（課税ベース拡大がない場合）
―	個人所得課税税収増	0.3		社会保険料控除減少による個人所得課税税収増
	（計）	7.8		
	追加的税額	13.3	10.6	
〔	消費税率換算	5.1％	4.1％	（2.6兆円@1％）〕

（資料）筆者試算
（注1）資力テスト付き給付は、最大3万円で受給者の資力に応じて段階的に減少させる。受給者が均等に分布していると仮定して平均1.5万円とした。
（注2）資力テスト付き給付の受給者数は仮定。
（注3）2006年度の数値。
（注4）現行基礎年金給付費15.8兆円は老齢基礎年金のみ。

（図表8-10）移行期間における取り扱い例

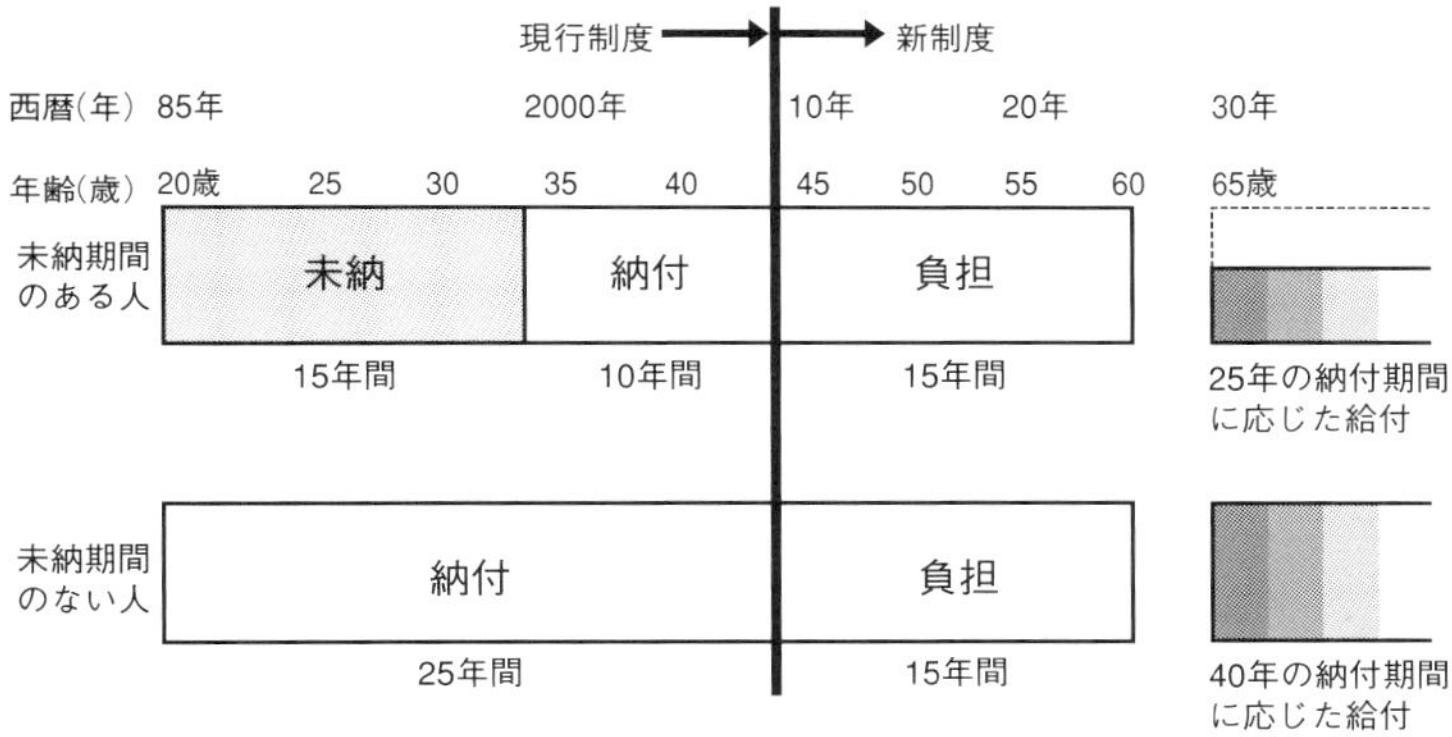

（資料）筆者作成
（注）2010年度から新制度に移行と仮定。

うちの約３割は地方交付税に自動的に充当されている。

　しばしば制度改革時の移行の難しさや未納者と納付者間の不公平発生が指摘されるが、これはやや強調され過ぎの感がある。現行制度と改革案の保険料徴収業務を比べると、改革案の方が簡便になり、不公平が発生しない方法も経済財政諮問会議の民間議員などから提案されている。民間議員の提案を参考に、不公平の発生しない仕組みをイメージしてみよう。

　２０１０年度以降、改革案のように基礎年金拠出金といった現行の仕組みを廃止し、消費税に切り替えたとすると、２０１０年度以降はすべての国民が消費税を通じて、基礎年金の費用を負担していることになる（図表８-10）。それ以前の現行制度の期間における納付記録も給付に反映させることで、未納者と納付者の間の公平性を確保する。例えば、20

歳から34歳まで15年間未納期間があり、35歳から44歳までは現行制度で保険料を納付し、45歳以降新制度に移行した人は、25年間の納付記録に応じて少ない年金給付を受ける。これに対して40年間加入していた人は、それに応じて満額の年金給付を受ける。このようにすれば、納付者と未納者間で不公平は発生しない。

こうした改革案では、基礎年金が高齢者の生活保護のうち生活扶助にほぼとってかわることになる。生活保護のうち医療扶助、住宅扶助など個別の扶助の役割はなお残る。国民年金保険料の徴収はなくなり、厚生年金保険料の徴収は源泉徴収で国税庁が実施するため、社会保険庁の保険料徴収業務はすべてなくなる。

均一給付年金＋資力テスト付き給付（改革案2）

もう一つの選択肢は、04年改正による基礎年金のマクロ経済スライドの適用をそのままとし、実態が均一給付年金になっていくことを許容する。これにより基礎年金は満額であっても最終的には月額5万6０００円程度（現在価値）になる。これは厚生年金のモデル夫婦世帯の所得代替率が50％を確保できる場合の基礎年金の給付水準であり、実際には想定以上の少子高齢化などにより、さらに低下していく可能性がある。将来の政治がマクロ経済スライドを止める決断をしなければ、経済や人口の状況により月額5万円程度に落ち込む可能性もある。そこで、名称も「基礎年金」ではなく、実態に合わせて「均一給付年金」あるいは「老齢共通年金」などの軽いものに変更する。

（図表8-11）改革案2（日本版OASとGIS）

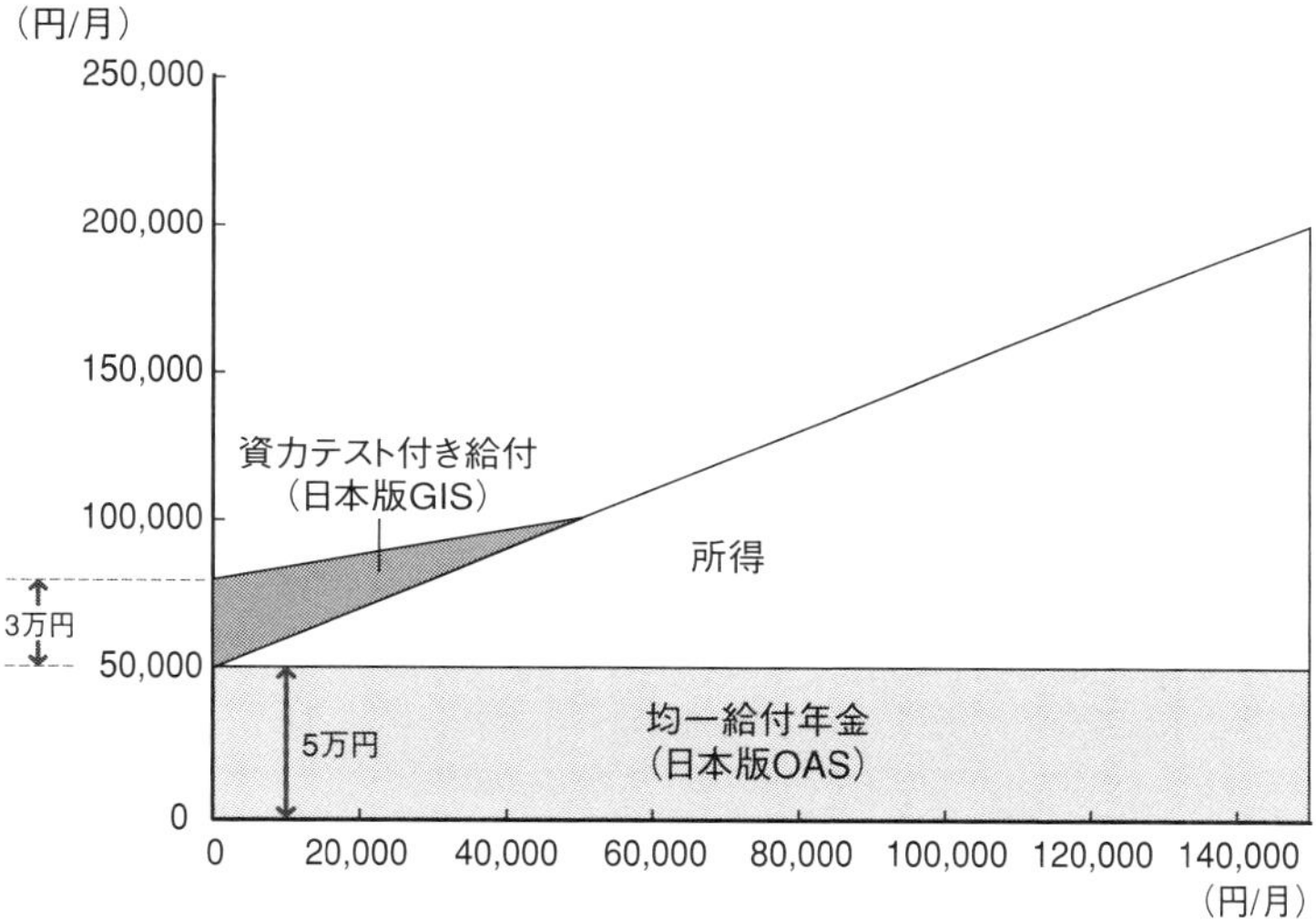

（資料）筆者作成
（注）単身のケース。所得は年金に限定されない。

一階部分の均一給付年金だけでは、高齢期の最低所得保障はできなくなる。そこで資力テスト付き給付を設ける（図表8-11）。一階部分を均一給付年金（OECDの分類の基礎的給付Basic）と資力テスト付き給付（Resource tested）の2つで構成するのである。カナダのOASとGISの組み合わせと同様であり、いわば日本版OAS、日本版GISだ。資力テストの対象となる「資力」は、カナダにならい前年実績とする。現役時に積み上げた個人勘定残高によって保証年金額を決めるスウェーデン型に比べ、高齢期も現役として働き続ける人への給付が抑えられる。自営業者や農林漁業者のように生涯における就業期間の長い人は、資力テスト付き給付の受け取りが少なくなる。

これにより、生活保護の生活扶助は、均一給付年金と資力テスト付き給付にほぼ吸収されることになる。生活保護の医療扶助や住宅扶助などは残る。社会保険庁の保険料徴収業務がなくなることも改革案1と同じである。

改革案2を改革案1と比較した場合の大きな利点は、財源を節約しながら低所得層に重点的に配分できることである。均一給付年金を1人月額5万円、資力テスト付き給付を最大で3万円とすると、おおまかに計算して均一給付年金で16兆円、資力テスト付き給付で2兆4000億円の計18兆4000億円の財源規模になる。改革案1に比べて低所得層に手厚くしながら、財源を2兆7000億円節約できる（図表8－9）。追加税額は10兆6000億円、消費税率に換算して4・1％にとどめることができる。

ただ、こうした利点を実現するためには、税務行政で高齢者の所得をチェックする作業が新たに加わる。限られた財源を低所得層に重点的に配分しようとすれば、当然のことながら「低所得層」を正確に把握する必要があり、そのための行政インフラ整備がセットで必要になるのだ。もっとも、これは年金改革に限らない喫緊の課題であり、近年、日本でも導入を推す声が急速に拡がっている還付付き税額控除（Refundable Tax Credit）を導入する場合にも必要となる。

資力テスト付き給付の、テスト対象となる資力の範囲には幅があろう。スウェーデンの保証年金のような所得比例年金のみに限定した緩やかな範囲から、米国のＳＳＩのような比較的厳しいものまである。議論の余地があるが、資力の範囲には厚生年金（報酬比例部分）、厚生年金基金、給与所得、事業所得、不動産所得、利子・配当・株式譲渡益などを入れる一方、日本版ＯＡＳは含まないことにする（注9）。厳しいものからスタートし、実施状況を踏まえて、緩やかなものに変えていくという手法も有効だ。

資力テスト付き給付による均一給付年金への補完は、均一給付年金（あるいは基礎年金）の満額受給のアベイラビリティーが低い制度を続ける場合には特に必要性が高い。現行の日本の基礎年金は満額給付のアベイラビリティーは低いため、本書で紹介したような本格的な改革をしないにしても、せめて基礎年金を資力テスト付き給付で補完する方法の実現が急がれる。

年金改革と税制改革

消費税を基礎年金の財源に充てるという本書のような提言に対しては、消費税についての見方が楽観的であると批判されることがある。批判の内容は、消費税は年金だけのものではないという他の財政需要との兼ね合いからの批判と、消費税の執行面からの批判の二つに大別される。

他の財政需要との兼ね合いとは、より具体的には、消費税に財源を期待する使途は、年金だけでなく、医療・介護など他の社会保障、地方財政、財政再建など様々であり、年金にのみ多額の消費税を

（注9）これによって、未納が原因で均一給付年金（日本版ＯＡＳ）の給付額が少ない人が多くの日本版ＧＩＳを受け取るということが防げる。

充てることはできないという主張である。一般会計の歳出83兆円のうち（08年度予算ベース）、国債費20兆2000億円、年金を含む社会保障関係費21兆8000億円、地方交付税等交付金15兆6000億円となっており、確かに他の財政需要も高い。

しかし、この批判の妥当性は低い。第一に、改革案の趣旨は基礎年金財源にふさわしくない現行の課税ベースや徴収方法を、よりふさわしい形に変えることであり、これ自体は否定されるものではない。消費税という電車は満員だから、基礎年金の財源も不合理なまま我慢せよということにはならないはずだ。

第二に、目的税として別途徴収すれば、むしろ財政健全化に寄与する。第三に、消費税以外にも、個人所得税や相続税などの改革を通じて税源を確保することにより、消費税にかかる期待が過重であればそれを和らげることもできる。例えば、個人所得税における給与所得控除や公的年金等控除など今日的には存在意義に疑義がある各種控除の整理縮小や、低税率に納税者が集中する所得ブラケット（課税所得の階層区分）の見直しなどにより、消費税率数%分の財源を捻出することは可能である（注10）。与党の税制改正大綱などでも繰り返されている通り、消費税のみならず他の税目も含めた抜本改革でなければならないのだ。

一方、執行面に関する批判に対しては、十分な手当てをしなければならない。日本の消費税はイン

（注10）詳しくは、湯元、西沢［2005］を参照。

ボイス（送り状）がなく、一定の売り上げに満たない事業者には簡易課税制度が導入されているなど構造上の問題を抱えている。現実に他の税目に比べても滞納が多い。だが、この批判に対しても、第5章で提言したように国税、地方税、社会保険料の一括徴収を進めることが生きてくる。すなわち、政府部門間で課税ベースが重複する税目は一括徴収を進め、そこから生じた政府部門のヒトとカネを今後引き上げが必至な消費税の徴収や、本書の年金改革案、還付付き税額控除を導入した際に必要となる老若低所得層の所得捕捉強化などに重点的に振り向けるのである。

参考文献

【あ行】

麻生太郎［２００８］「消費税を10％にして基礎年金を全額税負担にしよう」中央公論２００８年３月号

井口直樹、山崎伸彦［２００３］「スウェーデンの新年金制度における『概念上の拠出建て』制と自動年金財政均衡メカニズムについて」年金と経済 Vol.22 No.2

石弘光［１９８１］「課税所得捕捉率の業種間格差─クロヨンの一つの推計」季刊現代経済 spring １９８１

井上恒男［２００３］「ブレア労働党政権下の英国年金改革の動向」『同志社政策科学研究』第５巻

井上誠一［２００３］『高福祉・高負担国家スウェーデンの分析』中央法規

今井一男［１９８４］「共済組合をめぐる諸情勢」共済新報１９８４年４月号

牛丸聡、吉田充志、飯山養司［２００４］『公的年金改革─仕組みと改革の方向性』東洋経済新報社

大田弘子、坪内浩、辻健彦［２００３］「所得税における水平的公平性について」内閣府景気判断・政策分析ディスカッション・ペーパー

奥野正寛、小西秀樹、竹内恵行、照山博司、吉川洋［１９９０］「不公平税制」現代経済研究グループ編『日本の政治経済システム』日本経済新聞出版社

小塩隆士［１９９８］『年金民営化への構想』日本経済新聞出版社

小塩隆士［２００５］『人口減少時代の社会保障改革─現役層が無理なく支えられる仕組みづくり』日本経済新聞出版社

［か行］
貝塚啓明［1973］「所得税制のタックスベース」林、貝塚編著『日本の財政』東京大学出版会
経済産業省経済産業政策局企業行動課編［2001］『日本新生のための税制改革戦略』経済産業調査会
厚生労働省年金局数理課［2005］『平成16年財政再計算結果』
小西砂千夫［1997］『日本の税制改革―最適課税論によるアプローチ』有斐閣
駒村康平［2005］「21世紀の社会保障制度を求めて」城戸、駒村編『社会保障の新たな制度設計―セーフティ・ネットからスプリング・ボードへ』慶應義塾大学出版会

［さ行］
塩野谷祐一［1997］「社会保障と道徳原理」季刊社会保障研究 Vol.32 No.4
シャウプ使節団［1949］『シャウプ使節団日本税制報告書』和文編（大蔵省主税局版）
清水時彦［2007］「年金空洞化問題とその対策―ILO、ISSAの議論から―」海外社会保障研究 Spring 2007 No.158
神野直彦、井手英策編［2006］『希望の構想―分権・社会保障・財政改革のトータルプラン』岩波書店
総理府社会保障制度審議会事務局［1978］『解説　皆年金下の新年金体系―基本年金創設勧告―』ぎょうせい
総理府社会保障制度審議会事務局［2000］『社会保障制度審議会五十年の歩み』法研

［た行］
高山憲之［2000］『年金の教室―負担を分配する時代へ―』PHP新書

高山憲之［２００２］「カナダの年金制度」
橋木俊詔［２００５］『消費税15％による年金改革』東洋経済新報社
田中秀明［２００５］「厚生・共済統合より基礎年金の一元化を」週刊東洋経済２００５年12月３日号
玉木伸介［２００４］『年金２００８年問題─市場を歪める巨大資金』日本経済新聞出版社
地方分権時代にふさわしい地方税制の在り方に関する研究会［２００４］『地方分権時代にふさわしい地方税制のあり方に関する調査研究報告書』

［な行］

西沢和彦［２００３］『年金大改革』日本経済新聞出版社
西沢和彦［２００５］「所得捕捉率推計の問題と今後の課題」Business & Economic Review Vol.15 No.12
西沢和彦［２００６］「国税・地方税・社会保険料徴収機関分立の問題と改革試案─諸外国との比較を通じて─」Business & Economic Review Vol.16 No.5
年金制度基本構想懇談会［１９７７］『中間意見』
年金制度基本構想懇談会［１９７９］『わが国年金制度の改革の方向─長期的な均衡と安定を求めて─』
年金制度を抜本的に考える会［２００８］「提言とりまとめ」

［は行］

林宏昭［１９９５］『租税政策の計量分析─家計間・地域間の負担配分』日本評論社
藤田晴［１９８４］『福祉政策と財政』日本経済新聞出版社
藤田晴［１９９２］「年金財政論」日本年金学会編『年金の理論と実務─日本年金学会10年誌─』社会保険法規

研究会
藤田晴［１９９７］「税と保険料を考える（１）～（３）」健康保険１９９７年5、6、7月号
藤田晴［２０００］「消費税の福祉目的税化問題」宮島洋編著『消費課税の理論と課題』税務経理協会
本間正明、井堀利宏、跡田直澄、村山淳喜［１９８４］「所得税負担の業種間格差の実態―ミクロ的アプローチ―」季刊現代経済 autumn １９８４

［ま行］
宮島洋［１９８６］『租税論の展開と日本の税制』日本評論社
宮島洋［１９９４］「高齢化社会の公的負担の選択」野口悠紀雄編著『税制改革の新設計』日本経済新聞出版社
宮島洋［２００４ａ］「税制と社会保険―徴収行政・体制改革こそ年金改革の重要課題―」旬刊国税解説速報 Vol 44
宮島洋［２００４ｂ］「年金改革から社会保障改革へ」（日本記者クラブの講演録 ２００４年7月27日）
村上清［１９９３］『年金改革』東洋経済新報社
村上清［１９９７］『年金制度の危機』東洋経済新報社
森信茂樹［２００７］『抜本的税制改革と消費税―経済成長を支える税制へ―』大蔵財務協会

［や行］
八代尚宏［２００６］『「健全な市場社会」への戦略―カナダ型を目指して』東洋経済新報社
山田雄三監訳［１９６９］『ベヴァリジ報告　社会保険および関連サービス』至誠堂
湯元健治、西沢和彦［２００５］「個人所得課税改革の課題―子育て・就労・教育をサポートする税制改革を

―」
吉原健二編著〔１９８７〕『新年金法　61年金改革解説と資料』全国社会保険協会連合会

【ＡＢＣ順】

Chris Gibbon〔２００５〕『*Collaboration in the Social Sector*』国際社会保障フォーラム２００５講演資料（２００５年９月14日・15日）

David Blake〔２００２〕「*Examining the Switch from Low Public Pensions to High-Cost Private Pensions*」Martin Feldstein and Horst Siebert eds『*Social Security Pension Reform in Europe*』National Bureau of Economic Research

Department for Work and Pensions〔２００６〕『*Security in retirement : towards a new pension system*』

Department of Social Security〔１９９８〕『*A New Contract for Welfare : Partnership in Pensions*』

Department of Social Security〔２０００〕『*THE PENSION CREDIT : a consultation paper*』

Edward Palmer〔２０００〕「*The Swedish Pension Reform Model : Framework and Issues*」

General Accounting Office〔１９９７〕『*Taxpayer Compliance : Analyzing the Nature of the Income Tax Gap*』

Inland Revenue〔１９９８〕『*The Tax Compliance Costs for Employers of PAYE and National Insurance in 1995-96*』

J.C.キンケイド　一圓光彌訳〔１９８７〕『イギリスの貧困と平等』光生館

Joel Slemrod, Jon Bakija〔２００４〕『*Taxing Ourselves 3rd edition*』The MIT Press

Joel Slemrod〔２００４〕「*Small Business and the Tax System*」Henry J.Aaron Joel Slemrod eds『*The Crisis in Tax Administration*』Brookings Institution Press

OECD〔１９９９〕『*Taxing Powers of State and Local Government*』
OECD〔２００４〕『*Recent tax Policy and Reforms in OECD Countries' No.9*』
Ole Settergren〔２００１〕「*The Automatic Balance Mechanism of the Swedish Pension System*」
Swedish Tax Agency〔２００７〕『*Taxes in Sweden 2006*』

【フランス】

【ドイツ】

【スウェーデン】

国別索引

【米 国】

OASDI（老齢、遺族、障害保険） 138, 187
会計検査院（GAO） 70
雇用主番号 138
社会保障税（Social Security Tax） 138
社会保障番号 138
受託者 69
所得再分配 52
人口・経済の前提 66
内国歳入庁（IRS = Internal Revenue Service） 138, 174
納税協力費用（Tax Compliance Cost） 159, 160
補足的保障所得（SSI = Supplementary Security Income） 238

【カナダ】

CPP（カナダ年金プラン Canada Pension Plan） 232
GIS（補足的保証所得 Guaranteed Income Supplement） 232
OAS（老齢保障年金 Old Age Security Pension） 232
SPA（配偶者手当 Spouse's Allowance） 232
カナダ歳入庁（Canada Revenue Agency） 176
カナダ人材開発省（HRDC = Human Resources and Development Canada） 234
クローバック 232, 267
所得再分配 52
老齢保障プログラム（Old Age Security Program） 231

【英 国】

HRP（家庭責任保全制度 Home Responsibilities Protection） 226
国民保険（National Insurance） 224
国民保険料（National Insurance Contribution） 261
国家基礎年金（State Basic Pension） 27, 225
国家所得比例年金（SERPS = State Earnings Related Pension System） 226
国家第二年金（Second State Pension） 228
コントリビューション・クレジット（Contribution Credit） 226
歳入・関税庁（HM Revenue & Customs） 171
所得再分配 52
ステート・ペンション・クレジット（State Pension Credit） 229
適用除外（Contract out） 226
納税協力費用 171
累進的保険料体系 145, 260

【は行】

【ま行】

【や・ら・わ行】

【た行】

【な行】

【さ行】

索　引

総合索引

【著者紹介】

西沢 和彦（にしざわ・かずひこ）

（株）日本総合研究所調査部主任研究員
1965年生まれ。89年一橋大学社会学部卒業、三井銀行（現三井住友銀行）入行。98年より現職。法政大学修士（経済学）。06年より厚生労働大臣の諮問機関社会保障審議会年金部会委員。

〈主な著書・論文〉
（著書）『年金大改革』（日本経済新聞出版社、2003年）
（著書）『税制・社会保障の基本構想』（共著）（日本評論社、2003年）
（論文）『健康保険財政の長期推計－少子高齢社会における新制度の持続可能性－』
(Business & Economic Review Vol. 17 No. 3)
ほか

年金制度は誰のものか

2008年4月21日　1版1刷

著　者　西沢和彦

発行者　羽土　力

発行所　日本経済新聞出版社
〒100-8066 東京都千代田区大手町1-9-5
電話（03）3270-0251
http://www.nikkeibook.com/

印刷・製本　中央精版印刷

ISBN978-4-532-49030-0

読後のご感想をホームページにお寄せください
http://www.nikkeibook.com/bookdirect/kansou.html